中国建筑业统计年鉴

CHINA STATISTICAL YEARBOOK ON CONSTRUCTION

国家统计局固定资产投资统计司 编

Compiled by the Department of Investment and Construction Statistics, National Bureau of Statistics

2015

中国统计出版社
China Statistics Press

图书在版编目（C I P）数据

中国建筑业统计年鉴 . 2015 / 国家统计局固定资产投资统计司编 . -- 4 版 . -- 北京 : 中国统计出版社，2016.4
ISBN 978-7-5037-7763-9

Ⅰ . ①中 … Ⅱ . ①国 … Ⅲ . ①建筑业－统计资料－中国－ 2015 －年鉴 Ⅳ . ① F426.9-66

中国版本图书馆 CIP 数据核字 (2016) 第 060570 号

中国建筑业统计年鉴 -2015

作　　者 / 国家统计局固定资产投资统计司
责任编辑 / 佘竞雄
封面设计 / 李雪燕
版式设计 / 张　冰
出版发行 / 中国统计出版社
通信地址 / 北京市丰台区西三环南路甲 6 号　邮政编码 /100073
电　　话 / 邮购（010）63376909　书店（010）68783171
网　　址 / http://www.zgtjcbs.com/
印　　刷 / 三河市双峰印刷装订有限公司
经　　销 / 新华书店
开　　本 /890mm×1240mm　1/16
字　　数 /628 千字
印　　张 /20.5
版　　别 /2016 年 5 月第 1 版
版　　次 /2016 年 5 月第 1 次印刷
定　　价 /160.00 元

如有印装差错，由本社发行部调换。

《中国建筑业统计年鉴—2015》

说 明

《中国建筑业统计年鉴—2015》是一部全面反映中国建筑业发展情况的权威资料。本书收集了全国和各省、自治区、直辖市2014年度有关建筑业发展方面的统计数据。

《中国建筑业统计年鉴—2015》资料直接由2014年全国建筑业统计报表基层数据库加工形成。为保证本年鉴数据与历史数据的可比性，2015年建筑业统计年鉴的范围是具有资质等级的所有独立核算的建筑业企业。具体包括：总承包建筑业企业、专业承包建筑业企业和劳务分包建筑业企业。

本年鉴资料分为五个部分：一、综合；二、按经济类型分组的建筑业企业；三、中央和地方建筑业企业；四、按资质等级分组的建筑业企业；五、各行业建筑业企业。每部分资料的编排，根据制度和实际工作要求，既有按经济类型的分组，又有按行业的分组。在各分组中又分别设置了反映建筑业总产值、各种用途的房屋建筑竣工面积、技术装备、实收资本、资产和负债、利润和税金等方面情况的表式。

使用本年鉴资料时请注意以下几点：

1．本年鉴资料的统计数据除第四部分以外，均不包括劳务分包建筑业企业数据。

2．本年鉴资料各项相加不等于总计均由于四舍五入的缘故。

3．本年鉴资料由国家统计局固定资产投资统计司编制并负责解释。

4． 本年鉴各表中的“空格”表示该项统计指标数据不是本表最小单位数、数据不详或无该项数据。

咨询电话：010-68782615，010-68782617，010-68782611

邮箱：tzjzc@gj.stats.cn

由于编辑时间比较仓促，本书难免存在一些不妥之处，欢迎广大读者批评指正。

目　录

一、综　合

二、按经济类型分组的建筑业企业

三、中央和地方建筑业企业

四、按资质等级分组的建筑业企业

五、各行业建筑业企业

一、综　合

1-1 历年建筑业企业概况

年 份	总 计	国有企业	集体企业	港澳台商投资企业	外商投资企业	其 他
企业单位数(个)						
1990	13327	4275	9052			
1995	24133	7531	15348	329	312	613
2000	47518	9030	24756	635	319	12778
2001	45893	8264	19096	622	274	17637
2002	47820	7536	13177	632	279	26196
2003	48688	6638	10425	535	287	30803
2004	59018	6513	8959	511	386	42649
2005	58750	6007	8090	516	388	43749
2006	60166	5555	7051	479	370	46711
2007	62074	5319	6614	482	365	49294
2008	71095	5315	5843	474	363	59100
2009	70817	5009	5352	444	351	59661
2010	71863	4810	5026	416	331	61280
2011	72280	4642	4847	393	303	62095
2012	75280	4602	4640	385	295	65358
2013	78919	3847	3728	390	272	70682
2014	81141	3753	3589	369	261	73169
从业人员(万人)						
1990	1010.7	621.0	389.7			
1995	1497.9	824.3	631.9	5.0	5.4	31.3
2000	1994.3	635.6	887.5	8.2	4.4	458.6
2001	2110.7	590.7	739.9	7.7	4.3	768.1
2002	2245.2	543.8	579.2	7.4	4.5	1110.4
2003	2414.3	524.3	505.6	7.0	6.0	1371.3
2004	2500.3	467.4	386.4	6.8	8.1	1631.6
2005	2699.9	480.0	361.6	8.6	10.8	1838.9
2006	2878.2	467.6	332.0	8.9	8.1	2061.6
2007	3133.7	470.1	317.0	9.8	11.4	2325.4
2008	3315.0	472.1	266.8	10.5	9.2	2556.4
2009	3672.6	518.9	246.8	10.9	10.2	2885.7
2010	4160.4	576.9	246.5	12.2	9.8	3315.1
2011	3852.5	444.9	220.4	11.3	9.9	3166.0
2012	4267.2	457.8	216.2	13.0	10.3	3570.0
2013	4528.4	387.7	187.1	16.5	10.1	3927.0
2014	4537.0	371.2	175.0	15.4	8.6	3966.7
建筑业总产值(亿元)						
1990	1345.01	935.19	409.82			
1995	5793.75	3670.25	1899.47	33.60	33.19	157.24
2000	12497.60	5053.79	4035.84	99.18	67.49	3241.30
2001	15361.56	5362.81	3775.89	102.55	73.06	6047.25
2002	18527.18	5582.86	3338.50	113.87	91.38	9400.57
2003	23083.87	6060.23	3270.73	123.71	129.39	13499.81
2004	29021.45	7325.61	2756.12	137.03	202.46	18600.23
2005	34552.10	8432.03	2815.20	172.54	249.03	22883.30
2006	41557.16	9218.56	2904.48	240.52	274.87	28918.73
2007	51043.71	10630.90	3153.65	281.95	396.32	36580.90
2008	62036.81	12231.66	3216.43	321.07	387.14	45880.52
2009	76807.74	15190.05	3281.75	334.59	415.17	57586.19
2010	96031.13	18148.59	3655.27	443.96	439.68	73343.64
2011	116463.32	20436.81	4306.49	612.68	658.17	90449.18
2012	137217.86	22930.19	4919.00	649.74	476.99	108241.94
2013	160366.06	20739.02	4524.68	621.96	607.72	133872.68
2014	176713.42	22069.45	4681.80	661.67	643.20	148657.29

注：1.本表1985年至1992年数据为全民和集体所有制建筑业企业数据，1993年至1995年数据为各种经济成分的建制镇以上建筑业企业数据，1996年至2001年数据为资质等级(旧资质)四级及四级以上建筑业企业数据,2002年及以后数据为所有具有资质等级的施工总承包、专业承包建筑业企业(不含劳务分包建筑业企业)数据。不同口径数据不可比，以下各表同。

2.从业人员数1993年至1997年为年平均人数，1998年以后为期末从业人员数。

1-2 各地区历年建筑业总产值

单位：万元

地　区	2008	2009	2010	2011	2012	2013	2014
全国总计	**620368061**	**768077416**	**960311338**	**1164633207**	**1372178580**	**1603660633**	**1767134162**
北　京	30661699	40597023	51960173	60462182	65882953	74643608	82097957
天　津	14537854	19114753	24244933	29864545	32585701	36944362	41234862
河　北	20448127	25250461	32314632	39726620	48650907	52449010	56257460
山　西	13554415	18261040	21434591	23249108	26681679	30343656	31034918
内蒙古	7800495	9647255	11255772	13946780	14409969	15711619	14029344
辽　宁	25051692	33846476	46903131	62175226	75473898	86291908	78511248
吉　林	9946512	11428418	13487785	16266485	19904251	22114408	25209990
黑龙江	10367525	13423856	17696969	20291604	23739606	24719359	21507487
上　海	32457716	38305439	43001906	42982774	48434396	52059216	54999411
江　苏	86015120	102651097	124059167	151228450	184235512	219936099	245929317
浙　江	81560602	95887214	120078857	149074191	173327449	202000242	226681864
安　徽	18546416	22395727	28649619	35972621	42304412	49655149	54829260
福　建	18527395	22041266	29359436	36926157	44245439	54617501	66892117
江　西	10329422	13232428	16900217	20954692	27895708	34699763	41226336
山　东	38219345	45791538	54965861	64829000	72813321	84676747	93134585
河　南	28240535	35964867	44006082	52793558	60090765	70032014	79118891
湖　北	26050816	34218927	43452006	55864461	70434219	84652690	100595890
湖　南	21154431	25074020	31617292	39150173	44079197	52838426	60209689
广　东	32702756	38092967	47154569	57740058	65144293	78639046	83565022
广　西	7532102	9343756	12223126	15530712	18670580	22898810	26089057
海　南	1111837	1439442	1994842	2554722	2831087	2863073	2763289
重　庆	14963195	19152495	25343574	33288252	39756696	47312167	55522069
四　川	25929480	33374469	41630743	52566461	62403298	72099080	80666569
贵　州	3936721	5239069	6229565	8247195	10392175	13791526	16402443
云　南	9069053	11962204	15109582	18684014	23836606	29066031	30546749
西　藏	729087	949320	1220732	1244723	864044	769961	712462
陕　西	16511806	23091424	30636106	29083000	35293886	40003635	45577098
甘　肃	4812744	5798859	7519879	9258410	13646284	17208628	18145239
青　海	1429970	2043419	2796060	3194161	3257576	4137110	4329067
宁　夏	1915448	2592247	3426943	4279174	4669527	5689201	6251634
新　疆	6253747	7865941	9637189	13203699	16223145	20796588	23062840

1-3　各地区历年建筑业增加值

单位：万元

地　区	2008	2009	2010	2011	2012	2013	2014
全国总计	**124889453**	**156198171**	**189835420**	**220709789**	**265833118**	**330715095**	**352701493**
北　京	3737458	4681944	5787051	7684808	8455591	8882603	11556743
天　津	2124318	2578760	3022160	3810030	4434651	6103410	6773566
河　北	4228769	4448083	5248930	6557397	7330468	7828774	7703232
山　西	2117930	2603555	3391079	3572106	3928679	4296490	4932394
内蒙古	1967289	2836211	3260788	3760028	3487830	4209568	3277060
辽　宁	5937975	7686803	9897495	11213212	13798131	16450578	13436094
吉　林	2138655	2369263	2632453	3216260	3837962	3728284	3948020
黑龙江	2475749	3779597	5070564	3260269	3631982	3342731	2857191
上　海	4497900	5490998	5831049	6772969	7155228	7091417	7919425
江　苏	17218560	23226742	26980524	34214250	43365335	53721598	59075446
浙　江	15211075	18296301	23041235	28144275	36475974	41908146	46535584
安　徽	4201294	5401505	6839623	8101048	9008371	11804336	12584516
福　建	4999209	6843049	8742502	10413396	13812188	17298340	19964916
江　西	2301203	2624373	2928344	3489463	5121627	6600618	7696058
山　东	9040732	10398656	12318902	13029984	15263559	20555089	21594913
河　南	6497922	8316141	10039228	10338387	11170082	14416686	15537090
湖　北	4850441	6007806	7679793	9753665	12344343	16723655	16943867
湖　南	4411407	4929387	5850949	6524823	7694186	12475763	12658939
广　东	6975411	8217055	9534681	11096309	14496424	18191008	18910440
广　西	1624181	1915039	2274656	2601685	3028638	4110712	5102975
海　南	232416	214458	216058	293769	419433	532658	522172
重　庆	3108658	5047547	6345491	6903107	7437832	10844204	12658540
四　川	5508921	6315258	8162436	9436351	11030457	13196437	13057357
贵　州	728452	933283	1212945	1543010	1863504	2544521	2720597
云　南	1640438	1964924	2436986	2723818	3715905	5758699	5514584
西　藏	146752	238767	276857	249086	199643	180677	189116
陕　西	3880798	4905743	6065105	6084540	5589472	8385847	8944771
甘　肃	1077617	1281414	1565648	1800243	2649077	3184643	3375392
青　海	332610	445584	538075	587061	713605	805281	823585
宁　夏	438380	650092	715620	942241	986566	982544	1067396
新　疆	1236931	1549833	1928195	2592201	3386374	4559780	4819516

1-4 各地区历年建筑业企业利税总额

单位：万元

地区	2008	2009	2010	2011	2012	2013	2014
全国总计	**44668222**	**53724409**	**67603869**	**80326121**	**91650257**	**113011138**	**119542527**
北京	1708015	3141972	3732603	4213539	4519673	5844844	6875732
天津	940439	1144292	1441201	1732510	1946890	2590580	2777399
河北	1439150	1589887	2118790	2543420	2924228	3242959	3350020
山西	668027	847101	1187107	1203412	1508774	1820183	1920827
内蒙古	892945	1099952	1307471	1577208	1391319	1692996	1249338
辽宁	1789113	2320038	3411522	4406630	5041639	5990333	4861814
吉林	783982	807812	951062	1486739	1414761	1648728	1986631
黑龙江	1520636	1332707	1781420	1321917	1338823	1320366	1139018
上海	2275505	2683512	2981970	3235023	3188506	3609429	3830527
江苏	6240701	7135595	8753942	10507771	12832832	15627231	17197193
浙江	4644242	5674568	7111196	8446268	9491741	10991236	11978895
安徽	1325599	1632055	2099798	2388143	2747434	3395413	3591232
福建	1224010	1563460	1908536	2585482	3073914	3781422	4666004
江西	851715	907325	1160294	1284587	1887482	2483173	2966238
山东	3043218	3626570	4539876	4982185	5489015	6954610	7140505
河南	1923243	2477967	3234415	3813920	4377000	5643611	5898465
湖北	1882179	2457391	3358791	4340945	5325901	7094715	7321789
湖南	2027763	1802272	2288754	2670291	3072326	3926595	4290182
广东	2892377	3283550	3923954	4681641	5153304	6489116	6595583
广西	433786	521097	697699	763425	922608	1164273	1330585
海南	96800	108956	100771	152954	191257	224759	204953
重庆	1523773	1684830	2087534	2684015	2931725	3912970	4483103
四川	1614206	2012606	2753426	3509512	4180712	4908532	4758121
贵州	209978	252224	340152	450259	524406	808721	897638
云南	586614	756243	1055913	1209705	1586479	2122145	2157574
西藏	71176	160296	149218	96188	71782	74995	73675
陕西	1174751	1602454	1671907	2231137	2106642	2774949	2841450
甘肃	362609	389746	553898	629559	959885	1167134	1249420
青海	95960	131149	154766	195250	232512	274375	267847
宁夏	97603	155169	210388	258211	291077	314680	417739
新疆	328108	421612	535498	724273	925611	1116070	1223033

1-5　各地区历年建筑业企业劳动生产率

按建筑业增加值计算

单位：元/人

地　区	2008	2009	2010	2011	2012	2013	2014
全国总计	**32444**	**37640**	**40319**	**43951**	**57427**	**65794**	**63396**
北　京	26101	28825	28382	41691	95018	107462	71839
天　津	43178	43476	46160	58343	75162	74731	66835
河　北	29262	34103	38342	43060	52919	63505	52665
山　西	30268	30388	35172	33776	41544	40773	46302
内蒙古	30865	37886	43838	51098	63707	78435	64249
辽　宁	41730	36589	36647	32233	54886	68417	55510
吉　林	28023	33886	33297	48304	59774	66887	48919
黑龙江	22427	41143	52547	35408	36194	32796	33355
上　海	40248	44770	46744	53051	62817	60020	60016
江　苏	35783	42976	45044	56411	61866	68655	71324
浙　江	36103	37885	41067	50651	57790	62243	62698
安　徽	32317	37683	42372	51802	56179	67150	71972
福　建	41527	43883	46991	38061	69046	70353	71402
江　西	28655	33036	32508	41990	51576	58780	56834
山　东	26062	33990	35733	42401	49478	67455	64949
河　南	33595	37632	41900	43899	53486	57148	60364
湖　北	34517	41145	47494	45627	71933	96315	82105
湖　南	28770	33463	35838	40143	48902	63207	59840
广　东	38041	46819	49938	50621	79374	89082	84859
广　西	30572	38143	39528	42998	45601	57864	57656
海　南	19386	21739	18981	42776	65607	74453	71926
重　庆	30167	41902	43878	36359	49010	67564	69164
四　川	23860	27020	29121	25524	45412	48665	42903
贵　州	27405	29266	38196	44379	57246	65912	54563
云　南	26901	27758	31046	30486	40714	58138	51174
西　藏	27302	47493	47429	44931	60656	72029	66319
陕　西	32515	50752	53380	66948	56362	69536	64507
甘　肃	23165	26116	31193	35558	50478	54731	52442
青　海	32966	37275	42700	48452	55378	61133	58492
宁　夏	24873	31773	31019	39302	53050	46129	44827
新　疆	32328	34743	35979	44295	52133	58180	59124

1-6 各地区历年建筑业企业利润总额

单位：万元

地 区	2008	2009	2010	2011	2012	2013	2014
全国总计	**22018389**	**27187552**	**34090741**	**41682014**	**47761416**	**60792546**	**64071299**
北 京	563900	1751412	1986183	2167770	2434013	3497480	4359641
天 津	475404	541986	660541	795439	959364	1431440	1585585
河 北	718905	744754	1049307	1269976	1471745	1655376	1631303
山 西	231736	305611	483810	492236	693319	897318	939166
内蒙古	535344	744024	826671	1053728	862190	1094841	732513
辽 宁	883503	1188891	1739642	2243114	2560777	3146240	2546761
吉 林	412464	387217	460595	890268	744665	910687	1103577
黑龙江	457660	558203	564931	589187	617830	669765	508877
上 海	1173802	1374680	1597878	1666874	1626865	1932910	2000895
江 苏	3576635	4005428	4966263	5958651	7273779	8993262	9804439
浙 江	2145188	2744547	3482170	4115722	4596818	5304842	5762559
安 徽	633363	744093	982470	1271248	1508867	1877388	1933931
福 建	519579	656737	873488	1264702	1512126	1853834	2341151
江 西	390995	421176	561901	623721	948041	1282397	1564530
山 东	1805303	2065115	2663968	2917723	3186855	4167033	4248640
河 南	935863	1187183	1615139	2000910	2329006	3120944	3210117
湖 北	934029	1265479	1808377	2314637	2785518	3796429	3910209
湖 南	1121171	845523	1047943	1247697	1496487	1905149	2081834
广 东	1456891	1731648	2049391	2516868	2834588	3636718	3725486
广 西	152533	197764	257595	262368	342674	444218	506360
海 南	56759	55232	47796	64449	104329	128077	114985
重 庆	891940	978968	1201834	1553431	1627276	2297778	2741950
四 川	716297	950778	1256013	1771901	2101350	2504299	2311696
贵 州	64525	66331	105635	143920	164725	324210	352333
云 南	279106	386664	505251	618811	849340	1198003	1209599
西 藏	45873	120700	91531	57535	39714	48405	45911
陕 西	492568	738954	583007	1043804	1002895	1397940	1293256
甘 肃	157718	153089	259960	293320	484956	588756	637693
青 海	36330	54420	62520	83480	112724	146330	139149
宁 夏	31935	63217	89235	112525	131135	121468	211386
新 疆	121073	157728	209698	276000	357447	419012	515769

1−7 按经济类型划分的建筑业企业主要经济指标

指 标	单位	合计	内资企业	#国有	#集体
企业个数	个	81141	80511	3753	3589
从业人员	万人	4536.97	4512.90	371.15	175.03
自有固定资产原价	亿元	17940.31	17773.28	2932.74	477.20
自有固定资产净价	亿元	10630.41	10523.33	1583.70	296.45
自有施工机械设备总台数	万台	1203.06			
自有施工机械设备净值	亿元	5679.77			
自有施工机械设备总功率	万千瓦	29602.17			
建筑业总产值	亿元	176713.42	175408.54	22069.45	4681.80
建筑业增加值	亿元	35270.15			
#本年固定资产折旧	亿元	1165.47	1156.30	196.95	22.37
#应付职工薪酬	亿元	21296.96	21152.19	2183.79	618.23
#主营业务税金及附加	亿元	5325.48	5293.10	619.91	154.18
#管理费用中的税金	亿元	221.64	220.13	20.82	10.00
房屋建筑施工面积	万平方米	1249826.35	1244443.46	119295.10	35788.89
房屋建筑竣工面积	万平方米	423357.30	421886.76	23870.57	17428.23
利润总额	亿元	6407.13	6344.67	564.81	184.43
税金总额	亿元	5547.12	5513.23	640.73	164.17
劳动生产率					
按总产值计算	元/人	317633	317260	413401	234669
按增加值计算	元/人	63396			
技术装备率	元/人	12519			
动力装备率	千瓦/人	6.5			
房屋建筑面积竣工率	%	33.9	33.9	20.0	48.7
产值利润率	%	3.6	3.6	2.6	3.9
产值利税率	%	6.8	6.8	5.5	7.4

1-7 续表

指 标	单位	港澳台商投资企业	#港澳台商独资企业	外商投资企业	#外商独资企业
企业个数	个	369	78	261	81
从业人员	万人	15.44	1.32	8.63	2.30
自有固定资产原价	亿元	108.21	41.44	58.82	18.11
自有固定资产净价	亿元	73.98	33.14	33.10	11.00
自有施工机械设备总台数	万台				
自有施工机械设备净值	亿元				
自有施工机械设备总功率	万千瓦				
建筑业总产值	亿元	661.67	77.51	643.20	273.24
建筑业增加值	亿元				
#本年固定资产折旧	亿元	5.10	1.72	4.07	0.86
#应付职工薪酬	亿元	85.16	10.57	59.61	17.80
#主营业务税金及附加	亿元	17.07	2.35	15.31	6.79
#管理费用中的税金	亿元	0.95	0.19	0.55	0.18
房屋建筑施工面积	万平方米	3760.25	206.70	1622.64	482.45
房屋建筑竣工面积	万平方米	813.99	29.51	656.55	277.92
利润总额	亿元	22.99	4.55	39.47	29.03
税金总额	亿元	18.02	2.54	15.87	6.97
劳动生产率					
按总产值计算	元/人	292054	409925	538592	831625
按增加值计算	元/人				
技术装备率	元/人				
动力装备率	千瓦/人				
房屋建筑面积竣工率	%	21.6	14.3	40.5	57.6
产值利润率	%	3.5	5.9	6.1	10.6
产值利税率	%	6.2	9.1	8.6	13.2

1-8　建筑业企业主要经济指标完成情况

指　标	单位	2014年	2013年	2014年比2013年增减(%)
建筑业企业个数	个	81141	78919	2.8
从事建筑业活动的平均人数	万人	5563.5	5026.5	10.7
签订合同额	亿元	323486.1	289423.3	11.8
#本年新签合同额	亿元	184627.4	174957.4	5.5
建筑业总产值	亿元	176713.4	160366.1	10.2
建筑工程产值	亿元	157142.5	142149.4	10.5
安装工程产值	亿元	14259.8	13382.7	6.6
其他产值	亿元	5311.1	4834.0	9.9
竣工产值	亿元	100754.8	93676.2	7.6
建筑业增加值	亿元	35270.1	33071.5	6.6
#本年固定资产折旧	亿元	1165.5	1175.0	-0.8
#应付职工薪酬	亿元	21297.0	20168.8	5.6
#主营业务税金及附加	亿元	5325.5	4988.7	6.8
#管理费用中的税金	亿元	221.6	233.2	-5.0
房屋建筑施工面积	万平方米	1249826.3	1132002.9	10.4
房屋建筑竣工面积	万平方米	423357.3	401520.9	5.4
年末自有施工机械设备净值	亿元	5679.8	6094.2	-6.8
年末自有施工机械设备总功率	万千瓦	29602.2	25424.0	16.4
实收资本	亿元	27243.5	24083.8	13.1
资产合计	亿元	148372.8	130094.4	14.1
#流动资产	亿元	117374.6	101738.6	15.4
#固定资产	亿元	13621.9	13047.0	4.4
负债合计	亿元	100459.2	87958.9	14.2
#流动负债	亿元	90525.7	79675.9	13.6
利润总额	亿元	6407.1	6079.3	5.4
税金总额	亿元	5547.1	5221.9	6.2
按建筑业总产值计算的劳动生产率	元/人	317633	319039	
按建筑业增加值计算的劳动生产率	元/人	63396	65794	
技术装备率	元/人	12519	13458	
动力装备率	千瓦/人	6.5	5.6	
人均利税	元/人	21487	22483	
房屋建筑面积竣工率	%	33.9	35.5	
资产负债率	%	67.7	67.6	
产值利润率	%	3.6	3.8	
产值利税率	%	6.8	7.0	

1-9 各地区建筑业企业签订合同情况

单位：万元

地区	签订合同额	上年结转合同额	本年新签合同额
全国总计	**3234861107**	**1388587459**	**1846273648**
北京	212299193	107910395	104388799
天津	89762422	42354812	47407611
河北	92625468	37216347	55409122
山西	59955207	27881139	32074069
内蒙古	22260024	9705824	12554200
辽宁	122125223	45357794	76767429
吉林	40615532	17176787	23438746
黑龙江	32457483	12105100	20352383
上海	157316271	74401403	82914868
江苏	368829182	149184621	219644561
浙江	382464084	158832085	223631999
安徽	97578078	39972865	57605213
福建	123774875	48471349	75303527
江西	73558388	27126188	46432199
山东	144702410	52572334	92130076
河南	134974928	54007154	80967775
湖北	184898606	78201004	106697602
湖南	129145174	60850679	68294496
广东	191387354	93002009	98385346
广西	51915327	21287293	30628034
海南	5734346	2590233	3144113
重庆	92873182	40860505	52012676
四川	154102692	72125024	81977668
贵州	41960282	20074253	21886029
云南	52750139	22602366	30147772
西藏	1085859	460299	625560
陕西	88294648	38579284	49715364
甘肃	30178908	11788735	18390173
青海	9369410	4783404	4586006
宁夏	9650579	3921270	5729309
新疆	36215833	13184908	23030925

1-10 各地区建筑业企业承包工程完成情况

单位：万元

地 区	直接从建设单位承揽工程完成的产值	自行完成施工产值	分包出去工程的产值	从建设单位以外承揽工程完成的产值
全国总计	**1750457057**	**1701813854**	**48643204**	**65322058**
北 京	84112592	71048412	13064180	11049545
天 津	41384737	39547819	1836918	1687044
河 北	54961814	54683242	278572	1574218
山 西	30874076	30796853	77222	238065
内蒙古	13931658	13914216	17442	115127
辽 宁	78118755	77719895	398860	791353
吉 林	24932421	24820518	111903	389472
黑龙江	21605822	21456782	149040	50705
上 海	57788511	49467841	8320670	5531570
江 苏	233447226	232484284	962941	13445033
浙 江	223425295	220949194	2476102	5732670
安 徽	54029231	53462732	566499	1366528
福 建	65613174	65268214	344959	1623903
江 西	40546626	39922202	624424	1304134
山 东	93082052	91836250	1245802	1300084
河 南	77978331	77587125	391206	1531766
湖 北	99708257	97853087	1855170	2742803
湖 南	58634220	58392192	242028	1817497
广 东	89886262	79869537	10016725	3695485
广 西	25636556	25506030	130526	583027
海 南	2757861	2748699	9163	14590
重 庆	55115914	53932303	1183611	1589766
四 川	78299466	77163377	1136089	3503192
贵 州	16286623	16207055	79567	195387
云 南	30229240	30045092	184148	501657
西 藏	708442	685935	22507	26527
陕 西	46041935	43646876	2395058	1930222
甘 肃	18000819	17856966	143853	288273
青 海	3930097	3840547	89550	488520
宁 夏	6198457	6154106	44351	97528
新 疆	23190592	22946471	244121	116369

1-11 各地区建筑业总产值和竣工产值

单位：万元

地区	建筑业总产值	#装饰装修产值	#在外省完成的产值
全国总计	**1767134162**	**103731154**	**572671948**
北京	82097957	10911132	53140153
天津	41234862	962216	14634003
河北	56257460	2026927	18381998
山西	31034918	1088202	9604101
内蒙古	14029344	244861	639776
辽宁	78511248	7616914	8707521
吉林	25209990	915454	2371473
黑龙江	21507487	1109679	2142216
上海	54999411	5949680	25941758
江苏	245929317	13149384	102986512
浙江	226681864	13833254	113256457
安徽	54829260	1829374	12059732
福建	66892117	3167059	24172308
江西	41226336	2899815	13023891
山东	93134585	5400528	15577916
河南	79118891	3190623	19861120
湖北	100595890	4500534	38820367
湖南	60209689	2524310	20202918
广东	83565022	12769761	20815241
广西	26089057	1013401	4307630
海南	2763289	189358	102087
重庆	55522069	2214052	11025225
四川	80666569	2355835	17331503
贵州	16402443	345528	2658637
云南	30546749	903488	1719995
西藏	712462	24181	1820
陕西	45577098	1458981	14445513
甘肃	18145239	537767	2214384
青海	4329067	51869	1203744
宁夏	6251634	142491	548738
新疆	23062840	404498	773211

1-11　续表 1　　　　单位：万元

地　区	按构成分组			竣工产值
	建筑工程产值	安装工程产值	其他产值	
全国总计	**1571425056**	**142598014**	**53111091**	**1007547731**
北　京	78194017	3159906	744034	40580242
天　津	34867696	4926790	1440377	20999526
河　北	47353750	5546981	3356729	28019270
山　西	26659314	3425107	950497	13569969
内蒙古	12131907	932154	965282	8940413
辽　宁	65914061	9607641	2989546	42820841
吉　林	21620791	2416214	1172984	17459998
黑龙江	17399103	3587946	520438	10373673
上　海	46811475	7146761	1041175	28486695
江　苏	231644786	12534101	1750430	189172071
浙　江	205976630	15673239	5031995	138943403
安　徽	47152183	4394078	3282999	28162902
福　建	61765293	4311108	815716	38138082
江　西	35578445	2789331	2858560	23318601
山　东	80164201	10797459	2172924	49589509
河　南	69575360	7026459	2517072	44151920
湖　北	89911645	7608818	3075428	48751704
湖　南	51109230	4261619	4838840	36939250
广　东	72478142	8567024	2519856	39950113
广　西	22448514	2194938	1445605	13327127
海　南	2381820	207298	174171	1726861
重　庆	50038213	3335376	2148480	27559311
四　川	71716995	6474884	2474690	41575429
贵　州	14374887	1081862	945694	6152253
云　南	27314838	2307046	924865	17197471
西　藏	649555	40701	22206	482681
陕　西	39988490	3962470	1626139	20488434
甘　肃	15875576	1642801	626862	9340592
青　海	3566538	602626	159904	1924516
宁　夏	5872788	287882	90964	4370573
新　疆	20888811	1747397	426631	15034302

1-12 各地区建筑业企业房屋建筑面积

地区	房屋建筑施工面积（万平方米）	#本年新开工	#实行投标承包面积	#本年新开工	房屋建筑竣工面积（万平方米）	房屋建筑面积竣工率（%）
全国总计	**1249826.3**	**528861.0**	**1005686.3**	**425152.1**	**423357.3**	**33.9**
北京	56477.1	18048.6	52935.6	16313.7	9275.0	16.4
天津	14158.8	5180.0	12584.4	4347.1	3232.0	22.8
河北	37112.7	16980.7	31440.9	14313.5	12582.7	33.9
山西	13928.5	5528.3	11701.4	4501.8	3940.0	28.3
内蒙古	8053.4	3977.0	6908.4	3496.2	3648.9	45.3
辽宁	47861.0	21227.2	29017.7	15760.3	16514.4	34.5
吉林	13992.9	8295.0	9773.6	5602.7	7335.0	52.4
黑龙江	7034.6	4285.1	5570.8	3310.7	3884.6	55.2
上海	34994.7	11925.0	32458.4	10972.4	7580.8	21.7
江苏	213038.8	84670.2	194232.2	75693.7	76795.0	36.0
浙江	201851.3	81331.7	168652.1	68043.1	66483.0	32.9
安徽	39488.4	18323.6	30350.2	13852.3	15339.4	38.8
福建	57385.7	20244.9	42618.6	13976.7	15392.7	26.8
江西	27732.0	14874.2	18668.1	10268.3	12724.7	45.9
山东	71083.3	32941.2	56940.7	27539.0	24220.8	34.1
河南	48825.3	24137.6	38703.2	20119.8	19818.3	40.6
湖北	62227.9	30047.8	46623.7	23140.2	24867.3	40.0
湖南	47433.2	20123.4	41128.2	17069.9	16583.0	35.0
广东	53443.2	21257.3	32794.5	13788.6	13885.5	26.0
广西	21168.1	8478.8	18059.9	7130.6	6733.0	31.8
海南	2016.0	729.0	1683.1	557.0	778.8	38.6
重庆	32886.9	14524.3	19373.7	8998.8	12815.6	39.0
四川	53362.6	24550.5	35754.8	17135.5	19544.2	36.6
贵州	13889.7	4983.6	9709.9	3257.9	2800.8	20.2
云南	15824.4	7828.7	11629.8	5334.7	7246.5	45.8
西藏	225.2	146.1	138.2	87.4	157.5	69.9
陕西	23031.3	8486.0	19599.7	7295.8	6917.8	30.0
甘肃	11531.1	5500.0	8753.8	3985.3	4172.0	36.2
青海	1072.8	545.9	776.6	391.8	479.4	44.7
宁夏	4355.2	2041.8	3947.2	1803.5	1493.2	34.3
新疆	14340.2	7647.4	13156.8	7063.8	6115.4	42.6

1–13　各地区按主要用途分的建筑业企业房屋建筑竣工面积

单位：万平方米

地　区	总计	住宅房屋	商业及服务用房屋	商厦房屋(批发和零售用房)	宾馆用房屋(住宿用房)	餐饮用房屋(餐饮用房)
全国总计	**423357.3**	**286471.6**	**27642.9**	**12265.6**	**3352.8**	**1418.4**
北　京	9275.0	5774.0	1010.6	482.0	168.2	13.1
天　津	3232.0	1864.6	240.8	140.2	11.6	11.8
河　北	12582.7	9277.6	485.4	209.9	25.1	11.2
山　西	3940.0	2851.8	217.6	69.0	26.2	6.1
内蒙古	3648.9	2836.6	175.0	53.1	10.3	12.8
辽　宁	16514.4	12249.3	818.0	340.3	96.9	36.7
吉　林	7335.0	5722.6	340.5	106.0	31.5	29.3
黑龙江	3884.6	3025.6	226.6	55.1	22.3	14.3
上　海	7580.8	3906.2	1063.4	417.1	41.1	3.4
江　苏	76795.0	55523.0	3527.3	1623.9	614.9	333.2
浙　江	66483.0	36657.2	5733.6	2821.6	718.8	320.6
安　徽	15339.4	10183.0	752.7	320.0	42.8	17.7
福　建	15392.7	9815.0	1068.6	329.5	73.7	39.1
江　西	12724.7	8510.6	823.9	333.3	87.9	43.6
山　东	24220.8	17083.6	1366.6	748.7	103.4	39.3
河　南	19818.3	14125.5	1074.8	337.4	180.1	66.6
湖　北	24867.3	17171.2	1646.3	905.1	308.9	73.7
湖　南	16583.0	11718.0	1139.7	593.6	158.2	26.5
广　东	13885.5	8598.5	975.7	357.4	82.7	24.6
广　西	6733.0	4329.2	436.8	230.7	48.1	13.4
海　南	778.8	502.3	88.8	36.5	20.9	9.4
重　庆	12815.6	9843.2	738.4	262.5	60.3	31.3
四　川	19544.2	14713.5	1215.7	525.3	143.1	51.6
贵　州	2800.8	1821.4	143.1	60.2	26.0	2.3
云　南	7246.5	4925.0	705.4	244.7	78.2	61.6
西　藏	157.5	97.4	8.9	0.6	4.1	
陕　西	6917.8	5075.7	489.6	194.1	24.3	78.7
甘　肃	4172.0	2975.2	265.7	98.5	55.2	8.3
青　海	479.4	274.6	25.5	4.7	5.3	1.1
宁　夏	1493.2	984.4	167.9	69.3	10.7	3.1
新　疆	6115.4	4036.0	670.3	295.3	72.0	33.8

1-13 续表 1 单位：万平方米

地 区	商务会展用房屋	其他商业及服务用房屋(居民服务业用房)	办公用房 屋	科研、教育和医疗用房屋	科学研究用房屋	教育用房 屋
全国总计	**1663.1**	**8943.1**	**23034.9**	**16407.4**	**1799.3**	**10853.9**
北 京	38.8	308.4	885.9	435.7	95.7	223.5
天 津	2.8	74.5	128.2	99.3	16.7	54.7
河 北	10.3	228.8	630.4	546.2	61.6	366.2
山 西	26.9	89.2	201.4	229.7	19.7	167.2
内蒙古	17.7	81.1	222.1	129.9	7.1	112.2
辽 宁	39.5	304.5	657.3	266.4	29.6	157.5
吉 林	35.8	138.0	216.0	185.3	9.5	118.2
黑龙江	2.6	132.3	105.0	96.0	3.5	59.8
上 海	169.8	432.0	446.5	259.7	29.8	165.1
江 苏	549.4	405.9	3430.3	2354.7	334.2	1431.6
浙 江	381.6	1490.9	4064.1	2153.7	342.5	1325.8
安 徽	30.6	341.5	1063.6	637.8	28.5	520.2
福 建	31.7	594.6	881.8	480.3	52.7	355.8
江 西	6.9	352.2	1002.4	502.6	40.3	365.4
山 东	54.2	420.9	1326.9	969.2	123.5	589.3
河 南	69.5	421.2	1307.4	1082.5	109.6	786.8
湖 北	16.3	342.4	1522.2	930.8	57.4	569.9
湖 南	38.6	322.8	828.1	942.2	127.5	564.4
广 东	42.6	468.4	753.4	541.3	82.2	374.9
广 西	14.6	130.0	511.9	690.4	43.7	475.0
海 南	1.6	20.5	23.4	65.3	2.5	60.4
重 庆	7.0	377.4	485.9	303.3	37.4	187.3
四 川	18.0	477.6	674.1	596.6	46.1	393.1
贵 州	3.9	50.6	182.5	335.5	10.3	277.8
云 南	33.1	287.8	400.0	487.4	12.3	378.0
西 藏		4.2	28.7	10.4		10.0
陕 西	5.9	186.6	372.6	381.3	39.6	238.9
甘 肃	2.5	101.2	189.0	248.1	13.4	184.6
青 海	1.3	13.1	61.5	74.5	10.1	60.7
宁 夏	2.6	82.2	77.9	80.2	3.0	64.0
新 疆	6.8	262.3	354.6	291.2	9.3	215.4

1-13　续表 2

单位：万平方米

地　区	医疗用房屋(卫生医疗用房)	文化、体育和娱乐用房屋	厂房及建筑物	#厂房	仓　库	其他未列明的房屋建筑物
全国总计	**3754.2**	**3882.2**	**54507.1**	**35830.5**	**2865.3**	**8545.9**
北　京	116.5	115.0	743.7	668.7	50.6	259.4
天　津	27.9	35.7	742.6	489.5	28.0	92.9
河　北	118.5	96.2	1103.6	663.2	62.6	380.8
山　西	42.7	26.7	298.9	171.3	28.9	85.0
内蒙古	10.6	43.0	116.9	60.9	18.2	107.2
辽　宁	79.2	75.8	1940.8	1076.8	125.1	381.7
吉　林	57.5	42.0	545.9	241.8	27.4	255.3
黑龙江	32.7	5.4	297.7	176.6	61.0	67.3
上　海	64.7	82.2	1595.9	1037.2	112.5	114.4
江　苏	589.0	579.6	10116.7	8233.7	444.7	818.7
浙　江	485.4	834.2	15415.8	10692.7	475.0	1149.6
安　徽	89.1	108.3	2181.0	1201.8	89.7	323.4
福　建	71.8	103.9	2647.2	1260.3	169.2	226.7
江　西	96.9	160.2	1378.5	685.8	94.9	251.6
山　东	256.4	147.0	2809.0	1755.4	184.7	333.8
河　南	186.0	157.1	1570.4	740.0	216.1	284.4
湖　北	303.5	395.7	2615.3	1550.0	189.8	396.0
湖　南	250.3	117.6	1375.1	765.3	83.1	379.2
广　东	84.2	76.0	2387.3	1544.9	109.0	444.1
广　西	171.6	137.3	366.8	223.9	24.8	235.8
海　南	2.4	27.6	17.2	14.2	6.2	47.9
重　庆	78.6	74.7	976.7	535.2	46.5	347.0
四　川	157.4	130.3	1574.2	887.5	110.1	529.9
贵　州	47.4	12.4	196.1	136.2	2.5	107.3
云　南	97.1	88.4	390.8	261.0	15.6	234.0
西　藏	0.3	3.2	6.3		0.1	2.6
陕　西	102.8	56.1	374.5	259.4	20.3	147.6
甘　肃	50.2	47.9	330.4	171.5	9.3	106.3
青　海	3.8	13.0	7.1	3.1	1.7	21.4
宁　夏	13.2	12.4	95.1	89.6	4.4	70.9
新　疆	66.5	77.3	289.6	232.9	53.0	343.3

1-14 各地区按主要用途分的建筑业企业房屋建筑竣工价值

单位：万元

地区	总计	住宅房屋	商业及服务用房屋	商厦房屋(批发和零售用房)	宾馆用房屋(住宿用房)	餐饮用房屋(餐饮用房)
全国总计	**636169265**	**425567878**	**46595289**	**20356890**	**6235431**	**2140570**
北京	21321031	11544782	2610782	1046552	725040	55187
天津	5805427	3060194	480451	220736	13592	26558
河北	18658496	12815185	783443	371471	40217	16904
山西	5965376	3963619	369179	91304	46069	21202
内蒙古	5456011	3968375	324577	112310	27794	13307
辽宁	23453946	16885131	1209658	514662	133064	49389
吉林	10674672	8082011	477197	187943	42332	34416
黑龙江	5616701	4315118	335801	83821	51777	20351
上海	15459285	7750158	2368731	826269	107591	4582
江苏	128812387	92018862	6729948	3038506	1153776	598569
浙江	101051000	59503983	10005639	4772595	1381525	531834
安徽	18449556	12584298	943213	416157	64920	22344
福建	23827298	15925394	1797538	565182	139581	60407
江西	14978169	10067709	1073219	420447	105537	49089
山东	32781579	22288231	2209589	1266563	171883	55053
河南	23648930	16773302	1450963	473815	213798	67452
湖北	34599406	23546153	2471803	1394682	475341	101184
湖南	22843355	15793570	1696438	871548	310305	35536
广东	21470787	13664324	1696567	545132	133482	32076
广西	9193945	5767110	630776	370891	65420	18324
海南	1271202	836836	146544	52326	51601	13769
重庆	18033293	13680490	977416	331426	63853	47926
四川	27802692	20946848	1890088	734544	260555	75895
贵州	3924267	2436043	202175	83061	42951	2251
云南	10770122	7079548	1117009	409191	119582	69287
西藏	365950	216169	19020	1393	6537	20
陕西	10771702	7625431	756398	334709	44396	63329
甘肃	6968982	4616142	471554	187649	106396	12788
青海	816555	468525	45961	8642	8209	2351
宁夏	2214812	1432012	210860	108411	14631	5008
新疆	9162333	5912328	1092753	514955	113675	34183

1-14　续表 1

单位：万元

地　区	商务会展用房屋	其他商业及服务用房屋(居民服务业用房)	办公用房屋	科研、教育和医疗用房屋	科学研究用房屋	教育用房屋
全国总计	**3251226**	**14611172**	**39026174**	**28284404**	**3233873**	**17798056**
北　京	119033	664971	2431866	1262308	282290	634634
天　津	8880	210686	335084	265754	51775	152560
河　北	15175	339676	1116449	929008	120131	533242
山　西	38274	172330	385363	473684	55975	332636
内蒙古	22100	149067	525973	246840	11578	221630
辽　宁	60881	451662	1105769	433903	49086	227554
吉　林	35163	177343	398441	302986	18077	215668
黑龙江	6745	173108	145284	197630	7264	111619
上　海	441263	989026	1062386	698414	81589	382747
江　苏	1170826	768272	6792564	4784130	719332	2743999
浙　江	679068	2640618	6455695	3857577	630049	2285769
安　徽	46883	392909	1261391	817796	40946	640807
福　建	57204	975164	1381576	816753	80090	605886
江　西	15994	482152	1239985	628585	40880	434576
山　东	112518	603572	2241257	1610767	162363	943731
河　南	57988	637911	1671094	1407611	137597	1004707
湖　北	27680	472916	2471010	1398978	61262	889264
湖　南	43473	435575	1289461	1414564	167614	750770
广　东	121607	864269	1277325	1023284	171139	700859
广　西	19094	157048	702970	995988	59949	655177
海　南	2777	26070	36960	95528	1983	89429
重　庆	24201	510011	891070	468126	67988	268209
四　川	23261	795835	1038768	915162	57199	580196
贵　州	4945	68967	267207	480386	13358	401378
云　南	55999	462950	627661	773317	20379	602912
西　藏		11070	75484	22985		22419
陕　西	7350	306614	619860	673276	72178	406090
甘　肃	13374	151347	382274	514022	17482	404485
青　海	2491	24268	104420	104783	16033	80996
宁　夏	2693	80117	145146	151607	4582	116967
新　疆	14290	415649	546387	518655	13709	357142

1-14 续表 2

单位：万元

地 区	医疗用房屋(卫生医疗用房)	文化、体育和娱乐用房屋	厂房及建筑物	#厂房	仓 库	其他未列明的房屋建筑物
全国总计	**7252475**	**7427485**	**70861838**	**47680481**	**3716185**	**14690012**
北 京	345384	541179	1776426	1587056	96685	1057002
天 津	61420	62529	1270549	819428	32745	298120
河 北	275635	222570	1674368	980956	81631	1035843
山 西	85072	89023	518283	289743	33639	132586
内蒙古	13632	45467	168229	98172	23272	153278
辽 宁	157263	114748	2943159	1729731	219864	541716
吉 林	69241	83438	827101	324323	46113	457385
黑龙江	78747	10016	442511	243573	76935	93407
上 海	234078	253701	2871234	2016493	200906	253756
江 苏	1320799	1202166	14888995	11898853	680828	1714894
浙 江	941759	1587458	17354842	12337568	564200	1721607
安 徽	136042	147996	2269357	1237141	86232	339273
福 建	130777	208232	3107442	1471222	210848	379515
江 西	153129	167853	1393268	704702	120734	286817
山 东	504673	273618	3254513	2081813	205373	698233
河 南	265307	178734	1574638	807212	184928	407660
湖 北	448452	689000	3162104	1832790	234137	626221
湖 南	496180	201026	1841896	1046414	97494	508908
广 东	151287	151837	2943999	1905664	123532	589919
广 西	280862	261454	492212	313018	28378	315057
海 南	4116	45248	32622	25086	7397	70069
重 庆	131930	102663	1325733	823962	52246	535549
四 川	277767	213055	1943423	1108463	161584	693763
贵 州	65650	24367	287657	217742	3397	223037
云 南	150026	130718	601401	426662	20892	419577
西 藏	566	8462	11833		177	11821
陕 西	195009	131415	649632	450411	29708	285983
甘 肃	92055	106668	621885	393208	15116	241321
青 海	7754	24551	13840	6001	637	53839
宁 夏	30058	29091	149251	140085	7277	89568
新 疆	147805	119201	449438	362991	69282	454289

1-15　各地区建筑业企业施工机械设备情况

地　区	年末自有施工机械设备总台数(台)	年末自有施工机械设备总功率(千瓦)	年末自有施工机械设备净值(万元)	技术装备率(元/人)	动力装备率(千瓦/人)
全国总计	**12030587**	**296021707**	**56797668**	**12519**	**6.5**
北　京	129366	4580188	1106104	22088	9.1
天　津	115392	4426634	1751444	52504	13.3
河　北	638376	16040932	1821214	15960	14.1
山　西	229285	6942547	1438000	23254	11.2
内蒙古	98498	3442456	523793	15672	10.3
辽　宁	420692	17671242	2591943	15197	10.4
吉　林	83108	2772616	643644	13960	6.0
黑龙江	126723	3394067	803595	22143	9.4
上　海	157970	3967237	1338692	17493	5.2
江　苏	1936573	53901448	7464884	9482	6.8
浙　江	1044912	22097140	4577582	6328	3.1
安　徽	534352	12867218	2100205	12257	7.5
福　建	264184	10226481	1865092	7445	4.1
江　西	179626	4837651	1329794	10024	3.6
山　东	798429	19776362	3752923	13992	7.4
河　南	789302	16500097	3105872	12943	6.9
湖　北	1519886	16879305	3944833	20437	8.7
湖　南	605704	13199492	2067510	14950	9.5
广　东	575506	12997912	3613610	18084	6.5
广　西	183704	3208901	56653	728	4.1
海　南	11208	241983	41095	5634	3.3
重　庆	186213	4610326	1045656	6265	2.8
四　川	385572	10236943	4068648	17918	4.5
贵　州	76535	2177926	337931	7575	4.9
云　南	192927	6892107	1725630	21751	8.7
西　藏	4427	143083	36698	14498	5.7
陕　西	358521	11149360	1921767	21486	12.5
甘　肃	200500	4400000	596000	10159	7.5
青　海	29030	1260077	284659	25866	11.4
宁　夏	30077	1115941	145320	13202	10.1
新　疆	123989	4064035	696879	20177	11.8

1-16 各地区建筑业企业建筑材料消耗情况

地　区	钢材（吨）	木材（立方米）	水泥（吨）	玻璃		铝材（吨）
				重量箱	平方米	
全国总计	**943624242**	**378832224**	**2613474907**	**293911513**	**1529357056**	**60523679**
北　京	21411911	4544204	36581999	3228028	12197338	159843
天　津	52288985	1511964	32881016	2587381	15156741	214466
河　北	59463150	15914609	73922721	4138326	40974503	2941833
山　西	13853290	2260156	37594376	927182	7200963	246185
内蒙古	4524262	2191286	12863381	1188679	13496555	404970
辽　宁	30966079	21561735	176218744	8669466	85172144	2549450
吉　林	35259294	4902765	70891246	1848778	25111304	973642
黑龙江	6018703	2314130	17623336	2119568	21885091	147967
上　海	16777545	5309400	22861254	1901735	11404123	401191
江　苏	86746631	38495734	271234936	22840682	187074498	4136138
浙　江	101646917	36252154	358282674	40761024	182741329	4374506
安　徽	25026011	8622696	64030613	5667585	39380349	1115630
福　建	39453907	23850881	154234729	20686222	92791170	2468994
江　西	5871047	3879845	23487308	546155	5483481	216244
山　东	34081157	13493771	106199372	8317116	65307562	2064426
河　南	111702852	61995150	266584995	7227386	98527716	4968422
湖　北	63331563	25423266	172064937	103462255	142585570	16012289
湖　南	20454062	8770921	75612463	11901986	61783207	940457
广　东	27875811	23770818	90900573	18343359	110871026	4197175
广　西	15717222	18410916	34995966	2658829	18502133	1256063
海　南	1182434	1272614	3367074	704105	3522983	471559
重　庆	18216263	7397899	59057073	3359960	28198456	2058772
四　川	48201897	20903238	255949276	7134877	61115262	3859942
贵　州	10184881	4067000	33422482	1696056	104596332	1766873
云　南	52089799	6332857	51866040	1094624	12694526	307825
西　藏	145861	126441	528034	78386	326213	10972
陕　西	21948377	7271091	51983707	2467600	17067032	589074
甘　肃	7380000	2560000	21880000	3190000	22880000	560000
青　海	988552	255996	3618881	233778	1111260	76721
宁　夏	2740408	1683369	8472210	658092	3582313	912626
新　疆	8075372	3485318	24263491	4272294	36615877	119426

1-17 各地区建筑业企业主要生产效益指标

地 区	建筑业企业个数（个）	从事建筑业活动的平均人数（人）	按总产值计算的劳动生产率（元/人）	人均竣工产值（元/人）	人均施工面积（平方米/人）	人均竣工面积（平方米/人）
全国总计	**81141**	**55634518**	**317633**	**181101**	**224.6**	**76.1**
北 京	3043	1608694	510339	252256	351.1	57.7
天 津	1629	1013483	406863	207202	139.7	31.9
河 北	2395	1462698	384614	191559	253.7	86.0
山 西	2357	1065275	291332	127385	130.8	37.0
内蒙古	863	510056	275055	175283	157.9	71.5
辽 宁	6028	2420498	324360	176909	197.7	68.2
吉 林	2195	807057	312369	216342	173.4	90.9
黑龙江	1825	856600	251080	121103	82.1	45.3
上 海	2888	1319558	416802	215881	265.2	57.4
江 苏	9025	8282740	296918	228393	257.2	92.7
浙 江	6057	7422212	305410	187199	272.0	89.6
安 徽	2747	1748520	313575	161067	225.8	87.7
福 建	3109	2796130	239231	136396	205.2	55.1
江 西	1712	1354130	304449	172204	204.8	94.0
山 东	5758	3324919	280111	149145	213.8	72.8
河 南	4762	2573891	307390	171538	189.7	77.0
湖 北	3217	2063691	487456	236235	301.5	120.5
湖 南	2030	2115455	284618	174616	224.2	78.4
广 东	4387	2228461	374990	179272	239.8	62.3
广 西	1079	885066	294770	150578	239.2	76.1
海 南	149	72599	380624	237863	277.7	107.3
重 庆	2426	1830216	303363	150580	179.7	70.0
四 川	3415	3043487	265047	136605	175.3	64.2
贵 州	708	498612	328962	123388	278.6	56.2
云 南	2304	1077609	283468	159589	146.8	67.2
西 藏	172	28516	249846	169267	79.0	55.2
陕 西	1656	1386632	328689	147757	166.1	49.9
甘 肃	1281	643637	281917	145122	179.2	64.8
青 海	391	140803	307456	136681	76.2	34.0
宁 夏	524	238117	262545	183547	182.9	62.7
新 疆	1009	815156	282925	184435	175.9	75.0

1-18 各地区建筑业企业资产构成

单位：万元

地区	资产合计	#流动资产合计	#存货	#非流动资产合计	#固定资产合计
全国总计	**1483727873**	**1173745564**	**258010582**	**309982308**	**136219440**
北京	162812465	116518487	19599939	46293978	4917843
天津	52720198	41319354	8204470	11400844	4650347
河北	41561072	33024525	7376669	8536548	5099004
山西	37939935	30888128	5095971	7051807	2982145
内蒙古	17963082	14005808	2407089	3957274	2060824
辽宁	63315459	51311546	9395523	12003914	6321356
吉林	20870699	17568368	2620586	3302331	2411001
黑龙江	17955882	14589270	2428250	3366613	2015336
上海	79425938	65452586	14297265	13973352	3999860
江苏	150780767	123415913	30439759	27364854	14283318
浙江	109100038	88687452	25167907	20412586	10411257
安徽	42665144	33734297	6416550	8930848	4375819
福建	38115217	30379436	7172761	7735781	3943024
江西	23606780	17708231	3901232	5898549	3064024
山东	91202531	73937992	17549008	17264539	9738386
河南	57630749	45253431	10844961	12377318	7789922
湖北	75575328	57990162	15845961	17585166	10829695
湖南	34387744	26100698	5515237	8287046	4143207
广东	98843618	79526064	16205656	19317554	7439713
广西	15694735	12317430	2616438	3377304	1596093
海南	2144442	1727618	231988	416824	164436
重庆	45663501	36678552	9198784	8984949	3965559
四川	69889625	55805130	15182381	14084495	5910520
贵州	18016556	15247463	4215183	2769093	979331
云南	30583845	22755520	3610215	7828325	3801802
西藏	1209465	781878	117959	427587	211833
陕西	40123874	32366549	5857349	7757325	3714217
甘肃	14892340	11136241	2225454	3756099	2350189
青海	4825717	3550116	770367	1275600	857072
宁夏	6363355	5357101	959034	1006254	601574
新疆	17847771	14610221	2540639	3237550	1590737

1-19　各地区建筑业企业固定资产情况

单位：万元

地　区	固定资产合计	固定资产原价	固定资产折旧	#本年折旧	在建工程
全国总计	**136219440**	**179403052**	**73098921**	**11654696**	**15171314**
北　京	4917843	7931925	3796887	643606	644335
天　津	4650347	7369069	3123142	469284	275369
河　北	5099004	6943184	2730111	401932	466438
山　西	2982145	4571574	2040567	308027	276729
内蒙古	2060824	2700400	945785	145814	197202
辽　宁	6321356	8988295	3836888	514601	524288
吉　林	2411001	2780666	1078345	164482	271589
黑龙江	2015336	3001353	1256790	143611	145396
上　海	3999860	6711736	3317226	414387	400654
江　苏	14283318	18188458	7184292	1120837	1680511
浙　江	10411257	14422404	5640481	882309	828776
安　徽	4375819	5470346	2022563	366003	594480
福　建	3943024	5441439	1935733	363001	209590
江　西	3064024	3553433	1150379	215675	407771
山　东	9738386	12992872	5241692	826851	735612
河　南	7789922	10327003	3966847	660433	672579
湖　北	10829695	11081240	4657433	756887	1063887
湖　南	4143207	5674900	2291225	394273	432568
广　东	7439713	9749370	4186741	661501	1319564
广　西	1596093	2028529	787461	130848	209072
海　南	164436	121926	55377	8095	80948
重　庆	3965559	4220682	1570107	279651	649762
四　川	5910520	7352845	3156301	452202	1284780
贵　州	979331	1107513	473315	95023	164161
云　南	3801802	4731129	1799848	355241	522893
西　藏	211833	256553	82372	12566	8650
陕　西	3714217	5208099	2287891	468527	480342
甘　肃	2350189	2613829	834203	116758	304917
青　海	857072	824504	370718	59126	46511
宁　夏	601574	695903	285298	35748	109054
新　疆	1590737	2341875	992905	187398	162886

1−20 各地区建筑业企业负债及所有者权益

单位：万元

地　　区	负债合计	#流动负债	#应付账款	所有者权益	#实收资本
全国总计	**1004591800**	**905256627**	**301822227**	**479133399**	**272434667**
北　京	118785404	105404585	39032458	44027061	21558866
天　津	40277333	36249541	15410576	12442866	7320670
河　北	27218213	25195223	9734710	14342862	12982324
山　西	28455485	26031612	11903839	9484450	5888900
内蒙古	11703908	10679983	3153042	6259174	2935081
辽　宁	41710969	35635782	12465666	21604490	10777369
吉　林	13347536	11476123	4440722	7523163	4983468
黑龙江	12498659	11678057	4324137	5457224	4744030
上　海	60588493	57212862	17397347	18837446	10675072
江　苏	91682539	85554912	26095298	59098228	25681399
浙　江	65426913	61605500	14062622	43673125	21999531
安　徽	28939054	25554802	8068560	13726090	8200622
福　建	21764629	19841627	4528174	16350588	11150979
江　西	13181110	11639213	2561625	10425670	6303226
山　东	63580645	59207009	19392523	27621886	16211300
河　南	36684348	33081941	11562332	20946402	14777658
湖　北	53306968	44933213	19747921	22268360	12075210
湖　南	20602565	18318377	6409570	13785179	7520479
广　东	68456337	60948328	17174176	30387281	16811980
广　西	10635125	9310913	1929178	5056934	3303869
海　南	1298979	1111738	340964	845463	553721
重　庆	32363489	28636630	8719276	13300012	7257149
四　川	48800963	41319448	13482011	21088662	12875870
贵　州	12550164	11318294	3413572	5466392	2272122
云　南	20346440	17678724	4397465	10237405	6311319
西　藏	576553	459998	144707	632912	463141
陕　西	28637978	26570965	11250099	11485896	8436809
甘　肃	9794666	8777517	3168127	5097673	3179462
青　海	3255430	2936860	1252051	1570287	1104392
宁　夏	4501044	4294261	1565924	1862312	1172526
新　疆	13619863	12592589	4693557	4227908	2906126

1-21　各地区建筑业企业实收资本

单位：万元

地　区	合计	国家资本	集体资本	法人资本	个人资本	港澳台资本	外商资本
全国总计	**272434667**	**42946380**	**13270735**	**88876762**	**125814812**	**837733**	**688246**
北　京	21558866	7971220	350132	8761722	4290418	93068	92307
天　津	7320670	1763362	219168	3160344	2153477	5508	18811
河　北	12982324	1716587	399120	2414437	8448004	3715	460
山　西	5888900	1484869	260291	1868099	2270649	4341	650
内蒙古	2935081	362214	154461	722280	1695919	207	
辽　宁	10777369	1734250	589276	3573957	4598331	241620	39937
吉　林	4983468	370955	213968	1552455	2833480	11969	640
黑龙江	4744030	701706	374433	1712694	1941785	1083	12329
上　海	10675072	1850575	438884	4712363	3420373	145157	107720
江　苏	25681399	1776382	753781	7280521	15602459	89370	178887
浙　江	21999531	670744	548625	5749867	14971348	37766	21180
安　徽	8200622	1473019	349603	2453036	3917541	5958	1464
福　建	11150979	856445	275653	2627144	7350289	27090	14359
江　西	6303226	1194848	491871	1426859	3160115	3476	26057
山　东	16211300	2160022	1456794	5439422	7120756	23180	11127
河　南	14777658	1583935	710765	5257555	7213695	7811	3898
湖　北	12075210	2500186	1517894	3215912	4808949	23851	8418
湖　南	7520479	1384386	550240	2452478	3131465	1444	466
广　东	16811980	2335027	959256	7460978	5830530	95934	130256
广　西	3303869	677722	237134	1098774	1288173	670	1397
海　南	553721	108009	27875	233776	183914	147	
重　庆	7257149	965199	253249	2148503	3886252	1697	2250
四　川	12875870	1756027	496666	4445516	6169542	7211	907
贵　州	2272122	947307	153775	703015	468026		
云　南	6311319	1586686	310551	1900538	2506387	4337	2821
西　藏	463141	42877	22080	245531	152653		
陕　西	8436809	1309642	622567	3608848	2889720	614	5418
甘　肃	3179462	623767	283610	1027050	1244223	450	363
青　海	1104392	170327	77694	454910	401460		
宁　夏	1172526	166951	28302	218744	752529		6000
新　疆	2906126	701137	143020	949433	1112351	60	125

1-22 各地区建筑业企业收入情况

单位：万元

地 区	主营业务收入	#主营业务成本	#主营业务税金及附加	其他业务收入	#其他业务成本	#其他业务利润
全国总计	**1640156967**	**1446045383**	**53254824**	**16595494**	**25988577**	**1919198**
北 京	103879445	95070839	2462388	652096	455618	184408
天 津	42067462	36743427	1160808	269632	813368	33587
河 北	50636735	44855897	1660635	406730	1023540	47428
山 西	31103988	27536183	947599	631582	635011	49999
内蒙古	13696082	11609098	491507	292362	404122	37546
辽 宁	68366855	58395150	2143868	305002	1881911	48507
吉 林	23241419	19166827	830602	210459	972738	20478
黑龙江	17272857	15360215	592244	89937	91373	9597
上 海	68822061	62309503	1791380	622708	1181420	170996
江 苏	202508018	177308531	7095386	1763274	1777179	184773
浙 江	178517226	161394126	6060753	874187	983183	165534
安 徽	47703026	41819056	1590101	418932	622918	44763
福 建	60208816	53237141	2235775	158816	459531	53097
江 西	37153768	32415786	1341266	830772	1012492	23203
山 东	87753496	75832788	2725269	1567358	2260349	127375
河 南	74345018	64379738	2532509	1178179	1673849	97216
湖 北	95949160	83447717	3283417	1177492	1819023	83362
湖 南	56328123	49650764	2129703	559882	768552	42494
广 东	91715658	80786020	2759515	557538	912614	148237
广 西	23671793	21408037	796630	351176	446751	29688
海 南	2577283	2289364	87596	109461	122067	636
重 庆	50380606	42743315	1658074	867436	1802357	44576
四 川	72391847	63774880	2336834	1093760	1645838	74464
贵 州	15246971	13756910	533267	146137	155328	21284
云 南	26378603	22701278	903540	343634	447729	84186
西 藏	723868	602462	26285	10921	7080	1812
陕 西	46014071	41242754	1489058	315084	528949	21093
甘 肃	17487700	15463929	576626	323917	417418	30634
青 海	4633365	4112374	125873	130170	151613	7906
宁 夏	6483861	5807921	197948	42489	77761	8449
新 疆	22897787	20823357	688369	294376	436892	21871

1−23 各地区建筑业企业费用情况

单位：万元

地 区	管理费用	#税金	销售费用	财务费用	#利息收入	#利息支出
全国总计	**50874075**	**2216404**	**6470900**	**12346415**	**3307087**	**13079048**
北 京	3497769	53704	345377	710993	934266	1595901
天 津	1564454	31006	94521	415042	99386	452633
河 北	1391184	58082	129705	320566	45148	257733
山 西	1377907	34062	99716	221186	74911	225259
内蒙古	510752	25318	16306	193494	294	169229
辽 宁	2780933	171185	234851	437413	46684	341390
吉 林	808947	52453	68336	149710	9813	105269
黑龙江	714098	37897	65816	74929	17894	67482
上 海	2426639	38251	167171	303109	168453	395470
江 苏	5877760	297369	769387	1629178	226022	1431916
浙 江	3528896	155583	457179	1312817	235056	1569421
安 徽	1502775	67200	211457	350188	94858	356426
福 建	1589614	89079	230119	232896	40389	288491
江 西	958812	60442	258028	208472	10967	164848
山 东	2835296	166596	353341	731361	133254	707156
河 南	2630797	155840	393716	560372	136549	496593
湖 北	3217457	128163	606320	772024	210349	766248
湖 南	1805310	78645	295520	298257	102025	302856
广 东	3094043	110582	418944	902238	90484	865970
广 西	655898	27595	49401	180694	13981	153158
海 南	62355	2372	2623	4074	876	4698
重 庆	1514456	83079	191164	504983	100040	458727
四 川	2209042	109591	486056	714951	223284	786892
贵 州	404504	12038	23102	158409	40093	128932
云 南	942008	44435	195984	365000	50445	338776
西 藏	44724	1479	6056	4386	230	3484
陕 西	1398609	59136	158928	240016	146440	319394
甘 肃	586479	35100	87319	148081	10996	94603
青 海	170276	2825	19797	36648	2038	32607
宁 夏	175063	8404	8377	48293	1122	46363
新 疆	597219	18895	26284	116637	40737	151126

1-24 各地区建筑业企业利润及税金情况

单位：万元

地　区	利润总额	#应交所得税	税金总额	主营业务税金及附加	管理费用中的税金
全国总计	**64071299**	**14390461**	**55471228**	**53254824**	**2216404**
北　京	4359641	657516	2516092	2462388	53704
天　津	1585585	355548	1191814	1160808	31006
河　北	1631303	412817	1718717	1660635	58082
山　西	939166	154073	981661	947599	34062
内蒙古	732513	182099	516825	491507	25318
辽　宁	2546761	715925	2315053	2143868	171185
吉　林	1103577	304013	883055	830602	52453
黑龙江	508877	136812	630141	592244	37897
上　海	2000895	369978	1829631	1791380	38251
江　苏	9804439	2190296	7392755	7095386	297369
浙　江	5762559	1364714	6216336	6060753	155583
安　徽	1933931	390365	1657301	1590101	67200
福　建	2341151	741587	2324853	2235775	89079
江　西	1564530	352402	1401707	1341266	60442
山　东	4248640	897199	2891865	2725269	166596
河　南	3210117	733102	2688349	2532509	155840
湖　北	3910209	943925	3411580	3283417	128163
湖　南	2081834	395663	2208348	2129703	78645
广　东	3725486	914250	2870097	2759515	110582
广　西	506360	155033	824225	796630	27595
海　南	114985	59834	89968	87596	2372
重　庆	2741950	531371	1741153	1658074	83079
四　川	2311696	534963	2446424	2336834	109591
贵　州	352333	83730	545304	533267	12038
云　南	1209599	227075	947975	903540	44435
西　藏	45911	6227	27764	26285	1479
陕　西	1293256	224251	1548194	1489058	59136
甘　肃	637693	123061	611727	576626	35100
青　海	139149	22083	128698	125873	2825
宁　夏	211386	67622	206353	197948	8404
新　疆	515769	142930	707264	688369	18895

1-25　各地区建筑业企业应收工程款及企业亏损情况

地　区	应收工程款(万元)	企业个数(个)	#亏损企业个数	亏损企业的比重(%)
全国总计	**320538493**	**81141**	**10863**	**13.4**
北　京	20533572	3043	636	20.9
天　津	13449449	1629	293	18.0
河　北	11130128	2395	286	11.9
山　西	11295246	2357	457	19.4
内蒙古	4798666	863	134	15.5
辽　宁	15459182	6028	968	16.1
吉　林	7121577	2195	350	15.9
黑龙江	4858011	1825	390	21.4
上　海	12952539	2888	568	19.7
江　苏	42536871	9025	403	4.5
浙　江	20675603	6057	694	11.5
安　徽	9114874	2747	298	10.8
福　建	6006646	3109	408	13.1
江　西	4236796	1712	145	8.5
山　东	24379535	5758	612	10.6
河　南	11289151	4762	403	8.5
湖　北	16609601	3217	322	10.0
湖　南	7376719	2030	185	9.1
广　东	17795847	4387	738	16.8
广　西	2718325	1079	212	19.6
海　南	384980	149	32	21.5
重　庆	10517830	2426	331	13.6
四　川	12389333	3415	452	13.2
贵　州	3835056	708	162	22.9
云　南	5865442	2304	401	17.4
西　藏	259513	172	20	11.6
陕　西	10375134	1656	256	15.5
甘　肃	4261198	1281	230	18.0
青　海	1049298	391	119	30.4
宁　夏	2199763	524	114	21.8
新　疆	5062609	1009	244	24.2

1-26 各地区建筑业企业主要经济效益指标

地　区	产值利润率(%)	产值利税率(%)	资本利润率(%)	资本利税率(%)	人均利润(元/人)	人均利税(元/人)	资产负债率(%)
全国总计	**3.6**	**6.8**	**23.5**	**43.9**	**11516**	**21487**	**67.7**
北　京	5.3	8.4	20.2	31.9	27100	42741	73.0
天　津	3.8	6.7	21.7	37.9	15645	27404	76.4
河　北	2.9	6.0	12.6	25.8	11153	22903	65.5
山　西	3.0	6.2	15.9	32.6	8816	18031	75.0
内蒙古	5.2	8.9	25.0	42.6	14361	24494	65.2
辽　宁	3.2	6.2	23.6	45.1	10522	20086	65.9
吉　林	4.4	7.9	22.1	39.9	13674	24616	64.0
黑龙江	2.4	5.3	10.7	24.0	5941	13297	69.6
上　海	3.6	7.0	18.7	35.9	15163	29029	76.3
江　苏	4.0	7.0	38.2	67.0	11837	20763	60.8
浙　江	2.5	5.3	26.2	54.5	7764	16139	60.0
安　徽	3.5	6.5	23.6	43.8	11060	20539	67.8
福　建	3.5	7.0	21.0	41.8	8373	16687	57.1
江　西	3.8	7.2	24.8	47.1	11554	21905	55.8
山　东	4.6	7.7	26.2	44.0	12778	21476	69.7
河　南	4.1	7.5	21.7	39.9	12472	22917	63.7
湖　北	3.9	7.3	32.4	60.6	18948	35479	70.5
湖　南	3.5	7.1	27.7	57.0	9841	20280	59.9
广　东	4.5	7.9	22.2	39.2	16718	29597	69.3
广　西	1.9	5.1	15.3	40.3	5721	15034	67.8
海　南	4.2	7.4	20.8	37.0	15838	28231	60.6
重　庆	4.9	8.1	37.8	61.8	14982	24495	70.9
四　川	2.9	5.9	18.0	37.0	7596	15634	69.8
贵　州	2.1	5.5	15.5	39.5	7066	18003	69.7
云　南	4.0	7.1	19.2	34.2	11225	20022	66.5
西　藏	6.4	10.3	9.9	15.9	16100	25837	47.7
陕　西	2.8	6.2	15.3	33.7	9327	20492	71.4
甘　肃	3.5	6.9	20.1	39.3	9908	19412	65.8
青　海	3.2	6.2	12.6	24.3	9883	19023	67.5
宁　夏	3.4	6.7	18.0	35.6	8877	17543	70.7
新　疆	2.2	5.3	17.7	42.1	6327	15004	76.3

二、按经济类型分组的建筑业企业

2-1 各地区国有建筑业企业签订合同情况

单位：万元

地 区	签订合同额	上年结转合同额	本年新签合同额
全国总计	**500094221**	**242185433**	**257908789**
北 京	34552546	19204234	15348311
天 津	11922212	5951496	5970717
河 北	14186163	6113976	8072187
山 西	9091266	4013940	5077326
内蒙古	2559831	1371884	1187948
辽 宁	15101193	6410292	8690901
吉 林	4323777	2479760	1844017
黑龙江	7932696	2613524	5319171
上 海	26675020	13275152	13399868
江 苏	15003474	6911844	8091630
浙 江	8065833	3776203	4289630
安 徽	22467998	12032386	10435612
福 建	9059423	3985584	5073840
江 西	7373867	2959088	4414779
山 东	25549262	11764001	13785261
河 南	13633076	4230695	9402381
湖 北	35794765	18385240	17409524
湖 南	29130806	15556968	13573838
广 东	57103129	28392282	28710847
广 西	27835590	11416412	16419178
海 南	863878	456261	407617
重 庆	13688863	7989887	5698976
四 川	34836213	20196992	14639221
贵 州	25846851	12036598	13810253
云 南	9352325	4022919	5329407
西 藏	167991	76804	91187
陕 西	17818386	7855105	9963280
甘 肃	6854459	3062380	3792079
青 海	4769116	2536021	2233095
宁 夏	2727816	1044248	1683569
新 疆	5806396	2063257	3743139

2-2 各地区国有建筑业企业承包工程完成情况

单位：万元

地　区	直接从建设单位承揽工程完成的产值	自行完成施工产值	分包出去工程的产值	从建设单位以外承揽工程完成的产值
全国总计	**221122111**	**210047695**	**11074416**	**10646789**
北　京	12657930	10958396	1699534	1810433
天　津	5499834	5373473	126362	339861
河　北	7918334	7910428	7906	532095
山　西	5604615	5552709	51906	55708
内蒙古	1167578	1167578		53881
辽　宁	7560279	7482773	77506	95525
吉　林	1614536	1573838	40698	18763
黑龙江	5764268	5634059	130209	496
上　海	8429658	7936155	493503	261304
江　苏	7799623	7542580	257042	511379
浙　江	4112794	3576895	535899	71593
安　徽	10128774	9971819	156955	244775
福　建	4066505	4035327	31178	29733
江　西	3852120	3798730	53390	49917
山　东	12857032	12509108	347924	224820
河　南	6358102	6220657	137445	467382
湖　北	18413839	17189207	1224632	1414661
湖　南	11291449	11262036	29413	726829
广　东	21965280	16784753	5180527	1026645
广　西	11108849	11106613	2236	348365
海　南	492694	492152	543	3132
重　庆	5882360	5711675	170685	258310
四　川	14090821	14041681	49140	1035426
贵　州	8680605	8662569	18035	98776
云　南	4150080	4146247	3834	19202
西　藏	65238	65238		1400
陕　西	9048762	8937773	110990	392447
甘　肃	3377010	3355430	21580	26884
青　海	1775290	1705948	69342	459452
宁　夏	1599566	1564290	35276	57880
新　疆	3788289	3777561	10728	9716

2-3 各地区国有建筑业总产值和竣工产值

单位：万元

地区	建筑业总产值	#装饰装修产值	#在外省完成的产值	按构成分组			竣工产值
				建筑工程产值	安装工程产值	其他产值	
全国总计	**220694484**	**5692878**	**83337956**	**191846558**	**22451152**	**6396774**	**95959190**
北 京	12768829	1413611	8349801	11911376	745777	111675	7029771
天 津	5713334	16562	3171452	5200632	336626	176075	2552252
河 北	8442523	254844	3188791	7043759	1062350	336414	3535930
山 西	5608417	242406	746687	4982980	550420	75017	2751021
内蒙古	1221459	13595	365477	1119422	53082	48956	397430
辽 宁	7578298	63944	1865499	6013983	1193396	370919	4591371
吉 林	1592600	6632	600160	1206159	372658	13784	722713
黑龙江	5634555	17377	660393	3691632	1900774	42149	2440535
上 海	8197459	381615	5918344	7125941	844959	226560	3781536
江 苏	8053959	31178	3279267	7423304	565219	65437	4731580
浙 江	3648488	27464	1279541	2841846	694773	111869	1932940
安 徽	10216594	46296	4181228	9114132	876864	225598	3594680
福 建	4065060	78694	714478	3564263	430629	70168	2450018
江 西	3848647	72572	1334111	3393656	360417	94574	1971920
山 东	12733929	277816	4466204	11245714	1277168	211047	4913415
河 南	6688039	109941	2284572	5136238	1478333	73468	2230890
湖 北	18603868	56936	12227865	16738478	1279333	586057	4528638
湖 南	11988864	338475	6438607	9946485	1249615	792765	6072257
广 东	17811398	1168006	5264112	15902961	1672851	235586	7041262
广 西	11454978	218406	2538881	10039302	1077396	338281	4365578
海 南	495283	27039	7900	403529	43680	48074	285005
重 庆	5969985	21592	2880691	5236815	268749	464420	2049727
四 川	15077107	176305	4077729	13848615	977617	250875	6998426
贵 州	8761345	109121	1726264	7424293	710675	626377	2621330
云 南	4165449	31550	305487	3758542	350267	56640	1633539
西 藏	66638	600		64712	360	1565	37153
陕 西	9330220	341037	3290974	8071665	787475	471079	4723463
甘 肃	3382313	92257	584978	2823672	440678	117964	1673599
青 海	2165400	6080	1157743	1703988	345649	115763	1069381
宁 夏	1622171	8692	245190	1507083	103416	11672	867421
新 疆	3787277	42237	185531	3361381	399947	25949	2364410

2-4 各地区国有建筑业企业房屋建筑面积

地区	房屋建筑施工面积（万平方米）	#本年新开工	#实行投标承包面积	#本年新开工	房屋建筑竣工面积（万平方米）	房屋建筑面积竣工率（%）
全国总计	**119295.1**	**36863.8**	**106265.5**	**32419.1**	**23870.6**	**20.0**
北京	7992.7	2023.0	7900.2	1999.5	1858.7	23.3
天津	821.6	233.2	749.4	199.2	163.0	19.8
河北	3177.3	1031.3	3089.4	974.6	740.1	23.3
山西	3267.0	1081.1	3131.6	1017.4	825.0	25.3
内蒙古	346.6	97.3	339.6	97.3	101.7	29.3
辽宁	1865.8	794.0	1628.6	609.6	507.9	27.2
吉林	376.8	242.4	181.8	109.4	216.4	57.4
黑龙江	1310.2	618.3	1130.2	521.3	446.8	34.1
上海	1285.7	536.3	1192.2	534.2	288.3	22.4
江苏	3353.3	1075.6	3252.1	998.3	872.4	26.0
浙江	516.0	95.2	504.1	90.0	118.4	23.0
安徽	6119.4	1872.4	5819.3	1822.3	1150.7	18.8
福建	3506.8	637.7	3430.6	626.0	720.5	20.5
江西	1776.6	828.9	1369.1	709.2	606.8	34.2
山东	4847.3	1957.9	4712.3	1854.5	897.0	18.5
河南	1838.2	933.2	1347.3	612.5	379.5	20.6
湖北	8672.5	856.1	8238.4	712.0	462.9	5.3
湖南	8212.2	2739.1	7659.5	2543.8	1696.8	20.7
广东	15128.7	4576.7	12703.1	4036.7	2303.1	15.2
广西	10549.5	3225.4	10284.6	3151.1	1714.6	16.3
海南	192.9	46.2	164.6	45.7	139.3	72.2
重庆	1220.1	513.2	1026.7	404.3	213.7	17.5
四川	11565.5	3383.6	8693.9	2688.6	3069.2	26.5
贵州	7602.9	2614.8	4905.7	1703.0	1044.5	13.7
云南	3109.4	1135.0	2963.4	876.7	529.1	17.0
西藏	23.7	12.3	8.9	5.6	12.2	51.7
陕西	4955.5	1149.9	4752.1	1128.6	1055.3	21.3
甘肃	2186.5	906.7	1690.9	717.7	540.9	24.7
青海	187.9	28.7	175.6	27.9	131.9	70.2
宁夏	1226.6	565.1	1213.2	565.1	288.1	23.5
新疆	2059.8	1053.0	2007.1	1037.1	775.8	37.7

2–5 各地区按主要用途分的国有建筑业企业房屋建筑竣工面积

单位：万平方米

地　区	总计	住宅房屋	商业及服务用房屋			
				商厦房屋(批发和零售用房)	宾馆用房屋(住宿用房)	餐饮用房屋(餐饮用房)
全国总计	**23870.6**	**16231.4**	**1536.6**	**789.0**	**213.8**	**52.7**
北　京	1858.7	1016.7	249.2	165.5	41.8	4.4
天　津	163.0	93.8	8.0	1.2		
河　北	740.1	423.4	15.1	2.6	1.3	0.1
山　西	825.0	537.4	53.5	3.1	16.1	0.1
内蒙古	101.7	71.7	3.0			
辽　宁	507.9	411.0	16.2			0.6
吉　林	216.4	176.3	8.8	3.8		
黑龙江	446.8	320.3	19.3	7.2	0.9	
上　海	288.3	214.6	8.9		1.5	1.5
江　苏	872.4	613.7	54.5	29.2	20.8	4.5
浙　江	118.4	90.5	12.6	12.4	0.1	
安　徽	1150.7	849.2	18.5	8.6	1.7	0.9
福　建	720.5	435.7	79.9	16.7		12.3
江　西	606.8	474.2	52.0	34.1	8.3	0.4
山　东	897.0	488.3	131.3	91.4	5.9	
河　南	379.5	244.1	27.1	22.2		1.1
湖　北	462.9	212.4	21.8	9.1	0.3	0.7
湖　南	1696.8	1089.2	175.7	117.2	34.9	0.2
广　东	2303.1	1527.3	120.7	46.5	20.6	2.1
广　西	1714.6	1111.0	100.7	67.8	3.5	3.0
海　南	139.3	108.9	15.2	5.7		
重　庆	213.7	175.3	11.9	1.1		
四　川	3069.2	2457.3	129.5	69.0	6.3	12.0
贵　州	1044.5	711.7	24.5	13.1	8.5	
云　南	529.1	389.4	28.3	1.9	9.9	5.2
西　藏	12.2	5.5	0.5		0.1	
陕　西	1055.3	770.0	34.1	11.5	2.6	0.1
甘　肃	540.9	411.3	36.4	14.9	12.0	0.9
青　海	131.9	85.6	0.2			
宁　夏	288.1	147.2	7.5	6.9		0.6
新　疆	775.8	568.4	71.8	26.1	16.7	2.1

2-5 续表 1 单位：万平方米

地 区	商务会展用房屋	其他商业及服务用房屋(居民服务业用房)	办公用房屋	科研、教育和医疗用房屋	科学研究用房屋	教育用房屋
全国总计	**72.9**	**408.2**	**1539.0**	**1182.9**	**108.5**	**763.3**
北 京	27.3	10.1	311.2	83.3	12.7	42.8
天 津		6.7	6.1	12.6		5.3
河 北		11.1	25.6	45.3	2.7	35.5
山 西	10.9	23.4	52.3	67.0	7.4	48.5
内蒙古		3.0	9.6	0.3		0.3
辽 宁	0.5	15.2	8.2	14.6	2.1	12.4
吉 林		5.0	0.7	6.1	0.9	5.3
黑龙江		11.2	12.4	10.2	0.3	9.9
上 海	0.4	5.5	10.5	26.4	3.7	18.9
江 苏			98.5	7.8		7.6
浙 江		0.1	7.1			
安 徽		7.3	75.5	19.1	2.0	12.8
福 建		50.9	62.8	63.0	10.1	36.8
江 西		9.2	12.1	4.1		2.8
山 东		34.0	113.5	44.0	0.4	30.4
河 南	1.1	2.7	28.7	8.2		3.4
湖 北	3.0	8.8	28.3	11.9	0.2	9.2
湖 南	6.9	16.4	92.6	107.7	3.2	54.2
广 东	12.3	39.2	121.4	117.9	27.7	88.1
广 西	0.6	25.8	93.2	169.3	5.5	103.2
海 南		9.4	2.1	8.7	0.1	8.6
重 庆		10.8	5.9	1.9	0.6	1.3
四 川	0.1	42.1	130.4	36.4	2.8	10.5
贵 州	1.1	1.8	67.3	110.3	2.6	83.2
云 南	8.1	3.2	10.5	18.9	1.7	17.1
西 藏		0.3	5.1	0.1		
陕 西		19.9	56.3	85.6	16.8	42.5
甘 肃	0.4	8.2	14.2	22.2		15.6
青 海		0.2	14.7	18.3		17.1
宁 夏			31.8	21.2		15.6
新 疆	0.2	26.8	30.5	40.5	5.1	24.4

2-5 续表 2

单位：万平方米

地　区	医疗用房屋(卫生医疗用房)	文化、体育和娱乐用房屋	厂房及建筑物	#厂房	仓　库	其他未列明的房屋建筑物
全国总计	**311.0**	**245.2**	**2241.3**	**1732.2**	**129.6**	**764.6**
北　京	27.8	42.6	108.3	102.3	11.1	36.3
天　津	7.3	1.3	40.2	14.4	0.3	0.7
河　北	7.1	28.4	141.4	125.2	1.4	59.6
山　西	11.1	8.6	86.3	46.0	1.4	18.5
内蒙古			16.2	15.9		0.9
辽　宁	0.1	3.2	48.7	27.9	0.2	5.8
吉　林		4.1	8.4	6.9		11.9
黑龙江	0.1	0.5	50.9	46.5	14.5	18.8
上　海	3.9	9.6	8.0	8.0	1.2	9.1
江　苏	0.1		73.9	53.0	0.1	23.9
浙　江		1.0	6.7	2.3		0.6
安　徽	4.3	13.4	169.4	136.9	0.6	5.1
福　建	16.1	8.5	47.2	43.0	4.5	19.0
江　西	1.3		38.9	37.5	10.6	14.9
山　东	13.2	4.6	91.4	74.6	0.2	23.7
河　南	4.8	0.3	63.9	21.4	6.9	0.3
湖　北	2.5	2.7	174.5	99.3	2.7	8.6
湖　南	50.3	20.0	148.3	103.3	6.6	56.6
广　东	2.1	11.1	275.7	235.5	23.4	105.7
广　西	60.6	27.3	116.9	97.4	5.7	90.5
海　南		2.9	1.3			
重　庆			12.8	12.8	3.5	2.4
四　川	23.1	17.6	148.3	112.0	18.4	131.5
贵　州	24.5	3.0	113.6	88.1	0.2	13.9
云　南		4.6	72.1	62.0		5.3
西　藏	0.1		1.0			
陕　西	26.4	7.8	81.9	78.5	0.5	19.3
甘　肃	6.5	3.1	24.7	21.0	0.5	28.3
青　海	1.1	4.8				8.4
宁　夏	5.6	3.8	43.5	43.3	0.9	32.2
新　疆	11.1	10.3	27.0	17.4	14.3	12.9

2-6 各地区按主要用途分的国有建筑业企业房屋建筑竣工价值

单位：万元

地 区	总计	住宅房屋	商业及服务用房屋			
				商厦房屋(批发和零售用房)	宾馆用房屋(住宿用房)	餐饮用房屋(餐饮用房)
全国总计	**41544461**	**25700113**	**3214124**	**1696445**	**437321**	**108760**
北 京	4740737	2197938	660089	409003	106400	32118
天 津	340713	174361	20839	290		
河 北	1525804	654777	27698	4388	2417	213
山 西	1391060	776379	126346	3702	28699	115
内蒙古	174279	129568	6000			
辽 宁	710132	544010	31612			987
吉 林	193785	139602	16181	8077		
黑龙江	668512	479018	29394	13233	998	
上 海	693321	454299	22391		3056	1417
江 苏	1568301	927781	80080	36345	34753	8977
浙 江	242921	193866	19347	19048	109	
安 徽	1646156	1199043	34347	8820	2033	1299
福 建	1474314	850070	183841	39352		13262
江 西	778866	591283	64139	35758	6833	1988
山 东	1722728	696336	439347	365210	37940	
河 南	503210	303670	32633	22070		1548
湖 北	643540	280132	28126	12395	310	722
湖 南	2609374	1520355	277791	190971	58869	468
广 东	4083485	2792112	236506	91688	38010	1889
广 西	2837775	1616066	207733	140209	10282	7002
海 南	214846	158575	28093	13217		
重 庆	397139	277021	23395	2650		
四 川	4978965	3931901	198360	91481	8593	23217
贵 州	1418823	802048	53218	30506	16405	
云 南	911970	627270	45697	3874	16412	9044
西 藏	31490	13101	644		324	
陕 西	1823070	1309575	54557	14558	5649	180
甘 肃	1142131	814357	77031	23807	30911	1225
青 海	291623	172164	1987			
宁 夏	502097	234847	13537	12557		980
新 疆	1283294	838592	173167	103236	28318	2110

2-6 续表 1

单位：万元

地区	商务会展用房屋	其他商业及服务用房屋(居民服务业用房)	办公用房屋	科研、教育和医疗用房屋	科学研究用房屋	教育用房屋
全国总计	**190778**	**780820**	**3387323**	**2455394**	**213810**	**1519774**
北京	81696	30871	916413	291080	37319	139807
天津		20549	34258	36118		11060
河北		20680	78943	99280	4088	65412
山西	19944	73886	111083	137807	21209	94831
内蒙古		6000	14012	694		694
辽宁	426	30199	14324	24861	4538	20194
吉林		8104	1434	10202	1727	8475
黑龙江		15162	17692	21073	424	20464
上海	2364	15554	32091	64869	8100	49161
江苏		4	342819	17178		17028
浙江		190	16892			
安徽		22196	89426	31887	5560	17965
福建		131227	115967	149845	16630	89370
江西		19559	9595	4771		3289
山东		36197	262442	86791	468	59711
河南	5134	3881	42084	12355		5746
湖北	3073	11627	32334	13699	200	10398
湖南	6000	21483	175578	174048	3354	63725
广东	50205	54714	209821	245603	53046	184164
广西	1094	49146	162558	367855	14255	203136
海南		14876	5042	14511	80	14361
重庆		20745	10345	6716	696	6020
四川	21	75048	227980	88584	3662	29505
贵州	1600	4707	128821	165308	3775	126059
云南	11208	5159	30084	33977	3740	30237
西藏		320	9110	213		
陕西		34170	127885	141853	23266	95075
甘肃	7322	13766	34082	53857	519	38215
青海		1987	29018	45115		41961
宁夏			64374	46468		31222
新疆	691	38812	40817	68777	7155	42493

2-6 续表 2　　　　单位：万元

地　区	医疗用房屋(卫生医疗用房)	文化、体育和娱乐用房屋	厂房及建筑物	#厂房	仓　库	其他未列明的房屋建筑物
全国总计	**721809**	**803645**	**3929046**	**3039117**	**199145**	**1855670**
北　京	113955	252047	239468	227950	15705	167997
天　津	25058	4256	66601	4182	1093	3187
河　北	29780	92225	278159	202863	1736	292987
山　西	21767	20506	172932	100783	2042	43966
内蒙古			21683	21109		2322
辽　宁	130	6209	80130	44674	2000	6986
吉　林		17000	6993	4954		2375
黑龙江	185	517	77734	72240	18898	24187
上　海	7608	31179	24348	24348	6846	57299
江　苏	150		130539	78997	138	69768
浙　江		3307	7190	2690		2320
安　徽	8362	27907	209995	172480	509	53042
福　建	43845	14693	85542	81593	9267	65089
江　西	1482		46672	45737	28975	33432
山　东	26612	12244	203568	170978	202	21797
河　南	6609	498	108446	52309	3264	260
湖　北	3100	2976	273686	171631	3015	9572
湖　南	106969	40114	366420	235469	9427	45641
广　东	8393	18442	339913	303963	26099	214990
广　西	150463	142259	167642	145097	6150	167514
海　南	70	5456	3145			25
重　庆			52958	52958	6168	20536
四　川	55418	28613	284229	212189	32273	187026
贵　州	35474	11985	183862	152591	548	73033
云　南		13476	147805	129733	74	13586
西　藏	213		2090			6332
陕　西	23511	15318	149427	145291	575	23880
甘　肃	15124	7135	66730	59823	138	88800
青　海	3154	12107				31232
宁　夏	15246	8735	75779	75447	1355	57001
新　疆	19130	14442	55361	47039	22650	69489

2-7 各地区国有建筑业企业主要生产效益指标

地　区	建筑业企业个数（个）	从事建筑业活动的平均人数（人）	按总产值计算的劳动生产率（元/人）	人均竣工产值（元/人）	人均施工面积（平方米/人）	人均竣工面积（平方米/人）
全国总计	**3753**	**5338511**	**413401**	**179749**	**223.5**	**44.7**
北　京	124	215158	593463	326726	371.5	86.4
天　津	83	126534	451526	201705	64.9	12.9
河　北	124	99231	850795	356333	320.2	74.6
山　西	148	174166	322016	157954	187.6	47.4
内蒙古	15	15726	776713	252721	220.4	64.7
辽　宁	223	204265	371003	224775	91.3	24.9
吉　林	74	35563	447825	203220	106.0	60.8
黑龙江	149	194630	289501	125394	67.3	23.0
上　海	79	95157	861467	397400	135.1	30.3
江　苏	200	202960	396825	233129	165.2	43.0
浙　江	84	76078	479572	254073	67.8	15.6
安　徽	118	202997	503288	177080	301.5	56.7
福　建	66	157983	257310	155081	222.0	45.6
江　西	108	107588	357721	183284	165.1	56.4
山　东	317	298881	426053	164394	162.2	30.0
河　南	142	147049	454817	151711	125.0	25.8
湖　北	228	181261	1026358	249841	478.5	25.5
湖　南	194	348247	344263	174366	235.8	48.7
广　东	299	392388	453923	179446	385.6	58.7
广　西	113	331796	345242	131574	318.0	51.7
海　南	16	10832	457241	263114	178.1	128.6
重　庆	100	130824	456337	156678	93.3	16.3
四　川	176	580766	259607	120503	199.1	52.8
贵　州	89	263832	332080	99356	288.2	39.6
云　南	84	118371	351898	138002	262.7	44.7
西　藏	15	2411	276390	154098	98.3	50.8
陕　西	126	305664	305244	154531	162.1	34.5
甘　肃	83	91503	369640	182901	239.0	59.1
青　海	44	46849	462208	228261	40.1	28.2
宁　夏	58	60596	267703	143148	202.4	47.5
新　疆	74	119205	317711	198348	172.8	65.1

2-8 各地区国有建筑业企业资产构成

单位：万元

地 区	资产合计	#流动资产合计	#存货	#非流动资产合计	#固定资产合计
全国总计	**246309903**	**190886035**	**43629376**	**55423868**	**22430451**
北 京	36082621	27919482	5122376	8163139	1437504
天 津	5934373	4896200	722779	1038173	338476
河 北	6085587	4957935	1232149	1127652	453523
山 西	8204668	6047655	780107	2157013	415955
内蒙古	1654136	1371287	515559	282849	198295
辽 宁	9222947	7504111	1987325	1718836	1001472
吉 林	1222824	914899	236839	307924	246303
黑龙江	4319697	3708511	571776	611186	452457
上 海	10207810	7732314	2162403	2475496	1091107
江 苏	10133069	8307215	1937801	1825855	818386
浙 江	3727521	3072760	933638	654761	451583
安 徽	8267126	7084024	1909912	1183102	570479
福 建	3633771	2651548	478184	982223	453192
江 西	3120554	2428152	467074	692402	291474
山 东	14895307	12427623	3178424	2467685	1223085
河 南	6988816	5880618	1398875	1108199	673875
湖 北	22402909	15226270	5098687	7176639	5029508
湖 南	8078650	5778944	986976	2299706	922254
广 东	20686454	14942177	3519658	5744276	1851891
广 西	6587643	5223456	1219852	1364187	577572
海 南	356036	257798	11722	98237	62603
重 庆	6685149	5112994	1389818	1572155	513466
四 川	15564664	12437238	3898846	3127426	816294
贵 州	8428095	7024146	970306	1403948	414142
云 南	7058386	4378209	337265	2680177	329073
西 藏	88450	64750	1842	23699	15945
陕 西	7715505	6515829	1096735	1199676	519353
甘 肃	2396701	1776143	371489	620558	368769
青 海	2451999	1867333	513525	584665	509468
宁 夏	1453284	1264273	270081	189011	91315
新 疆	2655152	2112139	307357	543013	291633

2-9 各地区国有建筑业企业固定资产情况

单位：万元

地区	固定资产合计	固定资产原价	固定资产折旧	#本年折旧	在建工程
全国总计	**22430451**	**29327418**	**13490380**	**1969492**	**2222746**
北京	1437504	2175501	1014882	153821	255565
天津	338476	690176	375966	45567	19892
河北	453523	791502	398030	43158	18122
山西	415955	606766	256726	31980	45203
内蒙古	198295	301562	123441	55292	7419
辽宁	1001472	1685681	755863	87684	19919
吉林	246303	376121	136507	14771	3511
黑龙江	452457	850820	445020	45015	20087
上海	1091107	1921247	970074	113421	137700
江苏	818386	1089505	570414	65363	136919
浙江	451583	560615	234106	28419	12176
安徽	570479	1023836	510898	106026	27936
福建	453192	523548	177760	21722	47864
江西	291474	410525	157879	18966	11582
山东	1223085	2051367	947507	137390	73374
河南	673875	1076989	529787	77114	33934
湖北	5029508	3254561	1448808	224427	382792
湖南	922254	1495808	691647	102020	54168
广东	1851891	2463155	1038186	136575	349810
广西	577572	855563	373658	58568	63403
海南	62603	16711	9317	550	49464
重庆	513466	582747	246980	41273	145200
四川	816294	1267822	619847	93020	120561
贵州	414142	545317	264266	64537	13703
云南	329073	427928	175806	19912	60115
西藏	15945	16010	5350	329	823
陕西	519353	885291	445347	103442	39610
甘肃	368769	459086	159267	18394	13676
青海	509468	379095	201765	28263	17488
宁夏	91315	155197	71964	5999	7242
新疆	291633	387368	133311	26477	33487

2-10 各地区国有建筑业企业负债及所有者权益

单位：万元

地区	负债合计	#流动负债	#应付账款	所有者权益	#实收资本
全国总计	**194005218**	**171963689**	**62014529**	**52304685**	**30613079**
北京	29043721	25761707	8709725	7038900	3505100
天津	4851368	4333887	2071627	1083005	736714
河北	4625506	4395780	1729841	1460081	1149763
山西	6727523	5229458	2251504	1477145	672620
内蒙古	1301497	1258844	434148	352639	262534
辽宁	7206467	6750839	2858800	2016481	1343941
吉林	978237	931477	345400	244586	266462
黑龙江	3673153	3449514	1520806	646544	652085
上海	8086285	7279324	3130210	2121525	1251815
江苏	7461793	6741969	2320772	2671276	1261564
浙江	2816020	2414573	892986	911501	528538
安徽	6967378	6279296	2141546	1299748	1318798
福建	2677831	2329221	552004	955939	572643
江西	2322963	2090561	555529	797592	596517
山东	12126414	11535097	4583801	2768893	1726362
河南	5410565	5022486	1944132	1578252	857731
湖北	17803773	13809606	5581641	4599136	1612024
湖南	5868989	5173007	1663684	2209662	1346101
广东	15649516	13366392	4515266	5036938	3018933
广西	5226767	4477247	988996	1360876	792541
海南	248755	194442	51521	107281	73347
重庆	5536786	5068132	1505133	1148364	729363
四川	12511972	11784028	3795759	3052692	1577485
贵州	6800372	5930697	1476079	1627723	993012
云南	5190065	4352680	1223783	1868321	1397104
西藏	61903	47791	26747	26546	24292
陕西	5729483	5343860	2418118	1986022	1191084
甘肃	1898167	1785349	629398	498534	330297
青海	1949941	1724152	819524	502058	230477
宁夏	1201339	1190732	467168	251945	168449
新疆	2050669	1911542	808881	604483	425384

2-11 各地区国有建筑业企业实收资本

单位：万元

地 区	合计	国家资本	集体资本	法人资本	个人资本	港澳台资本	外商资本
全国总计	**30613079**	**21120548**	**296939**	**9065679**	**129914**		
北 京	3505100	2189588		1315513			
天 津	736714	542344	2929	191427	15		
河 北	1149763	964995	1000	183768			
山 西	672620	472991	3022	187362	9244		
内蒙古	262534	233534		29000			
辽 宁	1343941	936354	8535	398852	200		
吉 林	266462	234522	2105	28979	856		
黑龙江	652085	414633	3003	207787	26661		
上 海	1251815	508820	5660	737125	210		
江 苏	1261564	1019183	41966	183351	17064		
浙 江	528538	385806	500	142232			
安 徽	1318798	1134480	2464	181854			
福 建	572643	385330	6227	180495	591		
江 西	596517	496069	6428	88667	5354		
山 东	1726362	1307615	15441	392575	10731		
河 南	857731	589661	15696	246744	5630		
湖 北	1612024	1139632	27704	438889	5799		
湖 南	1346101	883619	45635	400218	16628		
广 东	3018933	1449347	63335	1499652	6600		
广 西	792541	568600	10558	212670	713		
海 南	73347	45309		28038			
重 庆	729363	488461	906	228894	11102		
四 川	1577485	1012247	10423	553580	1234		
贵 州	993012	805440	4894	182678			
云 南	1397104	1172367	3829	220758	150		
西 藏	24292	22667	90	1524	11		
陕 西	1191084	807899	1031	378546	3609		
甘 肃	330297	291415	4322	34559	1		
青 海	230477	105092	5710	118932	744		
宁 夏	168449	155829	1516	11103			
新 疆	425384	356698	2010	59908	6768		

2-12 各地区国有建筑业企业收入情况

单位：万元

地　区	主营业务收入	#主营业务成本	#主营业务税金及附加	其他业务收入	#其他业务成本	#其他业务利润
全国总计	**221297033**	**200251414**	**6199072**	**3142362**	**3717081**	**388696**
北　京	20763401	18984745	467335	105787	66473	34277
天　津	4951317	4500510	145086	25791	38440	337
河　北	6532265	5979274	198002	56142	62137	8390
山　西	5520174	5021690	172836	119675	106014	22729
内蒙古	1469704	1332475	45005	8228	2581	712
辽　宁	7512501	6552243	201627	31294	239617	4683
吉　林	1473332	1286091	91710	67992	76006	-104
黑龙江	4191607	3894905	105800	46738	39544	4081
上　海	9616236	8474072	237725	137271	315930	15491
江　苏	8298376	7490720	245470	383154	332637	17668
浙　江	3112442	2788705	73777	24348	18313	9790
安　徽	8097690	7280770	241984	104429	162339	11708
福　建	3831156	3538011	113766	39893	29185	9180
江　西	2669718	2339761	79921	279536	336202	2152
山　东	13539303	12048621	358089	220966	324104	39448
河　南	7333031	6509719	220442	70895	104804	9432
湖　北	18006921	16035107	487463	286486	158369	27166
湖　南	11741496	10658256	367713	154479	175686	17814
广　东	20741105	19041749	498694	142233	160648	33302
广　西	9861000	9180515	283974	41485	65064	10906
海　南	421643	386262	15676	67818	63274	-231
重　庆	5280336	4837970	140464	28957	52424	2942
四　川	14037529	12624922	420408	261798	359481	14655
贵　州	8146887	7466520	272906	66926	47474	10811
云　南	4228235	3798769	124503	79655	47899	46676
西　藏	65780	59058	2010	5137	4006	1021
陕　西	8783113	7953571	276774	30303	92707	7866
甘　肃	3407150	3168997	106958	170250	152145	16435
青　海	2444330	2204287	53439	31405	31076	6001
宁　夏	1624115	1501444	44826	5324	8727	1535
新　疆	3595143	3311677	104691	47969	43777	1820

2-13 各地区国有建筑业企业费用情况

单位：万元

地　区	管理费用	#税金	销售费用	财务费用	#利息收入	#利息支出
全国总计	**7406722**	**208246**	**418139**	**1684921**	**890578**	**2185672**
北　京	681605	9311	13584	99211	294995	365334
天　津	186386	3714	4811	46713	5810	33337
河　北	221009	7913	2550	39390	3836	34338
山　西	222297	6759	6895	34462	13741	24399
内蒙古	40378	2113	312	25355	279	22996
辽　宁	337598	21914	4155	32303	9918	44773
吉　林	54551	1789	1149	8207	495	2934
黑龙江	172697	10736	7513	20330	689	13067
上　海	418496	5496	21344	48343	65313	92945
江　苏	281171	9272	24701	40151	11693	45151
浙　江	127789	3122	2842	8695	4988	15771
安　徽	262710	7945	8531	80616	13686	78248
福　建	106343	3926	2171	22229	7142	29695
江　西	112204	5628	3787	26784	1149	21679
山　东	459796	19822	15456	107411	34602	113960
河　南	310549	9439	16625	46347	25234	51796
湖　北	768703	15259	112921	215579	89085	285093
湖　南	383563	9348	11813	79693	39294	103234
广　东	583184	12159	44846	169921	29371	184187
广　西	205809	8965	6574	102821	11146	87423
海　南	9831	324	464	791	-27	905
重　庆	153960	2677	7081	23783	12448	29457
四　川	380390	7989	71603	135590	138402	243721
贵　州	170811	2946	2395	98547	30380	68283
云　南	159406	4042	7001	67193	22666	82742
西　藏	3463	182	97	17	68	173
陕　西	250653	8996	11690	48804	15562	51415
甘　肃	125558	1750	2050	11506	2108	11658
青　海	87407	617	542	21298	1429	19145
宁　夏	39819	1738	294	4788	352	4969
新　疆	88587	2355	2344	18044	4722	22848

2-14 各地区国有建筑业企业利润及税金情况

单位：万元

地区	利润总额	#应交所得税	税金总额	主营业务税金及附加	管理费用中的税金
全国总计	**5648108**	**1297758**	**6407318**	**6199072**	**208246**
北京	983472	185741	476646	467335	9311
天津	89848	25323	148801	145086	3714
河北	90190	28576	205915	198002	7913
山西	79058	22914	179594	172836	6759
内蒙古	22228	3247	47118	45005	2113
辽宁	126830	42102	223541	201627	21914
吉林	12280	7882	93499	91710	1789
黑龙江	36156	14409	116537	105800	10736
上海	289378	61622	243221	237725	5496
江苏	275387	62585	254741	245470	9272
浙江	135513	35004	76899	73777	3122
安徽	155634	39517	249929	241984	7945
福建	68828	20143	117692	113766	3926
江西	38356	10682	85548	79921	5628
山东	443877	115446	377911	358089	19822
河南	190205	56896	229881	220442	9439
湖北	574711	136164	502722	487463	15259
湖南	240287	45241	377061	367713	9348
广东	581743	125682	510853	498694	12159
广西	84052	25048	292940	283974	8965
海南	10211	8395	16000	15676	324
重庆	138445	17633	143141	140464	2677
四川	348764	63871	428397	420408	7989
贵州	149506	35751	275852	272906	2946
云南	108120	22026	128546	124503	4042
西藏	2031	342	2192	2010	182
陕西	187833	36504	285771	276774	8996
甘肃	2953	11172	108708	106958	1750
青海	75669	9638	54057	53439	617
宁夏	30882	10354	46564	44826	1738
新疆	75661	17849	107046	104691	2355

2-15 各地区国有建筑业企业应收工程款及企业亏损情况

地 区	应收工程款（万元）	企业个数（个）	#亏损企业个数	亏损企业的比重(%)
全国总计	**47793532**	**3753**	**534**	**14.2**
北 京	3853397	124	15	12.1
天 津	1207319	83	10	12.0
河 北	1516173	124	23	18.5
山 西	2369289	148	28	18.9
内蒙古	409754	15	2	13.3
辽 宁	2138173	223	36	16.1
吉 林	320080	74	16	21.6
黑龙江	1675376	149	27	18.1
上 海	1832745	79	12	15.2
江 苏	1951260	200	11	5.5
浙 江	747227	84	7	8.3
安 徽	1960818	118	6	5.1
福 建	560768	66	7	10.6
江 西	512490	108	25	23.1
山 东	3625416	317	48	15.1
河 南	1510558	142	19	13.4
湖 北	3722864	228	21	9.2
湖 南	1384484	194	22	11.3
广 东	3281844	299	42	14.0
广 西	1139682	113	21	18.6
海 南	28674	16	5	31.3
重 庆	1419934	100	14	14.0
四 川	2788095	176	20	11.4
贵 州	1718962	89	21	23.6
云 南	1331485	84	14	16.7
西 藏	30813	15	2	13.3
陕 西	2378476	126	15	11.9
甘 肃	672112	83	16	19.3
青 海	501938	44	8	18.2
宁 夏	534183	58	10	17.2
新 疆	669144	74	11	14.9

2-16 各地区国有建筑业企业主要经济效益指标

地　区	产值利润率（%）	产值利税率（%）	资本利润率（%）	资本利税率（%）	人均利润（元/人）	人均利税（元/人）	资产负债率（%）
全国总计	**2.6**	**5.5**	**18.4**	**39.4**	**10580**	**22582**	**78.8**
北　京	7.7	11.4	28.1	41.7	45709	67863	80.5
天　津	1.6	4.2	12.2	32.4	7101	18860	81.8
河　北	1.1	3.5	7.8	25.8	9089	29840	76.0
山　西	1.4	4.6	11.8	38.5	4539	14851	82.0
内蒙古	1.8	5.7	8.5	26.4	14134	44096	78.7
辽　宁	1.7	4.6	9.4	26.1	6209	17153	78.1
吉　林	0.8	6.6	4.6	39.7	3453	29744	80.0
黑龙江	0.6	2.7	5.5	23.4	1858	7845	85.0
上　海	3.5	6.5	23.1	42.5	30411	55970	79.2
江　苏	3.4	6.6	21.8	42.0	13569	26120	73.6
浙　江	3.7	5.8	25.6	40.2	17812	27920	75.5
安　徽	1.5	4.0	11.8	30.8	7667	19979	84.3
福　建	1.7	4.6	12.0	32.6	4357	11806	73.7
江　西	1.0	3.2	6.4	20.8	3565	11517	74.4
山　东	3.5	6.5	25.7	47.6	14851	27495	81.4
河　南	2.8	6.3	22.2	49.0	12935	28568	77.4
湖　北	3.1	5.8	35.7	66.8	31706	59441	79.5
湖　南	2.0	5.1	17.9	45.9	6900	17727	72.6
广　东	3.3	6.1	19.3	36.2	14826	27845	75.7
广　西	0.7	3.3	10.6	47.6	2533	11362	79.3
海　南	2.1	5.3	13.9	35.7	9426	24197	69.9
重　庆	2.3	4.7	19.0	38.6	10583	21524	82.8
四　川	2.3	5.2	22.1	49.3	6005	13382	80.4
贵　州	1.7	4.9	15.1	42.8	5667	16122	80.7
云　南	2.6	5.7	7.7	16.9	9134	19994	73.5
西　藏	3.0	6.3	8.4	17.4	8424	17515	70.0
陕　西	2.0	5.1	15.8	39.8	6145	15494	74.3
甘　肃	0.1	3.3	0.9	33.8	323	12203	79.2
青　海	3.5	6.0	32.8	56.3	16152	27690	79.5
宁　夏	1.9	4.8	18.3	46.0	5096	12781	82.7
新　疆	2.0	4.8	17.8	43.0	6347	15327	77.2

2-17 各地区集体建筑业企业签订合同情况

单位：万元

地区	签订合同额	上年结转合同额	本年新签合同额
全国总计	**67105201**	**20736986**	**46368215**
北京	2340159	1018234	1321926
天津	2987775	984743	2003031
河北	1567374	412503	1154871
山西	614930	144629	470301
内蒙古	166516	11076	155440
辽宁	3705018	548825	3156194
吉林	299404	21275	278129
黑龙江	2132774	413265	1719509
上海	462374	119751	342623
江苏	1741656	400895	1340761
浙江	3559111	1479274	2079838
安徽	1159924	304968	854956
福建	3338957	1369674	1969283
江西	4416169	1565633	2850536
山东	5759445	1892646	3866799
河南	2258544	591998	1666547
湖北	856587	179345	677242
湖南	3225317	1026338	2198979
广东	7671381	3151490	4519891
广西	2220045	778201	1441844
海南	427535	137399	290136
重庆	2569298	382702	2186595
四川	4612795	1309778	3303017
贵州	820223	194683	625541
云南	1862380	350681	1511699
西藏	101792	21331	80461
陕西	3996538	1300236	2696301
甘肃	1649809	455837	1193973
青海	128398	27740	100658
宁夏	220434	104533	115901
新疆	232541	37304	195237

2–18　各地区集体建筑业企业承包工程完成情况

单位：万元

地　区	直接从建设单位承揽工程完成的产值	自行完成施工产值	分包出去工程的产值	从建设单位以外承揽工程完成的产值
全国总计	**46501985**	**46223796**	**278189**	**594170**
北　京	1720693	1649974	70719	105734
天　津	2283241	2268882	14359	752
河　北	1302485	1295222	7263	120
山　西	516057	516057		2513
内蒙古	162302	162302		
辽　宁	3348517	3348206	311	10788
吉　林	215683	210915	4767	167
黑龙江	1843293	1842183	1110	3778
上　海	273337	269326	4011	18489
江　苏	1490503	1486592	3911	88758
浙　江	1976598	1976140	458	38719
安　徽	881907	866681	15226	25029
福　建	1209188	1198683	10505	
江　西	3054323	3038998	15325	18892
山　东	4425103	4407279	17824	34040
河　南	1853425	1849850	3575	43748
湖　北	795345	790622	4723	15429
湖　南	2134729	2124763	9967	26665
广　东	4121671	4089789	31882	20118
广　西	1731994	1731590	404	1585
海　南	353980	353721	259	488
重　庆	1174244	1173030	1214	6227
四　川	3245418	3221055	24363	37566
贵　州	567280	553446	13834	23441
云　南	1458455	1453981	4474	8217
西　藏	61291	61291		
陕　西	2565563	2551973	13590	40871
甘　肃	1298184	1294069	4115	22037
青　海	127994	127994		
宁　夏	130790	130790		
新　疆	178395	178395		

2-19 各地区集体建筑业总产值和竣工产值

单位：万元

地区	建筑业总产值	#装饰装修产值	#在外省完成的产值	按构成分组			竣工产值
				建筑工程产值	安装工程产值	其他产值	
全国总计	**46817967**	**2101622**	**3617843**	**40416915**	**4844545**	**1556506**	**31590919**
北京	1755708	261477	130104	1717724	36569	1414	1319299
天津	2269633	123934	39375	1663924	564684	41025	1039722
河北	1295342	91077	151422	1047391	220957	26994	696822
山西	518570	13223	475	398377	96846	23347	284163
内蒙古	162302	400		150312	2241	9749	162334
辽宁	3358994	168169	30174	2442794	686234	229966	2362189
吉林	211082	4466	2243	112996	89840	8246	173574
黑龙江	1845962	106847	860	1584488	225859	35614	927091
上海	287815	61591	24618	210537	73331	3947	218924
江苏	1575350	99164	308937	1512456	46009	16884	1364876
浙江	2014859	45684	967694	1932742	74719	7398	1567071
安徽	891710	4890	274195	408259	268590	214861	809098
福建	1198683	16710	425429	1141534	42549	14600	757217
江西	3057890	112736	322662	2789268	178319	90303	1897399
山东	4441319	120772	30492	4034688	369639	36992	2996243
河南	1893598	71223	24255	1642926	154513	96159	1252302
湖北	806051	15548	10411	706966	94102	4983	589274
湖南	2151428	133585	141253	1875178	198934	77316	1539703
广东	4109908	252095	152580	3683648	278144	148116	2803660
广西	1733175	51676	8212	1652833	39666	40677	1142990
海南	354209	16563		306185	23902	24122	229824
重庆	1179257	37223	35323	973422	182268	23566	805736
四川	3258621	101998	497681	2736437	383627	138556	2233590
贵州	576887	37139		508939	21634	46314	374965
云南	1462198	12993	52	1373239	31680	57279	1174675
西藏	61291	1600		57512	3779		48416
陕西	2592843	98786	12648	2279113	232835	80895	1547318
甘肃	1316105	26697	26748	1160403	122213	33489	941268
青海	127994	4728		89830	20727	17437	97426
宁夏	130790	7820		119536	4998	6256	121280
新疆	178395	808		103255	75139		112470

2–20 各地区集体建筑业企业房屋建筑面积

地　区	房屋建筑施工面积（万平方米）	#本年新开工	#实行投标承包面积	#本年新开工	房屋建筑竣工面积（万平方米）	房屋建筑面积竣工率（%）
全国总计	**35788.9**	**19556.7**	**26150.8**	**15174.0**	**17428.2**	**48.7**
北　京	1151.6	306.0	821.4	241.7	408.2	35.4
天　津	658.7	209.6	362.0	206.4	217.1	33.0
河　北	954.3	481.6	798.5	386.3	442.5	46.4
山　西	231.7	148.5	144.4	100.2	107.7	46.5
内蒙古	100.1	89.7	90.3	89.7	93.4	93.3
辽　宁	1560.5	1250.4	1316.7	1049.8	1006.2	64.5
吉　林	72.7	71.3	55.4	50.9	62.0	85.3
黑龙江	560.7	445.7	410.6	287.3	353.5	63.1
上　海	109.4	85.0	101.2	84.8	50.5	46.1
江　苏	1059.5	585.4	838.8	478.2	657.2	62.0
浙　江	2323.1	805.9	1571.6	399.5	893.5	38.5
安　徽	474.5	301.4	403.7	275.3	310.5	65.4
福　建	1634.2	724.3	1224.5	639.8	333.0	20.4
江　西	2502.8	1422.7	1871.7	1146.3	1400.8	56.0
山　东	4372.2	2553.0	3570.4	2180.2	2111.6	48.3
河　南	1685.1	1117.8	1549.4	1016.9	954.7	56.7
湖　北	577.7	406.3	375.8	277.8	440.8	76.3
湖　南	2395.1	1469.3	1838.6	1239.9	1188.8	49.6
广　东	4245.7	1769.0	2253.4	1121.5	1569.0	37.0
广　西	1534.4	796.4	1088.9	534.9	840.0	54.7
海　南	222.5	95.8	161.1	60.2	156.7	70.4
重　庆	693.0	387.3	224.5	160.8	394.7	57.0
四　川	2342.9	1432.4	1700.2	1034.8	1128.1	48.1
贵　州	454.8	287.7	258.7	154.8	233.5	51.4
云　南	813.1	543.9	491.1	372.8	523.0	64.3
西　藏	29.9	29.6	7.6	4.4	26.9	90.2
陕　西	2041.8	1131.5	1768.1	1048.1	912.4	44.7
甘　肃	810.9	510.3	704.7	456.5	485.0	59.8
青　海	41.1	39.3	21.4	18.0	36.6	89.0
宁　夏	103.7	37.9	95.1	34.1	80.0	77.1
新　疆	31.3	21.8	31.1	21.8	10.4	33.1

2-21 各地区按主要用途分的集体建筑业企业房屋建筑竣工面积

单位：万平方米

地　区	总计	住宅房屋	商业及服务用房屋	商厦房屋(批发和零售用房)	宾馆用房屋(住宿用房)	餐饮用房屋(餐饮用房)
全国总计	**17428.2**	**12461.8**	**949.6**	**395.8**	**118.2**	**63.0**
北　京	408.2	301.0	14.5	13.4		
天　津	217.1	137.4	32.4	23.5		
河　北	442.5	376.9	23.0	10.3	3.0	2.5
山　西	107.7	85.8	3.8	0.2		
内蒙古	93.4	55.0	5.2	0.9		
辽　宁	1006.2	744.2	21.5	10.1	1.2	3.0
吉　林	62.0	59.6				
黑龙江	353.5	304.6	13.4	11.1		
上　海	50.5	19.8	3.3	3.0		
江　苏	657.2	465.9	15.1	5.6	9.2	
浙　江	893.5	573.5	19.8	4.8		6.4
安　徽	310.5	208.4	4.9	3.6	0.2	0.4
福　建	333.0	283.9	13.2	7.9	3.6	
江　西	1400.8	1040.8	106.9	28.0	12.2	3.2
山　东	2111.6	1706.5	61.1	34.9	6.5	2.9
河　南	954.7	664.9	77.8	14.1	20.9	14.7
湖　北	440.8	316.9	39.0	27.0	1.7	2.2
湖　南	1188.8	807.5	51.2	23.1	6.0	2.4
广　东	1569.0	943.4	135.8	66.3	13.7	10.8
广　西	840.0	491.8	50.3	24.0	6.8	3.0
海　南	156.7	99.4	11.9	2.3	5.1	0.2
重　庆	394.7	322.2	3.4			
四　川	1128.1	838.0	72.1	37.1	4.0	1.5
贵　州	233.5	128.8	31.9	7.8	5.9	0.8
云　南	523.0	360.8	44.2	3.4	1.2	0.8
西　藏	26.9	19.5	3.8			
陕　西	912.4	672.5	62.7	24.9	10.8	8.0
甘　肃	485.0	345.3	20.9	8.1	6.0	0.1
青　海	36.6	19.1	1.9			
宁　夏	80.0	59.4	4.5	0.6	0.2	
新　疆	10.4	8.9	0.2			

2-21 续表 1

单位：万平方米

地区	商务会展用房屋	其他商业及服务用房屋(居民服务业用房)	办公用房屋	科研、教育和医疗用房屋	科学研究用房屋	教育用房屋
全国总计	**21.3**	**351.2**	**813.6**	**978.2**	**85.9**	**757.0**
北京		1.2	12.7	30.5	8.9	21.3
天津	1.6	7.2	14.7	5.7		5.7
河北	0.1	7.1	15.0	15.8		14.3
山西		3.5	5.3	6.3		6.3
内蒙古		4.3	2.1	9.2		9.2
辽宁		7.3	31.1	37.2	2.5	34.5
吉林			1.6	0.5		0.5
黑龙江		2.4	6.0	6.8		6.8
上海		0.3	2.0	1.9		1.9
江苏		0.3	29.6	11.8		4.3
浙江		8.6	36.3	17.1		16.9
安徽		0.7	35.9	23.6	0.9	13.1
福建		1.7	23.5	1.0		1.0
江西	0.7	62.9	41.2	62.0	9.1	42.6
山东	3.2	13.6	66.1	58.0	7.4	46.7
河南	11.0	17.1	50.2	47.9	0.5	42.2
湖北		8.1	36.6	9.9		9.0
湖南	2.8	16.8	83.3	114.9	9.5	83.1
广东	1.0	44.0	68.6	78.0	22.4	50.1
广西		16.5	58.4	134.0	5.0	111.2
海南		4.4	4.9	16.9		15.0
重庆		3.4	2.2	10.4	2.2	6.8
四川		29.5	33.3	83.6	3.9	68.1
贵州	0.8	16.5	16.3	30.9	1.6	24.7
云南		38.9	22.1	46.6	2.1	28.9
西藏		3.8		3.6		3.6
陕西		19.0	71.9	47.4	8.8	30.6
甘肃		6.6	38.3	49.2	0.5	42.2
青海		1.9	2.0	4.0		3.7
宁夏		3.6	1.8	13.0	0.6	12.3
新疆		0.2	0.8	0.4		0.4

2-21 续表 2

单位：万平方米

地区	医疗用房屋（卫生医疗用房）	文化、体育和娱乐用房屋	厂房及建筑物	#厂房	仓库	其他未列明的房屋建筑物
全国总计	**135.3**	**102.6**	**1592.2**	**1000.4**	**137.2**	**393.0**
北京	0.2	2.7	45.1	28.5	0.6	1.0
天津		2.4	23.8	5.7		0.7
河北	1.5		9.4	9.4	1.2	1.2
山西		0.1	5.4	1.1	0.9	0.1
内蒙古		0.6	3.5	3.5		17.8
辽宁	0.1	0.1	147.6	90.6	2.2	22.3
吉林			0.4			
黑龙江			19.3	18.0	1.7	1.7
上海		0.3	19.5	13.6	3.4	0.2
江苏	7.5	0.9	125.8	95.1	7.4	0.7
浙江	0.3	19.7	203.1	190.0	1.8	22.3
安徽	9.5	2.4	31.1	21.9	0.2	4.0
福建		0.4	10.1	8.7		0.8
江西	10.3	4.3	113.8	71.2	6.4	25.2
山东	3.8	4.2	186.8	64.1	10.8	18.1
河南	5.2	1.5	64.0	42.7	34.5	13.9
湖北	0.9	0.8	32.6	11.7	0.4	4.7
湖南	22.4	10.3	77.4	25.6	8.3	35.9
广东	5.5	8.6	227.1	167.7	31.5	76.0
广西	17.9	13.6	45.6	26.8	4.1	42.2
海南	1.9	0.4	1.6	1.4		21.6
重庆	1.4	0.7	30.4	3.9		25.5
四川	11.7	14.0	69.6	29.7	13.7	3.8
贵州	4.5	2.4	16.3	7.9	0.4	6.6
云南	15.6	2.6	25.4	21.0	0.5	20.5
西藏						
陕西	8.0	1.0	38.2	27.3	4.1	14.7
甘肃	6.6	5.2	17.8	11.9	1.8	6.6
青海	0.3	3.4	0.3	0.3	1.3	4.6
宁夏	0.1	0.1	1.1	1.0	0.1	
新疆						

2-22 各地区按主要用途分的集体建筑业企业房屋建筑竣工价值

单位：万元

地　区	总计	住宅房屋	商业及服务用房屋	商厦房屋(批发和零售用房)	宾馆用房屋(住宿用房)	餐饮用房屋(餐饮用房)
全国总计	**22720921**	**16156878**	**1367794**	**586589**	**152684**	**92202**
北　京	818597	545956	44092	38519		
天　津	573954	315390	102030	66436		
河　北	579702	468436	40263	18505	5903	4921
山　西	132732	103567	6358	349		37
内蒙古	158635	88542	13004	2589		
辽　宁	1374644	1013045	50722	16091	1541	13200
吉　林	66614	63200				
黑龙江	506530	427424	25032	20447		
上　海	86211	31854	3925	3006		
江　苏	819671	591875	20933	5378	14472	
浙　江	1315071	919630	33893	4673		16561
安　徽	314452	210737	4308	2974	135	398
福　建	569327	488337	26066	18925	3000	
江　西	1617904	1238676	117479	28861	14238	3328
山　东	2368899	1944157	66845	39862	4768	2967
河　南	970517	677975	78339	15215	21762	14205
湖　北	466064	329259	51761	39199	1635	3046
湖　南	1216187	794219	53138	22589	6107	3268
广　东	1990034	1192746	166810	74940	18879	11850
广　西	946308	547576	64546	33283	11844	3422
海　南	199096	123876	15682	4262	6630	278
重　庆	548757	418697	4035			
四　川	1502350	1100232	122444	58928	5410	2036
贵　州	294932	159696	39526	10207	5103	991
云　南	807918	563242	60108	5249	2870	1139
西　藏	69560	52411	10740			
陕　西	1400266	1047005	101967	41474	16925	10230
甘　肃	826799	583571	33941	13769	11136	259
青　海	53860	27500	3728			
宁　夏	111993	77137	5684	858	327	66
新　疆	13342	10913	396			

2-22 续表 1

单位：万元

地　区	商务会展用房屋	其他商业及服务用房屋(居民服务业用房)	办公用房　屋	科研、教育和医疗用房屋	科学研究用房屋	教育用房　屋
全国总计	**26908**	**509412**	**1086198**	**1383115**	**163060**	**1040245**
北　京		5574	40032	92332	37237	54224
天　津	7951	27643	61179	28505		28505
河　北	171	10763	21285	21920		20812
山　西		5973	4864	8586		8586
内蒙古		10415	6054	24134		24134
辽　宁		19890	46353	35721	4063	31464
吉　林			2744	670		670
黑龙江		4585	10707	14931		14931
上　海		919	1759	5470		5430
江　苏		1083	38942	19741		8493
浙　江		12660	42462	30367		30034
安　徽		800	37023	23316	1105	11271
福　建		4141	39569	2230		2230
江　西	1203	69849	46353	68142	11721	41583
山　东	3004	16243	69382	74869	9749	59954
河　南	10483	16674	53645	53536	534	44818
湖　北		7882	26496	11109		9952
湖　南	1671	19503	91953	137410	12148	99753
广　东	1302	59838	86161	128588	53146	66388
广　西		15997	71808	158793	5164	132669
海　南		4512	7047	23128		19874
重　庆		4035	4457	15421	3312	10158
四　川		56071	45803	104094	5702	83436
贵　州	1097	22128	23513	39663	1808	32285
云　南		50850	33731	68903	3057	45907
西　藏		10740		6409		6409
陕　西		33338	99554	65293	12232	41708
甘　肃		8777	65338	88455	927	75019
青　海		3728	3022	6543		6063
宁　夏	26	4408	3738	24113	1156	22760
新　疆		396	1225	728		728

2-22 续表 2

单位：万元

地　区	医疗用房屋（卫生医疗用房）	文化、体育和娱乐用房屋	厂房及建筑物	#厂房	仓　库	其他未列明的房屋建筑物
全国总计	**179810**	**181252**	**1927322**	**1183549**	**141718**	**476644**
北　京	872	14560	78249	39930	801	2575
天　津		14992	50750	14942		1107
河　北	1108		13590	13590	1919	12289
山　西		22	7567	1087	1587	181
内蒙古		1911	4970	4970		20020
辽　宁	194	186	201370	110943	3455	23792
吉　林						
黑龙江			22805	21115	2266	3366
上　海	40	652	35648	25736	6628	275
江　苏	11248	1633	140934	103497	4779	836
浙　江	333	24092	230630	215679	1771	32226
安　徽	10940	3178	31100	23323	228	4563
福　建		1420	10704	8720		1001
江　西	14838	5008	118313	74856	5266	18669
山　东	5166	6733	181559	50926	10312	15043
河　南	8184	1409	64935	44496	31469	9210
湖　北	1157	770	39903	11133	440	6326
湖　南	25508	11966	86643	29054	8359	32499
广　东	9054	30273	280784	214493	27640	77032
广　西	20961	14729	44860	23811	4808	39188
海　南	3254	555	1733	1620		27076
重　庆	1951	600	43554	4263		61993
四　川	14956	20364	83617	40430	19599	6198
贵　州	5570	5139	19937	8819	631	6827
云　南	19939	4170	45404	38915	769	31591
西　藏						
陕　西	11352	1517	58145	38711	4812	21974
甘　肃	12510	9874	28014	16948	3705	13900
青　海	480	5335	533	533	408	6792
宁　夏	196	165	1073	1010	66	17
新　疆						80

2–23 各地区集体建筑业企业主要生产效益指标

地 区	建筑业企业个数（个）	从事建筑业活动的平均人数（人）	按总产值计算的劳动生产率（元/人）	人均竣工产 值（元/人）	人均施工面 积（平方米/人）	人均竣工面 积（平方米/人）
全国总计	**3589**	**1995060**	**234669**	**158346**	**179.4**	**87.4**
北 京	153	40965	428587	322055	281.1	99.6
天 津	61	60440	375518	172026	109.0	35.9
河 北	78	43829	295545	158987	217.7	101.0
山 西	94	23595	219779	120434	98.2	45.7
内蒙古	7	5375	301958	302016	186.2	173.8
辽 宁	271	146553	229200	161183	106.5	68.7
吉 林	46	10942	192910	158631	66.4	56.7
黑龙江	112	69435	265855	133519	80.7	50.9
上 海	44	12215	235624	179226	89.6	41.3
江 苏	133	73041	215680	186864	145.1	90.0
浙 江	83	79359	253892	197466	292.7	112.6
安 徽	90	47179	189006	171495	100.6	65.8
福 建	43	60473	198218	125216	270.2	55.1
江 西	180	107415	284680	176642	233.0	130.4
山 东	434	241377	183999	124131	181.1	87.5
河 南	158	83787	226001	149463	201.1	113.9
湖 北	95	35775	225311	164717	161.5	123.2
湖 南	186	97443	220788	158011	245.8	122.0
广 东	336	186206	220718	150568	228.0	84.3
广 西	178	71331	242976	160237	215.1	117.8
海 南	19	10465	338470	219612	212.6	149.7
重 庆	88	46527	253456	173176	148.9	84.8
四 川	187	152206	214093	146748	153.9	74.1
贵 州	78	25577	225549	146602	177.8	91.3
云 南	150	65373	223670	179688	124.4	80.0
西 藏	12	3726	164495	129941	80.1	72.3
陕 西	130	109932	235859	140752	185.7	83.0
甘 肃	90	68711	191542	136989	118.0	70.6
青 海	26	5915	216389	164710	69.5	61.9
宁 夏	11	5182	252393	234041	200.1	154.3
新 疆	16	4711	378677	238739	66.4	22.0

2-24 各地区集体建筑业企业资产构成

单位：万元

地 区	资产合计	#流动资产合计	#存货	#非流动资产合计	#固定资产合计
全国总计	**26036716**	**19929636**	**4749910**	**6107080**	**3914526**
北 京	2253042	1842964	639792	410078	110637
天 津	1874089	1707307	445703	166782	39906
河 北	587238	347207	54486	240031	96630
山 西	553785	444025	53580	109759	75541
内蒙古	32320	18153	606	14167	12003
辽 宁	1643739	1365820	209682	277919	183337
吉 林	212944	158681	28169	54263	32698
黑龙江	881173	715294	224257	165879	129976
上 海	222772	198853	37724	23919	10140
江 苏	1183931	898028	179249	285903	156282
浙 江	908960	771439	205728	137521	97400
安 徽	578263	392006	72993	186257	107207
福 建	422460	361902	89872	60558	27384
江 西	1408734	971516	244742	437219	286400
山 东	3225823	2441207	628604	784616	546248
河 南	620634	418380	106095	202254	157006
湖 北	383909	251827	41183	132082	86224
湖 南	893425	608329	132268	285096	223640
广 东	2391317	1810981	509690	580336	447865
广 西	802904	601391	153706	201513	142414
海 南	72775	46455	1252	26320	24015
重 庆	617262	531945	120098	85317	67411
四 川	995543	710376	201623	285167	163508
贵 州	279325	208240	45241	71085	54589
云 南	790523	541237	48006	249285	196876
西 藏	72288	52332	2068	19955	12952
陕 西	1218943	837330	112011	381613	242749
甘 肃	646744	490682	150578	156063	136751
青 海	80844	60049	6069	20795	18552
宁 夏	65913	47595	2901	18319	10179
新 疆	115096	78087	1936	37009	18009

2-25 各地区集体建筑业企业固定资产情况

单位：万元

地区	固定资产合计	固定资产原价	固定资产折旧	#本年折旧	在建工程
全国总计	**3914526**	**4771969**	**1807507**	**223658**	**547916**
北京	110637	198562	104907	10807	11952
天津	39906	61061	23570	2906	38
河北	96630	124458	44905	4631	10646
山西	75541	111185	41260	5047	4466
内蒙古	12003	14680	2831	340	92
辽宁	183337	311278	151072	13093	11101
吉林	32698	51037	22463	2206	882
黑龙江	129976	175060	54674	5773	773
上海	10140	20974	11798	922	723
江苏	156282	202270	87733	8441	24598
浙江	97400	150244	58623	6876	2418
安徽	107207	148613	62076	8079	14412
福建	27384	38410	15195	1540	1594
江西	286400	227888	66114	9690	86794
山东	546248	637869	253753	34407	56645
河南	157006	194406	59916	7614	9209
湖北	86224	105058	36200	6689	10018
湖南	223640	228500	74341	10948	46541
广东	447865	459529	173286	21105	123090
广西	142414	157134	42349	4944	15143
海南	24015	15729	4858	1596	9629
重庆	67411	75386	32192	3370	17885
四川	163508	218768	94370	8160	16987
贵州	54589	54009	14068	2277	6663
云南	196876	237369	79282	12677	27036
西藏	12952	19584	7574	517	490
陕西	242749	277265	91002	13438	27008
甘肃	136751	190536	68371	7191	9673
青海	18552	21814	10790	7000	672
宁夏	10179	13448	4458	379	14
新疆	18009	29847	13478	996	727

2-26 各地区集体建筑业企业负债及所有者权益

单位：万元

地区	负债合计	#流动负债	#应付账款	所有者权益	#实收资本
全国总计	**16599440**	**14778209**	**3688648**	**9437276**	**5609848**
北京	1747237	1721535	380167	505805	270704
天津	1563579	1440870	536501	310510	141974
河北	269042	259305	84948	318196	124381
山西	415106	399071	120634	138679	112598
内蒙古	16060	14621	912	16260	14368
辽宁	1210202	1143836	279576	433537	300575
吉林	171481	170163	72457	41463	34713
黑龙江	690535	678033	141562	190637	138585
上海	138634	127203	36827	84138	59329
江苏	648392	574017	190895	535539	202438
浙江	623731	596810	71006	285229	167448
安徽	325637	303329	80006	252626	103861
福建	279907	264170	47480	142553	100413
江西	825595	736050	92702	583139	341032
山东	2023444	1760650	443837	1202378	680808
河南	284974	231816	74684	335660	220835
湖北	212066	176546	62972	171843	112813
湖南	415827	330775	81099	477598	297172
广东	1546728	1213457	192988	844589	524269
广西	494279	433679	62023	308625	200802
海南	36187	25109	6324	36587	19143
重庆	430981	276073	78039	186281	110207
四川	516579	476120	137319	478964	256352
贵州	162582	141366	20947	116743	83636
云南	389051	313351	111871	401472	238915
西藏	37797	29611	16918	34491	21662
陕西	557768	452026	104376	661175	499515
甘肃	399917	329238	111589	246828	172415
青海	44596	41206	3339	36248	20995
宁夏	39903	39897	20431	26010	16727
新疆	81624	78277	24224	33472	21164

2-27 各地区集体建筑业企业实收资本

单位：万元

地区	合计	国家资本	集体资本	法人资本	个人资本	港澳台资本	外商资本
全国总计	**5609848**	**174454**	**4182315**	**741399**	**509858**	**1083**	**739**
北京	270704		179301	37697	53705		
天津	141974	1000	125549	12132	3293		
河北	124381	3303	100243	10942	9893		
山西	112598	670	95868	15200	860		
内蒙古	14368		3198	5755	5416		
辽宁	300575	5216	236552	33523	25110		175
吉林	34713	3419	25037	5099	1159		
黑龙江	138585	6698	121364	6023	4500		
上海	59329	500	48271	2633	7925		
江苏	202438	17603	101007	44253	39576		
浙江	167448	2910	126450	21335	16753		
安徽	103861	5323	76741	14503	7294		
福建	100413	3503	69413	9912	17586		
江西	341032	30289	269147	24165	17430		
山东	680808	33343	486041	127637	33788		
河南	220835	7693	152317	37841	22985		
湖北	112813	8766	75873	14888	13286		
湖南	297172	13942	220492	39449	23289		
广东	524269	9679	412889	92707	7503	998	493
广西	200802	3620	160421	17234	19527		
海南	19143		17693	1050	400		
重庆	110207	852	80185	8774	20396		
四川	256352	2936	187994	16450	48815	85	71
贵州	83636	10	66676	9663	7287		
云南	238915	8098	138966	51860	39991		
西藏	21662		7506	3068	11088		
陕西	499515	2909	451773	28283	16550		
甘肃	172415	1000	97411	44424	29580		
青海	20995	24	18002	2969			
宁夏	16727	1084	9699	1069	4875		
新疆	21164	65	20237	862			

2-28 各地区集体建筑业企业收入情况

单位：万元

地 区	主营业务收入	#主营业务成本	#主营业务税金及附加	其他业务收入	#其他业务成本	#其他业务利润
全国总计	**39361122**	**33197398**	**1541772**	**672687**	**1388275**	**56825**
北 京	1863584	1659722	56227	20718	14463	5991
天 津	1925220	1653447	76329	5899	5524	2513
河 北	781879	664203	29721	5416	14404	637
山 西	535756	463462	18720	14807	13471	3157
内蒙古	162482	132079	7642			
辽 宁	2629147	2200601	84027	33026	122656	2030
吉 林	260825	198521	8277	2078	21832	279
黑龙江	1490469	1307635	65218	1936	1146	1616
上 海	424156	392299	13221	707	1	647
江 苏	1239250	1061807	44135	28375	39555	2250
浙 江	1436834	1322917	50025	6880	2335	4186
安 徽	828735	675237	31929	5983	5342	2592
福 建	853442	793263	27198	3109	48	2052
江 西	2538025	2148785	111888	27598	119090	4059
山 东	3786699	3161940	129904	146743	185257	1404
河 南	1741403	1387236	79890	49262	115442	2536
湖 北	654932	530554	28944	24588	31368	13
湖 南	1954755	1670058	94126	14813	26229	1446
广 东	3653461	3122446	154620	10474	53606	4206
广 西	1375146	1154486	58171	41590	90682	1142
海 南	212433	167008	8242	38760	57335	59
重 庆	847482	658100	32065	109608	129848	9133
四 川	2622107	2214699	105225	37371	69741	403
贵 州	417785	332240	24215	520	28943	295
云 南	1226372	998789	63092	4758	21027	1008
西 藏	43624	35738	1596	1285	53	3
陕 西	2173404	1721679	77294	18072	122968	176
甘 肃	1245502	1026813	45677	2703	46075	1187
青 海	156192	127502	5788	11940	9585	198
宁 夏	133238	83701	4221	1143	38561	68
新 疆	146785	130434	4144	2525	1689	1540

2-29 各地区集体建筑业企业费用情况

单位：万元

地　区	管理费用	#税金	销售费用	财务费用	#利息收入	#利息支出
全国总计	**1614624**	**99972**	**272573**	**149894**	**19210**	**104957**
北　京	110414	1401	4201	-1109	4271	4193
天　津	59878	758	1059	3311	1179	1882
河　北	29751	860	13505	1817	331	715
山　西	34210	1038	7808	1231	1567	531
内蒙古	2858	594	9	989	0	474
辽　宁	148723	3938	6438	4907	1068	2674
吉　林	25375	493	242	938	33	737
黑龙江	74918	2106	4025	-1106	2239	501
上　海	16307	140	202	63	79	95
江　苏	57444	3095	5774	7120	494	3033
浙　江	32136	2199	1808	3874	2386	5744
安　徽	57570	3790	14250	4528	5	1707
福　建	20992	1158	53	648	528	1060
江　西	59243	3462	9220	6373	-690	3910
山　东	132962	13520	20095	22340	592	17457
河　南	82739	10730	10644	10947	150	4170
湖　北	26865	3131	7882	3968	763	2075
湖　南	74207	5640	26327	8088	714	4546
广　东	133324	13536	24688	13271	1781	6916
广　西	39505	3432	9594	3826	223	2454
海　南	4596	135	1072	57	0	112
重　庆	47151	1848	8063	2243	48	1790
四　川	112645	9410	45027	19833	544	14625
贵　州	12701	2953	4346	924	204	652
云　南	52361	2280	20843	8301	464	6893
西　藏	4006	22	2143	-37	-32	1
陕　西	87690	5965	16704	13776	132	11383
甘　肃	43304	2011	4573	8137	244	3930
青　海	18484	61	1972	83	-2	3
宁　夏	3682	142	1	304	12	313
新　疆	8585	128	7	250	-117	385

2-30 各地区集体建筑业企业利润及税金情况

单位：万元

地区	利润总额	#应交所得税	税金总额	主营业务税金及附加	管理费用中的税金
全国总计	**1844281**	**406517**	**1641744**	**1541772**	**99972**
北京	70423	13800	57627	56227	1401
天津	138296	25469	77087	76329	758
河北	38230	11152	30581	29721	860
山西	10248	2238	19757	18720	1038
内蒙古	18905	5537	8236	7642	594
辽宁	49159	20058	87965	84027	3938
吉林	9019	2071	8770	8277	493
黑龙江	40267	10240	67324	65218	2106
上海	4878	1658	13361	13221	140
江苏	55982	12944	47230	44135	3095
浙江	31597	10419	52224	50025	2199
安徽	52228	8789	35719	31929	3790
福建	14668	7525	28356	27198	1158
江西	110134	25730	115351	111888	3462
山东	274067	46133	143424	129904	13520
河南	103173	16671	90620	79890	10730
湖北	46028	10428	32075	28944	3131
湖南	69894	12521	99766	94126	5640
广东	150863	44234	168157	154620	13536
广西	36053	12921	61603	58171	3432
海南	14361	5204	8377	8242	135
重庆	69590	15855	33913	32065	1848
四川	112451	24408	114634	105225	9410
贵州	14383	3761	27168	24215	2953
云南	77831	15078	65372	63092	2280
西藏	1379	294	1618	1596	22
陕西	147953	24130	83260	77294	5965
甘肃	65721	13152	47688	45677	2011
青海	5596	1093	5848	5788	61
宁夏	3888	1781	4363	4221	142
新疆	7016	1224	4272	4144	128

2-31 各地区集体建筑业企业应收工程款及企业亏损情况

地　区	应收工程款(万元)	企业个数(个)	#亏损企业个数	亏损企业的比重(%)
全国总计	**5175913**	**3589**	**438**	**12.2**
北　京	173376	153	33	21.6
天　津	481045	61	7	11.5
河　北	89097	78	6	7.7
山　西	132876	94	17	18.1
内蒙古	7588	7		
辽　宁	345488	271	64	23.6
吉　林	58792	46	12	26.1
黑龙江	148218	112	21	18.8
上　海	39320	44	6	13.6
江　苏	331142	133	3	2.3
浙　江	89800	83	9	10.8
安　徽	136884	90	14	15.6
福　建	40493	43	8	18.6
江　西	170035	180	12	6.7
山　东	767660	434	27	6.2
河　南	107450	158	5	3.2
湖　北	72403	95	5	5.3
湖　南	250658	186	18	9.7
广　东	406380	336	37	11.0
广　西	119342	178	26	14.6
海　南	27303	19	1	
重　庆	157501	88	18	20.5
四　川	231182	187	23	12.3
贵　州	59413	78	12	15.4
云　南	212490	150	15	10.0
西　藏	13510	12	1	8.3
陕　西	254502	130	15	11.5
甘　肃	197791	90	17	18.9
青　海	7375	26	3	11.5
宁　夏	21915	11		
新　疆	24884	16	3	18.8

2-32 各地区集体建筑业企业主要经济效益指标

地　区	产值利润率(%)	产值利税率(%)	资本利润率(%)	资本利税率(%)	人均利润(元/人)	人均利税(元/人)	资产负债率(%)
全国总计	**3.9**	**7.4**	**32.9**	**62.1**	**9244**	**17473**	**63.8**
北　京	4.0	7.3	26.0	47.3	17191	31258	77.6
天　津	6.1	9.5	97.4	151.7	22882	35636	83.4
河　北	3.0	5.3	30.7	55.3	8722	15700	45.8
山　西	2.0	5.8	9.1	26.6	4343	12717	75.0
内蒙古	11.6	16.7	131.6	188.9	35172	50494	49.7
辽　宁	1.5	4.1	16.4	45.6	3354	9357	73.6
吉　林	4.3	8.4	26.0	51.2	8243	16257	80.5
黑龙江	2.2	5.8	29.1	77.6	5799	15495	78.4
上　海	1.7	6.3	8.2	30.7	3994	14932	62.2
江　苏	3.6	6.6	27.7	51.0	7664	14131	54.8
浙　江	1.6	4.2	18.9	50.1	3982	10562	68.6
安　徽	5.9	9.9	50.3	84.7	11070	18641	56.3
福　建	1.2	3.6	14.6	42.8	2426	7115	66.3
江　西	3.6	7.4	32.3	66.1	10253	20992	58.6
山　东	6.2	9.4	40.3	61.3	11354	17296	62.7
河　南	5.4	10.2	46.7	87.8	12314	23129	45.9
湖　北	5.7	9.7	40.8	69.2	12866	21832	55.2
湖　南	3.2	7.9	23.5	57.1	7173	17411	46.5
广　东	3.7	7.8	28.8	60.9	8102	17133	64.7
广　西	2.1	5.6	18.0	48.6	5054	13690	61.6
海　南	4.1	6.4	75.0	118.8	13723	21727	49.7
重　庆	5.9	8.8	63.1	93.9	14957	22246	69.8
四　川	3.5	7.0	43.9	88.6	7388	14920	51.9
贵　州	2.5	7.2	17.2	49.7	5623	16245	58.2
云　南	5.3	9.8	32.6	59.9	11906	21906	49.2
西　藏	2.3	4.9	6.4	13.8	3702	8043	52.3
陕　西	5.7	8.9	29.6	46.3	13459	21032	45.8
甘　肃	5.0	8.6	38.1	65.8	9565	16505	61.8
青　海	4.4	8.9	26.7	54.5	9461	19348	55.2
宁　夏	3.0	6.3	23.2	49.3	7503	15923	60.5
新　疆	3.9	6.3	33.2	53.3	14892	23961	70.9

2-33 各地区私营建筑业企业签订合同情况

单位：万元

地 区	签订合同额	上年结转合同额	本年新签合同额
全国总计	**803955070**	**288423305**	**515531765**
北 京	9596678	3827970	5768708
天 津	8135387	2726851	5408536
河 北	11418220	3684066	7734154
山 西	11991019	3416612	8574407
内蒙古	7982669	3879441	4103228
辽 宁	40172965	11993549	28179416
吉 林	13120300	4269922	8850377
黑龙江	4549201	1196650	3352551
上 海	29349127	12326877	17022250
江 苏	133971117	48019031	85952086
浙 江	189302487	73042082	116260405
安 徽	27029305	8328635	18700670
福 建	46894921	16809341	30085581
江 西	16319071	4131280	12187791
山 东	31476318	9686197	21790121
河 南	21584640	7109610	14475030
湖 北	28796540	8109894	20686646
湖 南	19441191	7994538	11446653
广 东	33293999	13569828	19724172
广 西	10144786	3720222	6424564
海 南	810489	315391	495098
重 庆	29793715	11388448	18405266
四 川	32606393	11749613	20856781
贵 州	2378012	824634	1553378
云 南	15923262	5799881	10123381
西 藏	420321	164563	255759
陕 西	9558506	3950392	5608114
甘 肃	3957502	1253571	2703932
青 海	2220801	1074126	1146675
宁 夏	4423030	1788319	2634711
新 疆	7293099	2271772	5021327

2-34 各地区私营建筑业企业承包工程完成情况

单位：万元

地 区	直接从建设单位承揽工程完成的产值	自行完成施工产值	分包出去工程的产值	从建设单位以外承揽工程完成的产值
全国总计	**524263245**	**519780259**	**4482986**	**17137259**
北 京	5590057	5342147	247910	1082025
天 津	5821876	5524091	297784	365797
河 北	8288183	8215846	72337	123379
山 西	9210471	9198202	12270	80713
内蒙古	4948386	4945486	2900	14678
辽 宁	30629716	30548286	81430	237013
吉 林	9212932	9196101	16830	151458
黑龙江	3619918	3613895	6023	7271
上 海	14927816	14279185	648631	1556943
江 苏	88843018	88701782	141236	5001394
浙 江	116635879	116087475	548405	3072672
安 徽	20017519	19869543	147977	331651
福 建	28624548	28520273	104274	611168
江 西	11603211	11356376	246834	884201
山 东	23399721	23266014	133707	256561
河 南	15188286	15083080	105206	338119
湖 北	19150912	18975703	175210	294495
湖 南	11532799	11431706	101093	172078
广 东	16636795	16033736	603060	656039
广 西	6082339	6027307	55031	126650
海 南	289485	289485		1560
重 庆	20895646	20677376	218270	376927
四 川	21612006	21361078	250929	723245
贵 州	1306121	1279179	26942	47367
云 南	11547250	11451911	95339	339322
西 藏	294236	291441	2795	23765
陕 西	6725117	6635981	89136	136079
甘 肃	2667480	2643763	23717	52761
青 海	967161	953701	13460	12844
宁 夏	2924122	2923458	664	29510
新 疆	5070241	5056654	13587	29577

2-35 各地区私营建筑业总产值和竣工产值

单位：万元

地区	建筑业总产值	#装饰装修产值	#在外省完成的产值	按构成分组			竣工产值
				建筑工程产值	安装工程产值	其他产值	
全国总计	**536915768**	**42368246**	**123230343**	**478412105**	**40444589**	**18059074**	**344894908**
北　京	6424171	2504144	1856366	5693102	611257	119812	3814397
天　津	5889888	354643	500396	4114947	1107352	667589	2856698
河　北	8339226	560914	427980	7248299	678508	412420	4877222
山　西	9278914	506042	1223610	7560514	1290527	427872	4963154
内蒙古	4960165	175457	7179	4356957	226136	377072	3091379
辽　宁	30785299	4423007	1753591	26048516	3565421	1171363	17231051
吉　林	9347559	394341	298520	8211292	631948	504320	7170428
黑龙江	3621166	300775	182081	3117013	345258	158894	2271325
上　海	15836127	2504173	3652424	13041459	2401250	393419	8421837
江　苏	93703176	5614880	26878966	88041138	4814096	847943	75607950
浙　江	119160147	7047788	52784694	110657753	5722218	2780177	73453774
安　徽	20201193	1180943	1466889	17078642	1583884	1538668	13035376
福　建	29131441	1594896	10795635	27289391	1476275	365775	17362811
江　西	12240578	1198949	3325212	10364702	932234	943641	8052000
山　东	23520825	2082395	1476291	19796067	2986425	738334	13781527
河　南	15421198	1486982	2174873	13097897	1451874	871428	9480550
湖　北	19270197	2016166	3273226	17364548	1113508	792141	14542363
湖　南	11603783	526988	1648538	9919849	626973	1056961	7849243
广　东	16689775	3684721	3201173	13443912	2609413	636450	8791800
广　西	6153957	517253	417341	4790963	651090	711904	3906106
海　南	291045	14443	15356	236240	24103	30702	146660
重　庆	21054303	1208870	2037745	19319712	1154918	579673	11239903
四　川	22084323	979046	3083552	19292176	1917920	874227	13711582
贵　州	1326546	100592	25135	1172676	96253	57617	824463
云　南	11791232	657411	138991	10374827	989831	426575	7645904
西　藏	315206	7347		283448	16515	15244	248755
陕　西	6772060	334569	461771	5897172	658807	216081	3140013
甘　肃	2696525	129446	72699	2385358	205041	106126	1524772
青　海	966544	26406	30268	816877	134780	14888	374831
宁　夏	2952968	90714	18139	2832878	74054	46036	2161953
新　疆	5086231	143948	1701	4563784	346722	175726	3315083

2-36 各地区私营建筑业企业房屋建筑面积

地 区	房屋建筑施工面积（万平方米）	#本年新开工	#实行投标承包面积	#本年新开工	房屋建筑竣工面积（万平方米）	房屋建筑面积竣工率（%）
全国总计	**398637.0**	**185836.3**	**288632.8**	**137291.8**	**159821.7**	**40.1**
北 京	914.2	397.9	769.4	348.8	142.5	15.6
天 津	1353.6	709.2	794.9	303.9	759.9	56.1
河 北	6623.6	3792.4	4644.3	2755.4	2433.7	36.7
山 西	4850.1	2222.0	3231.9	1452.8	1900.5	39.2
内蒙古	2741.2	1211.8	2300.5	993.6	1183.5	43.2
辽 宁	23336.5	9539.9	9719.8	6540.8	7492.2	32.1
吉 林	5993.6	3617.0	4144.0	2494.7	3142.3	52.4
黑龙江	1583.7	1052.9	1194.7	706.2	1018.6	64.3
上 海	8084.9	3433.4	6275.6	2678.1	2481.8	30.7
江 苏	76571.7	32980.2	66689.4	27919.8	30566.0	39.9
浙 江	101429.9	43488.9	79730.0	34303.0	36279.8	35.8
安 徽	15919.7	8750.4	10329.1	5625.9	8173.3	51.3
福 建	25371.0	9554.3	17801.9	6358.7	7438.6	29.3
江 西	7939.9	4960.4	4517.6	2962.8	4594.1	57.9
山 东	17812.0	9848.7	12764.0	7488.8	7771.2	43.6
河 南	12821.5	5196.5	10350.7	4086.6	4952.9	38.6
湖 北	14447.9	8720.3	10407.2	6754.8	7976.9	55.2
湖 南	9704.4	4666.9	8009.4	3685.5	4244.6	43.7
广 东	8476.2	3654.5	3360.5	1465.6	2881.2	34.0
广 西	4001.1	2258.5	2761.0	1790.2	2283.4	57.1
海 南	171.2	75.2	104.0	42.0	77.8	45.4
重 庆	12833.4	6191.1	5927.8	3463.7	6057.2	47.2
四 川	16643.4	9604.7	9299.4	6127.0	7046.7	42.3
贵 州	1320.1	633.6	733.4	359.5	485.5	36.8
云 南	6327.6	3272.2	4168.6	1917.0	3742.1	59.1
西 藏	97.5	57.4	59.4	38.3	68.7	70.5
陕 西	3740.7	1796.0	2531.5	1376.8	1448.9	38.7
甘 肃	1499.8	873.6	993.6	600.8	653.8	43.6
青 海	518.7	308.4	366.5	217.5	177.9	34.3
宁 夏	2261.9	1078.9	1941.2	888.2	850.3	37.6
新 疆	3246.0	1888.8	2711.5	1544.8	1495.9	46.1

2-37 各地区按主要用途分的私营建筑业企业房屋建筑竣工面积

单位：万平方米

地区	总计	住宅房屋	商业及服务用房屋	商厦房屋(批发和零售用房)	宾馆用房屋(住宿用房)	餐饮用房屋(餐饮用房)
全国总计	**159821.7**	**105020.3**	**9566.4**	**3886.8**	**947.2**	**533.7**
北京	142.5	75.3	19.3	17.2	0.1	0.2
天津	759.9	445.5	40.8	21.2	6.9	1.4
河北	2433.7	1686.4	121.4	49.4	5.4	0.7
山西	1900.5	1496.9	88.4	40.7	4.5	1.3
内蒙古	1183.5	912.7	73.8	27.5	1.4	1.0
辽宁	7492.2	5550.5	355.6	164.2	49.0	22.7
吉林	3142.3	2366.9	108.5	32.1	7.7	4.8
黑龙江	1018.6	690.4	82.0	10.7	13.0	9.1
上海	2481.8	1257.1	189.2	64.3	2.3	2.0
江苏	30566.0	21337.1	1362.7	566.5	198.2	121.5
浙江	36279.8	19194.0	2562.5	1197.3	285.8	165.3
安徽	8173.3	5548.5	396.2	205.7	18.5	10.4
福建	7438.6	4804.1	523.8	111.1	37.1	19.5
江西	4594.1	2994.9	316.1	108.4	26.0	25.9
山东	7771.2	5551.2	294.6	102.4	15.4	7.4
河南	4952.9	3533.9	177.2	63.5	16.7	8.6
湖北	7976.9	5580.9	379.7	224.0	31.3	15.3
湖南	4244.6	2992.3	283.3	130.7	22.8	5.6
广东	2881.2	1577.4	257.9	28.7	19.2	2.0
广西	2283.4	1480.6	203.1	99.6	14.2	3.9
海南	77.8	22.1	11.6	5.4	5.9	0.1
重庆	6057.2	4567.4	333.6	115.1	18.5	6.7
四川	7046.7	5298.3	416.7	127.1	60.7	20.6
贵州	485.5	283.2	44.4	31.7	2.1	0.9
云南	3742.1	2526.9	407.9	140.2	41.5	48.4
西藏	68.7	42.6	2.0	0.6	1.4	
陕西	1448.9	1084.4	137.1	39.7	3.6	15.1
甘肃	653.8	462.1	41.3	7.1	10.9	1.4
青海	177.9	93.2	19.4	3.2	4.9	1.0
宁夏	850.3	588.4	130.1	49.0	5.7	2.5
新疆	1495.9	975.2	186.0	102.8	16.5	8.4

2-37 续表 1 单位：万平方米

地　区	商务会展用房屋	其他商业及服务用房屋(居民服务业用房)	办公用房屋	科研、教育和医疗用房屋	科学研究用房屋	教育用房屋
全国总计	**643.0**	**3555.7**	**8660.6**	**5350.1**	**473.3**	**3846.4**
北　京	0.4	1.5	7.3	10.6	1.7	6.5
天　津	1.1	10.2	41.6	23.7	0.3	13.5
河　北	2.6	63.3	97.3	108.0	1.0	69.7
山　西	13.7	28.2	89.5	55.8	0.2	42.4
内蒙古	2.4	41.5	88.4	33.3	1.8	30.3
辽　宁	2.6	117.1	403.0	66.3	2.2	43.2
吉　林	14.9	49.0	128.7	90.9	4.7	53.9
黑龙江	1.3	47.8	48.1	32.4	1.6	7.4
上　海	27.0	93.6	141.8	80.7	3.4	68.9
江　苏	261.0	215.5	1140.4	1019.8	166.4	631.3
浙　江	196.1	718.0	2262.0	884.3	112.9	654.2
安　徽	4.9	156.7	553.2	298.2	8.6	258.9
福　建	11.9	344.2	374.0	220.0	21.0	163.3
江　西	4.2	151.7	410.2	159.5	8.8	137.4
山　东	16.9	152.5	337.1	183.2	21.2	139.0
河　南	0.5	87.9	443.6	350.1	47.5	243.8
湖　北	3.9	105.1	528.1	212.8	23.8	143.6
湖　南	17.6	106.6	221.4	235.4	6.5	190.4
广　东	2.8	205.2	138.3	94.6	3.1	76.9
广　西	13.8	71.6	184.9	225.9	16.5	162.8
海　南	0.3		0.6	16.3		16.2
重　庆	2.4	191.0	235.3	132.2	7.6	87.4
四　川	11.6	196.8	244.1	229.3	3.5	148.4
贵　州	1.0	8.7	33.4	64.6	2.7	54.9
云　南	22.2	155.6	209.6	258.7	2.7	204.2
西　藏			12.6	5.6		5.3
陕　西	1.6	77.2	72.2	87.9	3.0	60.6
甘　肃	0.5	21.4	34.0	51.1	0.4	39.9
青　海	1.3	9.0	25.9	30.3	0.1	28.8
宁　夏	0.3	72.6	28.7	28.8		22.8
新　疆	2.2	56.1	125.4	59.3	0.1	40.5

2-37 续表 2

单位：万平方米

地 区	医疗用房屋(卫生医疗用房)	文化、体育和娱乐用房屋	厂房及建筑物	#厂房	仓 库	其他未列明的房屋建筑物
全国总计	**1030.4**	**1385.6**	**25580.2**	**16196.4**	**1196.8**	**3061.6**
北 京	2.4	5.9	21.3	10.4	0.4	2.4
天 津	9.9	1.7	178.4	47.5	7.8	20.4
河 北	37.3	4.8	321.4	134.8	21.9	72.5
山 西	13.2	8.2	107.3	58.9	18.6	35.9
内蒙古	1.2	8.3	12.6	7.7	12.8	41.6
辽 宁	20.9	10.5	878.6	415.1	26.3	201.5
吉 林	32.3	28.2	250.5	104.0	16.5	152.1
黑龙江	23.4	1.6	107.0	44.9	28.3	28.7
上 海	8.3	7.3	703.7	370.7	69.2	32.7
江 苏	222.2	241.2	4867.8	3976.5	199.0	397.9
浙 江	117.2	302.9	10166.6	6595.8	243.3	664.3
安 徽	30.7	60.2	1111.5	545.6	54.7	150.9
福 建	35.7	51.9	1278.8	730.6	114.2	72.0
江 西	13.2	81.7	495.5	255.9	38.2	98.0
山 东	23.1	42.6	1213.3	758.4	65.6	83.6
河 南	58.8	33.7	318.6	120.8	20.4	75.3
湖 北	45.5	181.0	869.8	540.8	121.4	103.2
湖 南	38.6	39.9	351.2	165.2	17.5	103.5
广 东	14.6	18.1	711.9	413.4	29.2	53.9
广 西	46.6	41.3	97.9	59.9	8.8	40.9
海 南		3.4				23.7
重 庆	37.1	46.4	528.3	251.7	24.9	189.2
四 川	77.4	50.3	620.8	381.0	31.8	155.4
贵 州	7.1	4.6	18.7	9.1	1.1	35.4
云 南	51.9	51.8	176.2	91.5	8.1	102.8
西 藏	0.3	3.2	0.4		0.1	2.4
陕 西	24.4	5.3	46.5	18.1	2.4	12.9
甘 肃	10.8	20.3	18.3	4.3	4.4	22.3
青 海	1.4	2.4	3.1	1.4		3.6
宁 夏	5.9	5.3	42.2	36.8	3.4	23.5
新 疆	18.7	21.7	62.7	45.5	6.6	59.0

2-38 各地区按主要用途分的私营建筑业企业房屋建筑竣工价值

单位：万元

地区	总计	住宅房屋	商业及服务用房屋	商厦房屋(批发和零售用房)	宾馆用房屋(住宿用房)	餐饮用房屋(餐饮用房)
全国总计	**224423703**	**150576767**	**14913269**	**6108320**	**1486419**	**776381**
北京	289820	130756	40409	33288	192	372
天津	1235616	741155	44635	26995	1731	729
河北	3186960	2217896	148203	59104	9332	783
山西	2551364	1979997	115328	52498	9655	1736
内蒙古	1843873	1295686	146840	58562	2103	1498
辽宁	10164474	7359621	489626	235936	59026	23669
吉林	4743170	3401969	175138	61603	10879	7043
黑龙江	1387503	939573	111726	12596	35721	10894
上海	4368171	2441444	324300	133934	4104	3165
江苏	48238521	33870139	2591407	1053387	303036	211396
浙江	52211542	30377857	4209112	2044985	468843	257308
安徽	9441559	6590008	498987	261967	24971	12192
福建	10869989	7429207	781895	170738	68088	35640
江西	5226079	3504117	412554	138521	36254	23631
山东	9421079	6788827	398513	127587	31024	12228
河南	5903319	4190371	269101	114264	23629	10915
湖北	10745900	7670525	441157	243481	40180	16707
湖南	5265890	3747085	373135	163137	32991	6087
广东	4255491	2357730	572715	41619	26086	1975
广西	2951775	1950362	261868	150732	17660	3074
海南	114227	34088	14972	6772	7649	92
重庆	7882280	5988984	401088	120818	23068	9007
四川	9366988	7053859	639315	197775	128803	28448
贵州	618516	385258	47688	32187	3238	678
云南	5181085	3359477	640998	244279	53106	49448
西藏	169486	94885	2960	1393	1567	
陕西	2120635	1537738	219220	61984	4933	25132
甘肃	1040836	741305	63229	20940	17520	1613
青海	256140	143008	33793	5501	7721	2231
宁夏	1216612	853804	158057	79761	7714	3962
新疆	2154805	1400037	285302	151979	25596	14730

2-38 续表 1

单位：万元

地　区	商务会展用房屋	其他商业及服务用房屋(居民服务业用房)	办公用房屋	科研、教育和医疗用房屋	科学研究用房屋	教育用房屋
全国总计	**1202814**	**5339336**	**13226773**	**8344371**	**840080**	**5775097**
北　京	1061	5496	31460	31848	3935	22888
天　津	929	14252	64677	59825	415	39704
河　北	2380	76604	151072	149859	956	85473
山　西	11814	39624	149053	89776	381	72946
内蒙古	4000	80678	222067	68001	2930	62634
辽　宁	4903	166091	686517	107264	3746	68461
吉　林	20543	75070	240676	150537	10105	104970
黑龙江	1867	50649	49275	74894	1489	10021
上　海	33777	149321	282555	152416	3825	121790
江　苏	624451	399135	2081922	1930000	364341	1173310
浙　江	321534	1116442	3486800	1484916	207650	1044291
安　徽	4612	195245	638582	318330	8029	272946
福　建	20155	487273	574107	354897	31956	269708
江　西	10775	203374	482315	174248	11490	148977
山　东	18380	209294	465981	257254	33417	191928
河　南	642	119651	523340	443512	68576	288316
湖　北	4199	136591	786988	307955	24854	204359
湖　南	21208	149713	286746	311415	8108	249163
广　东	3148	499887	212528	119216	1120	90107
广　西	17892	72510	229251	270470	24948	187986
海　南	460		878	21201	89	21049
重　庆	5617	242579	393815	198967	10945	127061
四　川	14284	270004	357255	342919	4561	210074
贵　州	1102	10483	35469	79811	3165	67576
云　南	40158	254007	306610	409014	3649	327708
西　藏			43566	13815		13462
陕　西	1376	125795	111526	149747	4439	98409
甘　肃	598	22558	59732	95395	694	75618
青　海	2462	15878	43481	17579	174	14681
宁　夏	507	66114	52635	50098		37688
新　疆	7981	85016	175892	109193	95	71795

2-38 续表 2

单位：万元

地　区	医疗用房屋(卫生医疗用房)	文化、体育和娱乐用房屋	厂房及建筑物	#厂房	仓　库	其他未列明的房屋建筑物
全国总计	**1729194**	**2231365**	**29463766**	**18566237**	**1475746**	**4191647**
北　京	5025	12386	37568	17299	645	4748
天　津	19707	2810	265052	69700	4348	53113
河　北	63430	7569	388297	147915	25190	98874
山　西	16450	14677	140936	70662	23100	38498
内蒙古	2437	19142	14500	8966	16404	61233
辽　宁	35057	17280	1217151	529330	33247	253769
吉　林	35462	52375	389592	176288	26165	306719
黑龙江	63385	3135	146356	48955	23580	38964
上　海	26801	17180	971329	557677	138272	40674
江　苏	392349	475261	6421661	5084618	282360	585772
浙　江	232976	579230	10815488	7118401	257235	1000904
安　徽	37354	64491	1159411	545912	47493	124258
福　建	53232	68785	1414556	778330	145219	101323
江　西	13781	78992	422700	203535	47714	103438
山　东	31909	74165	1249616	771473	50521	136202
河　南	86620	25650	318940	133539	30169	102235
湖　北	78743	283523	968299	610563	173020	114432
湖　南	54144	48406	371701	186712	15284	112119
广　东	27989	29252	855374	454830	38390	70286
广　西	57536	47183	138974	83831	9375	44293
海　南	63	3893				39196
重　庆	60962	49392	596545	293685	21087	232401
四　川	128285	73869	639346	358320	34029	226396
贵　州	9070	5264	33551	21231	1295	30180
云　南	77657	65069	242854	132934	9721	147343
西　藏	353	8462	703		127	4968
陕　西	46899	10103	63931	26252	4342	24029
甘　肃	19083	33543	16191	7819	6506	24936
青　海	2724	4621	5641	2304	23	7995
宁　夏	12410	13881	62665	53894	5588	19883
新　疆	37304	41778	94837	71266	5298	42467

2-39 各地区私营建筑业企业主要生产效益指标

地 区	建筑业企业个数(个)	从事建筑业活动的平均人数(人)	按总产值计算的劳动生产率(元/人)	人均竣工产值(元/人)	人均施工面积(平方米/人)	人均竣工面积(平方米/人)
全国总计	**42906**	**20386071**	**263374**	**169182**	**195.5**	**78.4**
北 京	1625	195274	328982	195336	46.8	7.3
天 津	889	143711	409843	198781	94.2	52.9
河 北	846	314585	265087	155037	210.6	77.4
山 西	1728	404684	229288	122643	119.8	47.0
内蒙古	371	172101	288212	179626	159.3	68.8
辽 宁	3522	1081222	284727	159366	215.8	69.3
吉 林	954	315839	295960	227028	189.8	99.5
黑龙江	717	162493	222851	139780	97.5	62.7
上 海	2079	563992	280786	149325	143.4	44.0
江 苏	5711	3619296	258899	208902	211.6	84.5
浙 江	4567	4268893	279136	172067	237.6	85.0
安 徽	1592	788395	256232	165341	201.9	103.7
福 建	1824	1294969	224959	134079	195.9	57.4
江 西	685	406808	300893	197931	195.2	112.9
山 东	2798	1074466	218907	128264	165.8	72.3
河 南	1732	597104	258267	158776	214.7	82.9
湖 北	1401	631047	305369	230448	229.0	126.4
湖 南	634	453598	255816	173044	213.9	93.6
广 东	1762	560985	297508	156721	151.1	51.4
广 西	496	230812	266622	169233	173.3	98.9
海 南	35	5358	543196	273722	319.6	145.2
重 庆	1372	813202	258906	138218	157.8	74.5
四 川	1674	959240	230227	142942	173.5	73.5
贵 州	226	51244	258869	160890	257.6	94.7
云 南	1370	474099	248708	161272	133.5	78.9
西 藏	90	14228	221539	174835	68.5	48.3
陕 西	663	290539	233086	108075	128.7	49.9
甘 肃	487	149771	180043	101807	100.1	43.7
青 海	205	46563	207578	80500	111.4	38.2
宁 夏	352	119636	246829	180711	189.1	71.1
新 疆	499	181917	279591	182231	178.4	82.2

2-40 各地区私营建筑业企业资产构成

单位：万元

地区	资产合计	#流动资产合计	#存货	#非流动资产合计	#固定资产合计
全国总计	**370401297**	**294841656**	**63710964**	**75559642**	**42338689**
北京	8137917	6836389	1103978	1301527	560358
天津	7038007	5522568	530386	1515439	843802
河北	7711958	6362381	1291451	1349578	918502
山西	9243043	7268798	1572246	1974245	1363028
内蒙古	8907149	6833464	1042161	2073685	1028827
辽宁	22104378	17399472	2564187	4704906	2492676
吉林	7699747	6167428	778024	1532319	848803
黑龙江	3454945	2818307	547314	636639	444805
上海	19453399	17123682	2908612	2329718	1056730
江苏	61897874	49071566	12510449	12826308	6338384
浙江	53250301	42853021	11895401	10397280	5815350
安徽	12103556	9106502	1592702	2997055	1802690
福建	13616030	10765524	2286815	2850506	1874509
江西	5644728	4002573	1040347	1642155	968144
山东	21221576	16525019	4172307	4696557	3146983
河南	9346220	6853963	1486026	2492257	1609779
湖北	11343554	8714729	2031362	2628825	1843620
湖南	6026826	4700860	1071780	1325966	854609
广东	19850289	16724556	3301523	3125733	1440224
广西	3668305	2789231	526994	879074	444073
海南	402290	352275	82293	50014	19412
重庆	13652530	11587826	2637572	2064704	1091227
四川	15908765	12332972	2983874	3575793	1583988
贵州	1295934	1092896	186334	203038	117115
云南	10482510	8286849	1351226	2195661	1445080
西藏	458684	278855	23467	179829	111275
陕西	6339221	4448990	837894	1890231	996864
甘肃	2348543	1712369	357980	636174	487826
青海	1178556	832413	159535	346144	144004
宁夏	3232522	2710134	495161	522389	305773
新疆	3381942	2766045	341564	615898	340227

2-41　各地区私营建筑业企业固定资产情况

单位：万元

地　区	固定资产合计	固定资产原价	固定资产折旧	#本年折旧	在建工程
全国总计	**42338689**	**53349005**	**19569476**	**3426936**	**4872041**
北　京	560358	870890	401085	63697	75613
天　津	843802	1160457	420009	88373	48671
河　北	918502	1123893	417855	68861	96071
山　西	1363028	1808658	661261	121449	157021
内蒙古	1028827	1226928	359882	45873	108954
辽　宁	2492676	3164409	1246226	197514	259308
吉　林	848803	991330	323250	53573	89690
黑龙江	444805	569657	214036	35391	63350
上　海	1056730	1718303	796879	106046	99231
江　苏	6338384	7933539	2951904	524518	802670
浙　江	5815350	8385632	3190619	539179	416482
安　徽	1802690	1932847	591468	106820	293943
福　建	1874509	2594780	899412	175239	92524
江　西	968144	1085890	321579	72150	110390
山　东	3146983	3953322	1399198	250054	228878
河　南	1609779	1845258	548395	98140	165127
湖　北	1843620	2114140	716966	136297	272179
湖　南	854609	1081818	390186	87286	86034
广　东	1440224	1805766	739124	109642	223637
广　西	444073	492713	173392	34559	68647
海　南	19412	31216	15122	1386	782
重　庆	1091227	1211417	471033	88637	146485
四　川	1583988	1855744	752815	118764	347727
贵　州	117115	99611	30940	5938	40068
云　南	1445080	1674343	640172	139027	231289
西　藏	111275	125713	32735	7364	4232
陕　西	996864	1059123	326895	63328	146632
甘　肃	487826	469722	145941	23162	99049
青　海	144004	180549	68429	12382	17121
宁　夏	305773	324503	129486	18338	33717
新　疆	340227	456838	193184	33950	46520

2-42 各地区私营建筑业企业负债及所有者权益

单位：万元

地 区	负债合计	#流动负债	#应付账款	所有者权益	#实收资本
全国总计	**202008466**	**181965752**	**48032964**	**168390158**	**104222951**
北 京	4953808	4788036	1798184	3184108	2540160
天 津	4384171	3884920	1154976	2653836	1692190
河 北	4429055	3894982	901191	3282905	6448871
山 西	4662752	4445040	1543445	4580291	3075309
内蒙古	5776466	5004207	1298388	3130683	1190275
辽 宁	11580885	8898133	2886527	10523493	4731535
吉 林	4484935	3929417	1691269	3214811	1932539
黑龙江	1867322	1746627	498148	1587624	1701665
上 海	12613557	11896410	3527448	6839842	4244763
江 苏	34693673	32128326	9574065	27204201	13577706
浙 江	28369337	27183680	5621141	24880964	13887957
安 徽	5892161	4874617	1088015	6211395	3595584
福 建	5907002	5454585	920336	7709029	5444910
江 西	2148363	1816221	386121	3496365	2127475
山 东	10990458	10248603	2550478	10231118	6517954
河 南	3754259	3156216	801266	5591961	3506458
湖 北	5521197	4533431	1317484	5822358	3324008
湖 南	2724343	2420088	645354	3302483	1876920
广 东	11985989	10312743	2565262	7864300	4928464
广 西	1918178	1651830	350765	1747451	1254116
海 南	245808	218791	27351	156482	100513
重 庆	8410535	7399112	1664952	5241995	2906433
四 川	8612697	7671573	1476482	7296068	4787001
贵 州	813751	705585	184595	482183	349674
云 南	6219742	5575299	1063701	4262768	2571541
西 藏	153952	121200	26686	304732	235933
陕 西	3015025	2545923	683446	3324196	2640851
甘 肃	1117439	1015193	296178	1231104	872236
青 海	544230	506904	196464	634327	488783
宁 夏	2048308	1889599	579976	1184215	743739
新 疆	2169071	2048462	713273	1212872	927392

2–43 各地区私营建筑业企业实收资本

单位：万元

地 区	合计	国家资本	集体资本	法人资本	个人资本	港澳台资本	外商资本
全国总计	**104222951**	**263412**	**1448472**	**27762962**	**74405875**	**293590**	**48640**
北 京	2540160	331	645	557278	1981907		
天 津	1692190	1142	7493	375105	1308450		
河 北	6448871	300	38083	472210	5937817	400	60
山 西	3075309	11505	44247	1059495	1957762	2150	150
内蒙古	1190275	146	12491	264509	913128		
辽 宁	4731535	19132	47267	1557651	2883633	221797	2055
吉 林	1932539	5616	17801	615936	1293006	140	40
黑龙江	1701665	3034	21555	818243	858833		
上 海	4244763	9154	62417	1436265	2732599	143	4184
江 苏	13577706	18695	154273	3923478	9452950	22671	5639
浙 江	13887957	7769	75325	2585947	11206517	12400	
安 徽	3595584	6073	101960	902416	2582885	2250	
福 建	5444910	7515	43055	1014578	4379759	2	2
江 西	2127475	7767	104433	569318	1445820	37	100
山 东	6517954	28268	149246	2324323	4006378	6938	2800
河 南	3506458	19383	69177	819820	2598058	20	
湖 北	3324008	30164	66132	1027883	2183478	16301	50
湖 南	1876920	15273	45946	577154	1237875	658	14
广 东	4928464	10537	120364	1671009	3095835	350	30370
广 西	1254116	2200	27040	461834	763042		
海 南	100513		1658	26746	72110		
重 庆	2906433	17165	59813	655751	2171922	892	889
四 川	4787001	16322	46078	1069427	3650203	4932	40
贵 州	349674	12063	14688	125844	197080		
云 南	2571541	5043	43394	929023	1590325	1509	2248
西 藏	235933		1785	149101	85047		
陕 西	2640851	2125	13669	781183	1843874		
甘 肃	872236	1179	22387	386531	462139		
青 海	488783		20660	181324	286799		
宁 夏	743739		769	112446	630524		
新 疆	927392	5514	14621	311135	596123		

2-44 各地区私营建筑业企业收入情况

单位：万元

地 区	主营业务收入	#主营业务成本	#主营业务税金及附加	其他业务收入	#其他业务成本	#其他业务利润
全国总计	**468466425**	**404109531**	**16607087**	**3985984**	**7333933**	**472075**
北 京	7549735	6516838	233005	98918	58131	39876
天 津	5030386	4148277	132758	47476	180760	6227
河 北	7203009	6183585	243840	171678	234290	5116
山 西	8233911	7097337	276171	253083	309172	6296
内蒙古	4720850	3824590	166201	42403	62873	4000
辽 宁	26665264	22437435	881039	77756	566568	12049
吉 林	8177717	6505297	283952	25384	450090	5434
黑龙江	2886028	2451586	121806	8138	7101	731
上 海	18630578	16704814	559417	257000	337957	95870
江 苏	78325461	68049175	2812984	471716	474977	60812
浙 江	93797475	84415843	3306272	286198	345123	45526
安 徽	16845599	14424995	608000	91910	201291	8765
福 建	25612946	22439284	1009055	37635	190513	9456
江 西	10666386	9004725	420926	87662	156076	3368
山 东	22346299	18125489	764664	317599	889790	18677
河 南	13995064	11847037	500854	263831	326804	21051
湖 北	19218343	16148570	735438	137107	486281	27063
湖 南	10873977	9293512	450819	36929	74937	4964
广 东	17919225	15182019	577805	87457	212911	25468
广 西	4847617	4255475	202124	198831	179711	7052
海 南	243640	213855	8201	598	399	-33
重 庆	17776597	14846328	649097	384054	581680	9049
四 川	17691475	14879625	627583	229534	508611	20669
贵 州	1051546	904050	44061	16419	19565	1535
云 南	9537405	7977175	357806	104549	124376	17927
西 藏	318869	251870	12263	1771	1587	378
陕 西	6412971	5456749	218924	61668	110087	2541
甘 肃	2535242	2167223	89598	56854	79709	2358
青 海	932104	824416	33016	79644	71075	301
宁 夏	3211596	2862880	103595	25546	22700	5211
新 疆	5209111	4669479	175816	26639	68788	4341

2-45 各地区私营建筑业企业费用情况

单位：万元

地　区	管理费用	#税金	销售费用	财务费用	#利息收入	#利息支出
全国总计	**14980044**	**814368**	**2826405**	**3959944**	**312106**	**3380775**
北　京	509693	7262	181273	17765	23963	76579
天　津	229470	7653	37605	54979	1753	46441
河　北	220359	13759	27178	77745	1315	56581
山　西	366035	14714	70210	72297	2396	38917
内蒙古	155545	11966	3940	121225	-431	108203
辽　宁	1147347	71768	144945	188804	7941	107468
吉　林	278859	16777	23960	66488	2798	53399
黑龙江	143753	8258	15247	14707	547	11042
上　海	722355	13056	74422	117780	7199	107043
江　苏	2479051	111434	401779	776637	82746	683928
浙　江	1931562	88695	289257	718317	69056	693602
安　徽	505731	30017	115906	128958	3995	97505
福　建	678646	45253	109115	92434	7507	105324
江　西	277478	23279	110963	52982	2155	36744
山　东	719614	53219	138864	224961	20648	165129
河　南	463168	37307	95630	92237	4505	72731
湖　北	580889	52304	154234	162806	9881	123498
湖　南	370844	16980	118492	59872	1753	46920
广　东	783373	31686	181930	237043	23520	194418
广　西	187790	7925	16030	27396	775	22369
海　南	8211	382	77	629	97	484
重　庆	559849	43913	111539	172778	19817	138893
四　川	646072	42378	176164	210109	7224	162266
贵　州	37092	2033	4076	9545	843	6226
云　南	358469	23819	109614	125264	5433	105168
西　藏	15708	1043	1831	1307	122	377
陕　西	225705	15697	61708	41555	1279	31428
甘　肃	112073	11007	24613	28745	1358	27501
青　海	33323	1282	5361	4155	431	4228
宁　夏	80683	4130	7020	33714	488	31928
新　疆	151300	5374	13422	26712	994	24436

2-46 各地区私营建筑业企业利润及税金情况

单位：万元

地　区	利润总额	#应交所得税	税金总额	主营业务税金及附加	管理费用中的税金
全国总计	**21876178**	**5216967**	**17421455**	**16607087**	**814368**
北　京	141930	39030	240267	233005	7262
天　津	285015	67439	140411	132758	7653
河　北	388614	94325	257599	243840	13759
山　西	289961	68291	290885	276171	14714
内蒙古	417588	104122	178166	166201	11966
辽　宁	1321898	353502	952808	881039	71768
吉　林	472246	126258	300728	283952	16777
黑龙江	140877	35484	130064	121806	8258
上　海	449235	106277	572473	559417	13056
江　苏	3833487	859713	2924419	2812984	111434
浙　江	3129914	796841	3394967	3306272	88695
安　徽	849836	179454	638017	608000	30017
福　建	1116055	359676	1054308	1009055	45253
江　西	597704	136751	444206	420926	23279
山　东	1466758	291590	817883	764664	53219
河　南	855095	208102	538160	500854	37307
湖　北	1072627	263519	787742	735438	52304
湖　南	567823	114180	467799	450819	16980
广　东	807706	222566	609492	577805	31686
广　西	181057	52519	210049	202124	7925
海　南	12652	5263	8583	8201	382
重　庆	1193997	237569	693010	649097	43913
四　川	812505	204559	669961	627583	42378
贵　州	46585	10401	46093	44061	2033
云　南	584729	107976	381625	357806	23819
西　藏	35738	4157	13306	12263	1043
陕　西	352740	58396	234621	218924	15697
甘　肃	167280	26889	100604	89598	11007
青　海	37295	5758	34298	33016	1282
宁　夏	127598	41316	107725	103595	4130
新　疆	119635	35045	181190	175816	5374

2-47 各地区私营建筑业企业应收工程款及企业亏损情况

地　区	应收工程款 (万元)	企业个数 (个)	#亏损企业个数	亏损企业的 比重(%)
全国总计	**86105168**	**42906**	**6020**	**14.0**
北　京	1510291	1625	372	22.9
天　津	2328254	889	168	18.9
河　北	1783066	846	98	11.6
山　西	2704816	1728	343	19.8
内蒙古	2401967	371	58	
辽　宁	5140452	3522	538	15.3
吉　林	2523775	954	141	14.8
黑龙江	761950	717	166	23.2
上　海	3986446	2079	444	21.4
江　苏	18219337	5711	286	5.0
浙　江	10251957	4567	538	11.8
安　徽	2765550	1592	166	10.4
福　建	2356569	1824	241	13.2
江　西	1039879	685	53	7.7
山　东	5459311	2798	283	10.1
河　南	1950876	1732	158	9.1
湖　北	2587953	1401	161	11.5
湖　南	1343925	634	60	9.5
广　东	3686846	1762	347	19.7
广　西	602969	496	106	21.4
海　南	87231	35	10	28.6
重　庆	3212159	1372	192	14.0
四　川	2834822	1674	236	14.1
贵　州	316170	226	64	28.3
云　南	1947577	1370	262	19.1
西　藏	112897	90	6	6.7
陕　西	1234473	663	126	19.0
甘　肃	585368	487	95	19.5
青　海	253011	205	75	36.6
宁　夏	1116147	352	85	24.1
新　疆	999126	499	142	28.5

2-48 各地区私营建筑业企业主要经济效益指标

地 区	产值利润率 (%)	产值利税率 (%)	资本利润率 (%)	资本利税率 (%)	人均利润 (元/人)	人均利税 (元/人)	资产负债率 (%)
全国总计	**4.1**	**7.3**	**21.0**	**37.7**	**10731**	**19277**	**54.5**
北 京	2.2	5.9	5.6	15.0	7268	19572	60.9
天 津	4.8	7.2	16.8	25.1	19833	29603	62.3
河 北	4.7	7.7	6.0	10.0	12353	20542	57.4
山 西	3.1	6.3	9.4	18.9	7165	14353	50.4
内蒙古	8.4	12.0	35.1	50.1	24264	34617	64.9
辽 宁	4.3	7.4	27.9	48.1	12226	21038	52.4
吉 林	5.1	8.3	24.4	40.0	14952	24474	58.2
黑龙江	3.9	7.5	8.3	15.9	8670	16674	54.0
上 海	2.8	6.5	10.6	24.1	7965	18116	64.8
江 苏	4.1	7.2	28.2	49.8	10592	18672	56.0
浙 江	2.6	5.5	22.5	47.0	7332	15285	53.3
安 徽	4.2	7.4	23.6	41.4	10779	18872	48.7
福 建	3.8	7.5	20.5	39.9	8618	16760	43.4
江 西	4.9	8.5	28.1	49.0	14693	25612	38.1
山 东	6.2	9.7	22.5	35.1	13651	21263	51.8
河 南	5.5	9.0	24.4	39.7	14321	23334	40.2
湖 北	5.6	9.7	32.3	56.0	16998	29481	48.7
湖 南	4.9	8.9	30.3	55.2	12518	22831	45.2
广 东	4.8	8.5	16.4	28.8	14398	25263	60.4
广 西	2.9	6.4	14.4	31.2	7844	16945	52.3
海 南	4.3	7.3	12.6	21.1	23613	39633	61.1
重 庆	5.7	9.0	41.1	64.9	14683	23205	61.6
四 川	3.7	6.7	17.0	31.0	8470	15455	54.1
贵 州	3.5	7.0	13.3	26.5	9091	18086	62.8
云 南	5.0	8.2	22.7	37.6	12333	20383	59.3
西 藏	11.3	15.6	15.1	20.8	25118	34470	33.6
陕 西	5.2	8.7	13.4	22.2	12141	20216	47.6
甘 肃	6.2	9.9	19.2	30.7	11169	17886	47.6
青 海	3.9	7.4	7.6	14.6	8010	15375	46.2
宁 夏	4.3	8.0	17.2	31.6	10666	19670	63.4
新 疆	2.4	5.9	12.9	32.4	6576	16536	64.1

2-49　各地区联营建筑业企业签订合同情况

地　区	签订合同额	上年结转合同额	本年新签合同额
全国总计	**2711004**	**1263586**	**1447418**
北　京	418		418
天　津	18988	1188	17800
河　北	370840	40679	330161
山　西			
内蒙古			
辽　宁	31300		31300
吉　林			
黑龙江	15778	6291	9487
上　海	41831	105	41726
江　苏	2041433	1151472	889961
浙　江	9821	3631	6190
安　徽	40060	18331	21729
福　建			
江　西			
山　东	17360	1000	16360
河　南	10228	1920	8308
湖　北	10085		10085
湖　南	20961	10791	10170
广　东	52290	24924	27366
广　西			
海　南	891		891
重　庆			
四　川	2336	796	1541
贵　州	150	40	110
云　南	17952	1218	16734
西　藏			
陕　西	8282	1200	7082
甘　肃			
青　海			
宁　夏			
新　疆			

2-50 各地区联营建筑业企业承包工程完成情况

单位：万元

地区	直接从建设单位承揽工程完成的产值			从建设单位以外承揽工程完成的产值
		自行完成施工产值	分包出去工程的产值	
全国总计	**1204971**	**1204971**		**16337**
北京	418	418		
天津	4539	4539		13648
河北	354517	354517		
山西				
内蒙古				
辽宁	33566	33566		
吉林				
黑龙江	9284	9284		
上海	30220	30220		729
江苏	627017	627017		
浙江	6602	6602		
安徽	22738	22738		
福建				
江西				
山东	17377	17377		
河南	7704	7704		
湖北	10085	10085		
湖南	14490	14490		1960
广东	43520	43520		
广西				
海南	891	891		
重庆				
四川	2336	2336		
贵州	400	400		
云南	15167	15167		
西藏				
陕西	4100	4100		
甘肃				
青海				
宁夏				
新疆				

2-51 各地区联营建筑业总产值和竣工产值

单位：万元

地区	建筑业总产值	#装饰装修产值	#在外省完成的产值	按构成分组			竣工产值
				建筑工程产值	安装工程产值	其他产值	
全国总计	**1221308**	**141711**	**174161**	**1095652**	**57854**	**67801**	**829578**
北京	418	418		418			418
天津	18187		17863		18187		9130
河北	354517	96909		304578	18352	31587	340822
山西							
内蒙古							
辽宁	33566			5222	8544	19799	
吉林							
黑龙江	9284			9284			6225
上海	30949	30278	7037	30949			4302
江苏	627017	802	148312	621830	5188		400214
浙江	6602			6602			1789
安徽	22738		485	19966	1237	1535	13308
福建							
江西							
山东	17377	8617	464	8760		8617	17197
河南	7704			5503		2201	443
湖北	10085			10085			10085
湖南	16450			16450			5986
广东	43520			40350		3170	1347
广西							
海南	891					891	
重庆							
四川	2336	2336		2336			1541
贵州	400			400			600
云南	15167	2351		8820	6347		16172
西藏							
陕西	4100			4100			
甘肃							
青海							
宁夏							
新疆							

2−52 各地区联营建筑业企业房屋建筑面积

地　区	房屋建筑施工面积（万平方米）	#本年新开工	#实行投标承包面积	#本年新开工	房屋建筑竣工面积（万平方米）	房屋建筑面积竣工率（%）
全国总计	**417.7**	**321.3**	**403.7**	**312.7**	**271.5**	**65.0**
北　京						
天　津						
河　北	314.3	275.2	314.3	275.2	246.0	78.3
山　西						
内蒙古						
辽　宁						
吉　林						
黑龙江	10.8	5.9	10.8	5.9	4.9	45.1
上　海						
江　苏						
浙　江	12.0	4.4	0.6	0.6	2.3	19.2
安　徽	14.5	4.7	14.5	4.5	3.6	24.7
福　建						
江　西						
山　东	8.3	8.3	8.3	8.3	8.1	97.6
河　南	0.4	0.4			0.2	52.6
湖　北						
湖　南	24.5	10.0	24.5	10.0		
广　东	22.8	3.0	21.4	2.8	0.9	3.8
广　西						
海　南						
重　庆						
四　川						
贵　州	1.4	0.6	0.8	0.6	0.6	45.7
云　南	6.5	6.4	6.2	4.7	4.8	74.7
西　藏						
陕　西	2.3	2.3	2.3			
甘　肃						
青　海						
宁　夏						
新　疆						

2-53 各地区按主要用途分的联营建筑业企业房屋建筑竣工面积

单位：万平方米

地区	总计	住宅房屋	商业及服务用房屋	商厦房屋(批发和零售用房)	宾馆用房屋(住宿用房)	餐饮用房屋(餐饮用房)
全国总计	**271.5**	**175.7**	**18.4**			
北京						
天津						
河北	246.0	156.7	18.0			
山西						
内蒙古						
辽宁						
吉林						
黑龙江	4.9	4.9				
上海						
江苏						
浙江	2.3					
安徽	3.6	3.4				
福建						
江西						
山东	8.1	5.7				
河南	0.2	0.2				
湖北						
湖南						
广东	0.9		0.3			
广西						
海南						
重庆						
四川						
贵州	0.6	0.6				
云南	4.8	4.1				
西藏						
陕西						
甘肃						
青海						
宁夏						
新疆						

2–53 续表 1

单位：万平方米

地　区	商务会展用房屋	其他商业及服务用房屋(居民服务业用房)	办公用房屋	科研、教育和医疗用房屋	科学研究用房屋	教育用房屋
全国总计		**18.4**	**26.5**	**11.5**	**6.7**	**4.5**
北　京						
天　津						
河　北		18.0	26.5	10.9	6.7	4.2
山　西						
内蒙古						
辽　宁						
吉　林						
黑龙江						
上　海						
江　苏						
浙　江						
安　徽			0.1			
福　建						
江　西						
山　东						
河　南						
湖　北						
湖　南						
广　东		0.3		0.5		0.3
广　西						
海　南						
重　庆						
四　川						
贵　州						
云　南						
西　藏						
陕　西						
甘　肃						
青　海						
宁　夏						
新　疆						

2-53 续表 2

单位：万平方米

地区	医疗用房屋(卫生医疗用房)	文化、体育和娱乐用房屋	厂房及建筑物	#厂房	仓库	其他未列明的房屋建筑物
全国总计	**0.3**		**19.2**	**19.1**		**20.2**
北京						
天津						
河北			14.4	14.4		19.5
山西						
内蒙古						
辽宁						
吉林						
黑龙江						
上海						
江苏						
浙江			2.3	2.3		
安徽			0.1			
福建						
江西						
山东			2.4	2.4		
河南						
湖北						
湖南						
广东	0.3					
广西						
海南						
重庆						
四川						
贵州						
云南						0.8
西藏						
陕西						
甘肃						
青海						
宁夏						
新疆						

2-54 各地区按主要用途分的联营建筑业企业房屋建筑竣工价值

单位：万元

地 区	总计	住宅房屋	商业及服务用房屋	商厦房屋(批发和零售用房)	宾馆用房屋(住宿用房)	餐饮用房屋(餐饮用房)
全国总计	**369827**	**238114**	**16342**			
北 京						
天 津						
河 北	340822	216913	15818			
山 西						
内蒙古						
辽 宁						
吉 林						
黑龙江	6225	6225				
上 海						
江 苏						
浙 江	1780					
安 徽	3208	3049				
福 建						
江 西						
山 东	8580	5780				
河 南	443	443				
湖 北						
湖 南						
广 东	1347		524			
广 西						
海 南						
重 庆						
四 川						
贵 州	600	600				
云 南	6823	5105				
西 藏						
陕 西						
甘 肃						
青 海						
宁 夏						
新 疆						

2-54 续表 1

单位：万元

地区	商务会展用房屋	其他商业及服务用房屋(居民服务业用房)	办公用房屋	科研、教育和医疗用房屋	科学研究用房屋	教育用房屋
全国总计		**16342**	**29084**	**15742**	**8591**	**6711**
北京						
天津						
河北		15818	28985	14919	8591	6328
山西						
内蒙古						
辽宁						
吉林						
黑龙江						
上海						
江苏						
浙江						
安徽			99			
福建						
江西						
山东						
河南						
湖北						
湖南						
广东		524		823		383
广西						
海南						
重庆						
四川						
贵州						
云南						
西藏						
陕西						
甘肃						
青海						
宁夏						
新疆						

2-54 续表 2 单位：万元

地 区	医疗用房屋(卫生医疗用房)	文化、体育和娱乐用房屋	厂房及建筑物	#厂房	仓 库	其他未列明的房屋建筑物
全国总计	**440**		**28306**	**28246**		**42239**
北 京						
天 津						
河 北			23666	23666		40521
山 西						
内蒙古						
辽 宁						
吉 林						
黑龙江						
上 海						
江 苏						
浙 江			1780	1780		
安 徽			60			
福 建						
江 西						
山 东			2800	2800		
河 南						
湖 北						
湖 南						
广 东	440					
广 西						
海 南						
重 庆						
四 川						
贵 州						
云 南						1718
西 藏						
陕 西						
甘 肃						
青 海						
宁 夏						
新 疆						

2-55 各地区联营建筑业企业主要生产效益指标

地区	建筑业企业个数（个）	从事建筑业活动的平均人数（人）	按总产值计算的劳动生产率（元/人）	人均竣工产值（元/人）	人均施工面积（平方米/人）	人均竣工面积（平方米/人）
全国总计	**35**	**42204**	**289382**	**196564**	**99.0**	**64.3**
北京	1	18	232111	232111		
天津	1	158	1151044	577854		
河北	1	24160	146737	141069	130.1	101.8
山西						
内蒙古						
辽宁	2	1653	203059			
吉林						
黑龙江	2	410	226439	151820	262.4	118.3
上海	3	1035	299025	41560		
江苏	5	2732	2295085	1464912		
浙江	2	262	251996	68298	457.6	87.9
安徽	2	3658	62160	36380	39.6	9.8
福建						
江西						
山东	2	938	185255	183336	88.5	86.4
河南	1	1834	42004	2413	2.4	1.3
湖北	1	88	1146045			
湖南	2	2520	65278	23754	97.1	
广东	3	1262	344849	10674	180.3	6.9
广西						
海南	1	45	198022			
重庆						
四川	1	94	248543	163894		
贵州	1	23	173913	260870	608.7	278.3
云南	3	1150	131885	140629	56.4	42.1
西藏						
陕西	1	164	250000		142.1	
甘肃						
青海						
宁夏						
新疆						

2–56 各地区联营建筑业企业资产构成

单位：万元

地　区	资产合计	#流动资产合计	#存货	#非流动资产合计	#固定资产合计
全国总计	**589414**	**498225**	**149887**	**91189**	**64260**
北　京	804	803	56	2	2
天　津					
河　北	26649	23047	4732	3601	3601
山　西					
内蒙古					
辽　宁	29934	19665	2611	10269	9173
吉　林					
黑龙江	4154	3525	566	629	119
上　海	6179	5991	130	188	188
江　苏	378689	329537	101640	49151	27570
浙　江	2340	1815	426	525	525
安　徽	31586	26514	8215	5072	3204
福　建					
江　西					
山　东	10103	7173	3662	2930	2930
河　南	2507	1700	510	807	807
湖　北	28631	24975	13448	3656	2541
湖　南	25383	21882	8943	3501	3500
广　东	12538	8609	419	3929	3551
广　西					
海　南	2769	2591	764	178	178
重　庆					
四　川	4175	3227	952	947	947
贵　州	1222	822	231	400	130
云　南	13400	8856	2035	4543	4436
西　藏					
陕　西	8352	7492	548	860	860
甘　肃					
青　海					
宁　夏					
新　疆					

2-57 各地区联营建筑业企业固定资产情况

单位：万元

地区	固定资产合计	固定资产原价	固定资产折旧	#本年折旧	在建工程
全国总计	**64260**	**112192**	**56222**	**6627**	**3064**
北京	2	37	36	1	
天津					
河北	3601	5304	1917	214	
山西					
内蒙古					
辽宁	9173	25866	16693	946	
吉林					
黑龙江	119	212	93	4	
上海	188	446	260	16	
江苏	27570	48263	23447	3802	1604
浙江	525	926	523	23	121
安徽	3204	8604	5401	560	
福建					
江西					
山东	2930	2147	57	30	835
河南	807	1125	480	23	
湖北	2541	1676	1078	107	
湖南	3500	3351	1501	133	
广东	3551	5361	1811	551	
广西					
海南	178	294	179	9	
重庆					
四川	947	1346	399	51	
贵州	130	130			
云南	4436	5945	1509	154	
西藏					
陕西	860	1157	839	4	504
甘肃					
青海					
宁夏					
新疆					

2-58 各地区联营建筑业企业负债及所有者权益

单位：万元

地　区	负债合计	#流动负债	#应付账款	所有者权益	#实收资本
全国总计	**439085**	**422822**	**188406**	**150329**	**79858**
北　京	321	321	21	483	500
天　津					
河　北	19313	19313		7336	510
山　西					
内蒙古					
辽　宁	10627	10627	5280	19307	12585
吉　林					
黑龙江	3690	3690		464	464
上　海	4292	4292	919	1887	1300
江　苏	327371	322028	167981	51317	31306
浙　江	1143	1126	330	1197	664
安　徽	12617	2877	914	18969	4086
福　建					
江　西					
山　东	4507	4501	865	5595	3500
河　南	271	270	32	2235	2000
湖　北	25946	25946	3629	2686	1600
湖　南	5243	5243	2300	20139	4220
广　东	9148	9148	457	3390	2726
广　西					
海　南	1741	1741	1169	1028	1028
重　庆					
四　川	1834	1834	664	2340	2200
贵　州	922			300	78
云　南	7530	7298	1967	5870	4891
西　藏					
陕　西	2567	2567	1876	5785	6200
甘　肃					
青　海					
宁　夏					
新　疆					

2–59 各地区联营建筑业企业实收资本

单位：万元

地　区	合计	国家资本	集体资本	法人资本	个人资本	港澳台资本	外商资本
全国总计	**79858**	**45924**	**17125**	**8263**	**8546**		
北　京	500				500		
天　津							
河　北	510	510					
山　西							
内蒙古							
辽　宁	12585	7510	5075				
吉　林							
黑龙江	464			464			
上　海	1300	124	176		1000		
江　苏	31306	29662	1083		561		
浙　江	664		285	379			
安　徽	4086	3086	1000				
福　建							
江　西							
山　东	3500				3500		
河　南	2000			2000			
湖　北	1600	1600					
湖　南	4220	2000		2220			
广　东	2726	42	478	2188	18		
广　西							
海　南	1028		600	428			
重　庆							
四　川	2200	190			2010		
贵　州	78		78				
云　南	4891	1200	2150	584	957		
西　藏							
陕　西	6200		6200				
甘　肃							
青　海							
宁　夏							
新　疆							

2-60 各地区联营建筑业企业收入情况

单位：万元

地　区	主营业务收入	#主营业务成本	#主营业务税金及附加	其他业务收入	#其他业务成本	#其他业务利润
全国总计	**972322**	**864469**	**40441**	**978**	**357**	**458**
北　京	418	345	14			
天　津						
河　北	354517	301340	19109			
山　西						
内蒙古						
辽　宁	41674	38593	808	409		341
吉　林						
黑龙江	62	59	2			
上　海	30755	29275	1039	244	164	73
江　苏	410515	383231	13616	23	3	12
浙　江	5684	4981	261			
安　徽	22738	19512	447	175	146	28
福　建						
江　西						
山　东	16997	14560	571			
河　南	2235	1898	88			
湖　北	9853	8380	337			
湖　南	17728	15633	260			
广　东	31427	21516	2846	66	4	
广　西						
海　南	811	735	31	20	2	
重　庆						
四　川	8521	7633	282	13		13
贵　州	95	79	3			
云　南	17425	15931	699	28	38	-10
西　藏						
陕　西	868	770	29			
甘　肃						
青　海						
宁　夏						
新　疆						

2-61 各地区联营建筑业企业费用情况

单位：万元

地 区	管理费用	#税金	销售费用	财务费用	#利息收入	#利息支出
全国总计	**16958**	**447**	**2250**	**2481**	**313**	**2257**
北 京	57					
天 津						
河 北	1564	8		287	89	377
山 西						
内蒙古						
辽 宁	2547	54		-131	131	
吉 林						
黑龙江	1					
上 海	353	7	5	-33	40	
江 苏	7166	207	92	1967	42	1537
浙 江	183	9	3	40	4	44
安 徽	866	44	530	39	-3	14
福 建						
江 西						
山 东	394	15	509	16	1	16
河 南	8	2	9	5		5
湖 北	373	2	14	31	-10	40
湖 南	567	3	447	197	12	206
广 东	2134	56	54	45		2
广 西						
海 南	128	1		1	2	1
重 庆						
四 川	252	5	215	8		8
贵 州	12					
云 南	213	17	372	9	3	8
西 藏						
陕 西	141	17		-1	2	1
甘 肃						
青 海						
宁 夏						
新 疆						

2-62 各地区联营建筑业企业利润及税金情况

单位：万元

地　区	利润总额	#应交所得税	税金总额	主营业务税金及附加	管理费用中的税金
全国总计	**47115**	**2594**	**40888**	**40441**	**447**
北　京	2		14	14	
天　津					
河　北	32218	67	19116	19109	8
山　西					
内蒙古					
辽　宁	680	211	862	808	54
吉　林					
黑龙江	39		2	2	
上　海	214	53	1047	1039	7
江　苏	5123	1316	13823	13616	207
浙　江	208	58	270	261	9
安　徽	1002	250	492	447	44
福　建					
江　西					
山　东	946	211	586	571	15
河　南	227	47	91	88	2
湖　北	749	187	339	337	2
湖　南	625	57	263	260	3
广　东	4894	79	2901	2846	56
广　西					
海　南	-66		32	31	1
重　庆					
四　川	144	37	286	282	5
贵　州			3	3	
云　南	185	20	715	699	17
西　藏					
陕　西	-72		46	29	17
甘　肃					
青　海					
宁　夏					
新　疆					

2-63　各地区联营建筑业企业应收工程款及企业亏损情况

地　区	应收工程款（万元）	企业个数（个）	#亏损企业个数	亏损企业的比重(%)
全国总计	**205485**	**35**	**4**	**11.4**
北　京	626	1		
天　津		1		
河　北	18316	1		
山　西				
内蒙古				
辽　宁	5420	2		
吉　林				
黑龙江		2		
上　海	237	3		
江　苏	154038	5		
浙　江	1356	2	1	50.0
安　徽	4586	2		
福　建				
江　西				
山　东	1992	2		
河　南	50	1		
湖　北	2810	1		
湖　南	2799	2		
广　东	255	3		
广　西				
海　南	753	1	1	100.0
重　庆				
四　川	452	1		
贵　州	25	1		
云　南	5741	3	1	33.3
西　藏				
陕　西	6030	1	1	100.0
甘　肃				
青　海				
宁　夏				
新　疆				

2-64 各地区联营建筑业企业主要经济效益指标

地　区	产值利润率(%)	产值利税率(%)	资本利润率(%)	资本利税率(%)	人均利润(元/人)	人均利税(元/人)	资产负债率(%)
全国总计	**3.9**	**7.2**	**59.0**	**110.2**	**11164**	**20852**	**74.5**
北　京	0.4	3.7	0.3	3.1	889	8556	39.9
天　津							
河　北	9.1	14.5	6317.3	10065.6	13335	21248	72.5
山　西							
内蒙古							
辽　宁	2.0	4.6	5.4	12.2	4112	9324	35.5
吉　林							
黑龙江	0.4	0.4	8.3	8.8	939	990	88.8
上　海	0.7	4.1	16.5	97.0	2071	12182	69.5
江　苏	0.8	3.0	16.4	60.5	18750	69346	86.4
浙　江	3.1	7.2	31.3	72.0	7931	18237	48.8
安　徽	4.4	6.6	24.5	36.5	2738	4082	39.9
福　建							
江　西							
山　东	5.4	8.8	27.0	43.8	10083	16335	44.6
河　南	3.0	4.1	11.4	15.9	1239	1733	10.8
湖　北	7.4	10.8	46.8	68.0	85057	123580	90.6
湖　南	3.8	5.4	14.8	21.0	2480	3523	20.7
广　东	11.2	17.9	179.5	285.9	38780	61769	73.0
广　西							
海　南	-7.5	-3.8	-6.5	-3.3	-14756	-7600	62.9
重　庆							
四　川	6.2	18.4	6.6	19.6	15330	45787	43.9
贵　州		0.8		4.2		1435	75.5
云　南	1.2	5.9	3.8	18.4	1606	7825	56.2
西　藏							
陕　西	-1.8	-0.6	-1.2	-0.4	-4378	-1561	30.7
甘　肃							
青　海							
宁　夏							
新　疆							

2-65 各地区股份制建筑业企业签订合同情况

单位：万元

地 区	签订合同额	上年结转合同额	本年新签合同额
全国总计	**1834756113**	**824435202**	**1010320912**
北 京	162696370	82235084	80461286
天 津	66465377	32644347	33821030
河 北	65009924	26946535	38063389
山 西	38076341	20238120	17838221
内蒙古	11544507	4443123	7101384
辽 宁	62352439	26162591	36189848
吉 林	22462887	10152277	12310609
黑龙江	17675913	7820554	9855359
上 海	96850935	46977955	49872981
江 苏	214538221	92173653	122364568
浙 江	178864904	79531984	99332920
安 徽	46798706	19275374	27523333
福 建	63180944	26141840	37039104
江 西	43319600	17270010	26049590
山 东	80456729	28243578	52213151
河 南	97257422	41984955	55272467
湖 北	118762698	51339563	67423136
湖 南	76169542	35851301	40318241
广 东	89284406	45858982	43425424
广 西	11683984	5358197	6325787
海 南	3629282	1680613	1948670
重 庆	46579346	21062513	25516833
四 川	81961462	38844298	43117164
贵 州	12915045	7018298	5896747
云 南	25428300	12402302	13025998
西 藏	395756	197601	198154
陕 西	55512705	24657753	30854952
甘 肃	17647768	6989023	10658745
青 海	2250835	1145417	1105418
宁 夏	2100673	974897	1125776
新 疆	22883095	8812467	14070628

2-66 各地区股份制建筑业企业承包工程完成情况

单位：万元

地 区	直接从建设单位承揽工程完成的产值	自行完成施工产值	分包出去工程的产值	从建设单位以外承揽工程完成的产值
全国总计	**942242425**	**911186798**	**31055627**	**36085107**
北 京	62756045	52167037	10589008	7933922
天 津	27596884	26198550	1398333	955987
河 北	37034741	36843675	191066	918624
山 西	15430965	15417918	13047	99105
内蒙古	7646891	7632349	14542	46568
辽 宁	35968099	35731305	236794	445766
吉 林	13662140	13612533	49607	219084
黑龙江	10235079	10223381	11698	39160
上 海	31817492	25208871	6608621	3285155
江 苏	133660987	133135031	525956	7694927
浙 江	99255461	97867461	1388000	2505595
安 徽	22905192	22658892	246301	764847
福 建	30825817	30715003	110814	979078
江 西	21271244	20962369	308875	351123
山 东	51857048	51110722	746326	777779
河 南	54410199	54265219	144980	682518
湖 北	60807461	60357016	450445	1018158
湖 南	32989218	32889476	99742	889965
广 东	44090138	40484271	3605867	1978383
广 西	6697703	6624848	72854	106427
海 南	1619981	1611619	8362	9412
重 庆	27091144	26299045	792099	873387
四 川	39235864	38424207	811657	1698285
贵 州	5732218	5711462	20756	25803
云 南	12927344	12847925	79420	133834
西 藏	287678	267966	19711	1361
陕 西	27242702	25061359	2181343	1360826
甘 肃	10604430	10509989	94441	186591
青 海	1059416	1052668	6747	16224
宁 夏	1369332	1360920	8411	10138
新 疆	14153516	13933710	219806	77076

2-67 各地区股份制建筑业总产值和竣工产值

单位：万元

地 区	建筑业总产值	#装饰装修产值	#在外省完成的产值	按构成分组 建筑工程产值	安装工程产值	其他产值	竣工产值
全国总计	**947271905**	**50639879**	**356116464**	**847518246**	**73068957**	**26684702**	**526936019**
北 京	60100959	6277826	42207838	57852421	1741743	506795	27737560
天 津	27154537	424815	10869727	23762480	2838940	553117	14415376
河 北	37762299	994045	14611175	31656199	3566814	2539285	18526140
山 西	15517023	305619	7625723	13623677	1477126	416221	5478278
内蒙古	7678917	55409	267120	6499716	650695	528506	5282771
辽 宁	36177070	2756892	4944601	31102384	3933286	1141401	18320684
吉 林	13831617	494266	1313165	11913333	1280345	637939	9232686
黑龙江	10262541	682115	1298882	8864504	1114257	283780	4721307
上 海	28494025	2118525	15039597	24765250	3371899	356877	15072814
江 苏	140829959	7305290	71844163	133116973	6898834	814152	106024394
浙 江	100373056	6601264	57163087	89169979	9083368	2119709	60964535
安 徽	23423739	594872	6117704	20478565	1653484	1291690	10673367
福 建	31694081	1304006	11775787	28991004	2345183	357894	17335360
江 西	21313492	1490377	7758158	18271226	1312526	1729741	10958905
山 东	51888501	2892612	9358974	44596705	6143989	1147807	27787817
河 南	54947737	1487793	15353998	49554700	3920318	1472719	31082669
湖 北	61375174	2344213	23209688	54566240	5117587	1691347	28915716
湖 南	33779442	1397675	11722851	28813449	2075518	2890476	21051280
广 东	42462654	7203544	11763541	37337497	3641252	1483904	20462165
广 西	6731275	225075	1343196	5951099	426647	353530	3906066
海 南	1621031	131313	78831	1435592	115057	70382	1063693
重 庆	27172432	930572	5983610	24448666	1719279	1004487	13325486
四 川	40122492	1086321	9663226	35742386	3169908	1210198	18575953
贵 州	5737265	98675	907238	5268579	253300	215386	2330896
云 南	12981759	182074	1274288	11696180	912255	373324	6647105
西 藏	269328	14634	1820	243884	20047	5397	148357
陕 西	26422185	684081	10341322	23282731	2281370	858084	11075096
甘 肃	10696580	288817	1529553	9458102	871696	366783	5147920
青 海	1068893	14417	15733	955844	101233	11816	382641
宁 夏	1371058	35266	145891	1238644	105414	27000	1046673
新 疆	14010786	217478	585980	12860240	925589	224957	9242312

2-68 各地区股份制建筑业企业房屋建筑面积

地　区	房屋建筑施工面积(万平方米)	#本年新开工	#实行投标承包面积	#本年新开工	房屋建筑竣工面积(万平方米)	房屋建筑面积竣工率(%)
全国总计	**689553.4**	**283338.1**	**578946.2**	**237430.6**	**220122.3**	**31.9**
北　京	46180.5	15274.1	43278.3	13701.8	6834.8	14.8
天　津	11276.1	3990.2	10677.9	3637.3	2024.5	18.0
河　北	26010.9	11375.7	22562.2	9897.4	8707.9	33.5
山　西	5493.3	2032.3	5110.4	1887.0	1073.8	19.5
内蒙古	4863.2	2576.0	4177.9	2315.7	2268.0	46.6
辽　宁	21032.9	9592.3	16301.8	7522.4	7468.4	35.5
吉　林	7486.8	4357.3	5362.8	2940.7	3909.6	52.2
黑龙江	3567.2	2160.2	2822.5	1790.1	2058.7	57.7
上　海	25365.5	7793.5	24774.9	7599.7	4708.8	18.6
江　苏	131619.6	49813.1	123127.8	46143.9	44550.2	33.8
浙　江	96373.9	36272.1	85722.3	32623.6	28652.1	29.7
安　徽	16930.5	7374.1	13761.6	6109.9	5682.2	33.6
福　建	25841.1	8889.0	19176.3	5932.5	6847.6	26.5
江　西	14364.7	7142.3	9761.7	4930.1	5940.1	41.4
山　东	43978.5	18536.3	35856.7	15983.4	13405.7	30.5
河　南	32397.9	16845.6	25386.8	14360.9	13493.7	41.7
湖　北	38306.2	19876.8	27382.2	15210.6	15903.5	41.5
湖　南	26658.6	11082.3	23171.3	9444.0	9278.1	34.8
广　东	24936.4	11003.1	14082.2	7049.9	6885.7	27.6
广　西	5074.1	2195.8	3920.0	1651.6	1891.4	37.3
海　南	1429.2	511.9	1253.4	409.1	405.1	28.3
重　庆	18099.5	7405.4	12164.2	4949.1	6123.2	33.8
四　川	22789.8	10108.9	16040.4	7264.2	8286.5	36.4
贵　州	4510.5	1447.0	3811.3	1040.0	1036.6	23.0
云　南	5522.4	2843.0	3986.3	2152.8	2430.0	44.0
西　藏	74.1	46.8	62.3	39.1	49.6	66.9
陕　西	12290.9	4406.3	10545.8	3742.4	3501.1	28.5
甘　肃	6994.5	3179.5	5347.0	2197.1	2470.1	35.3
青　海	325.1	169.4	213.1	128.3	133.0	40.9
宁　夏	756.3	354.1	697.7	316.1	269.1	35.6
新　疆	9003.1	4683.7	8407.1	4460.0	3833.3	42.6

2-69 各地区按主要用途分的股份制建筑业企业房屋建筑竣工面积

单位：万平方米

地　区	总计	住宅房屋	商业及服务用房屋	商厦房屋(批发和零售用房)	宾馆用房屋(住宿用房)	餐饮用房屋(餐饮用房)
全国总计	**220122.3**	**151553.1**	**15488.4**	**7146.7**	**2052.8**	**768.6**
北　京	6834.8	4381.1	713.8	285.9	112.6	8.5
天　津	2024.5	1163.1	159.6	94.3	4.7	10.4
河　北	8707.9	6627.1	307.9	147.6	15.4	8.0
山　西	1073.8	710.6	67.7	25.0	1.5	4.8
内蒙古	2268.0	1794.9	93.0	24.8	8.9	11.8
辽　宁	7468.4	5533.3	424.6	166.1	46.8	10.4
吉　林	3909.6	3118.5	223.1	70.1	23.8	24.5
黑龙江	2058.7	1705.5	111.9	26.2	8.5	5.1
上　海	4708.8	2414.6	862.1	349.7	37.4	
江　苏	44550.2	33036.1	2094.8	1022.6	386.7	207.1
浙　江	28652.1	16681.9	3112.7	1593.9	432.8	149.0
安　徽	5682.2	3560.7	332.8	102.1	22.5	6.0
福　建	6847.6	4239.8	451.8	193.8	33.0	7.4
江　西	5940.1	3875.7	325.3	139.2	41.5	14.1
山　东	13405.7	9313.9	879.5	520.1	75.6	28.9
河　南	13493.7	9645.2	792.7	237.7	142.4	42.2
湖　北	15903.5	11008.8	1195.4	635.0	275.5	55.2
湖　南	9278.1	6657.4	629.0	322.1	94.5	18.2
广　东	6885.7	4320.4	461.0	215.9	29.3	9.7
广　西	1891.4	1243.0	82.6	39.3	23.5	3.4
海　南	405.1	271.8	50.1	23.1	9.9	9.1
重　庆	6123.2	4754.3	387.6	146.3	39.9	24.6
四　川	8286.5	6106.1	597.5	292.1	72.2	17.5
贵　州	1036.6	697.0	42.3	7.7	9.4	0.6
云　南	2430.0	1635.5	221.9	99.2	24.6	7.2
西　藏	49.6	29.7	2.6		2.6	0.0
陕　西	3501.1	2548.8	255.7	118.0	7.3	55.5
甘　肃	2470.1	1734.3	167.1	68.4	26.2	5.9
青　海	133.0	76.7	4.1	1.6	0.4	0.1
宁　夏	269.1	183.8	25.8	12.7	4.9	
新　疆	3833.3	2483.5	412.2	166.5	38.8	23.4

2-69 续表 1 单位：万平方米

地　区	商务会展用房屋	其他商业及服务用房屋(居民服务业用房)	办公用房屋	科研、教育和医疗用房屋	科学研究用房屋	教育用房屋
全国总计	**925.9**	**4594.5**	**11930.1**	**8830.6**	**1114.8**	**5449.6**
北　京	11.1	295.8	545.2	311.3	72.4	152.9
天　津		50.3	64.7	57.3	16.4	30.2
河　北	7.6	129.3	460.7	366.1	51.1	242.5
山　西	2.4	34.1	51.6	97.4	12.2	69.9
内蒙古	15.3	32.3	122.0	87.1	5.3	72.3
辽　宁	36.4	164.8	204.5	148.3	22.8	67.3
吉　林	20.9	83.9	81.8	87.7	3.9	58.6
黑龙江	1.3	70.9	36.4	46.5	1.6	35.7
上　海	142.4	332.6	292.2	150.6	22.6	75.4
江　苏	288.4	190.1	2157.3	1311.8	167.2	785.5
浙　江	185.6	751.4	1751.2	1225.6	220.3	643.8
安　徽	25.7	176.6	397.5	294.7	16.9	234.7
福　建	19.8	197.9	421.5	196.3	21.7	154.7
江　西	2.1	128.3	529.5	265.4	22.4	171.0
山　东	34.1	220.8	810.3	684.0	94.5	373.2
河　南	56.9	313.5	784.9	676.1	61.5	497.4
湖　北	9.4	220.4	925.5	696.2	33.4	408.2
湖　南	11.2	182.9	429.9	484.1	108.3	236.7
广　东	26.5	179.6	425.2	244.8	29.0	154.0
广　西	0.2	16.1	175.0	160.8	16.8	97.5
海　南	1.3	6.7	15.8	23.4	2.3	20.6
重　庆	4.6	172.3	242.6	158.7	27.0	91.8
四　川	6.4	209.3	266.3	247.3	36.0	166.1
贵　州	1.0	23.6	65.5	129.7	3.4	115.1
云　南	2.8	88.1	154.6	162.2	5.7	126.9
西　藏			11.1	1.1		1.1
陕　西	4.3	70.6	172.2	160.4	11.1	105.3
甘　肃	1.6	65.0	102.6	125.5	12.5	86.8
青　海		2.0	18.9	21.9	10.0	11.1
宁　夏	2.2	6.0	15.6	17.3	2.5	13.2
新　疆	4.4	179.2	197.9	191.0	4.1	150.2

2-69 续表 2

单位：万平方米

地 区	医疗用房屋(卫生医疗用房)	文化、体育和娱乐用房屋	厂房及建筑物	#厂房	仓 库	其他未列明的房屋建筑物
全国总计	**2266.2**	**2127.5**	**24523.1**	**16405.3**	**1391.5**	**4278.1**
北 京	86.1	63.7	561.3	521.8	38.6	219.8
天 津	10.7	30.3	461.1	421.9	19.9	68.5
河 北	72.5	63.0	617.0	379.4	38.0	228.0
山 西	15.4	9.8	98.6	64.1	7.6	30.3
内蒙古	9.4	34.1	84.7	33.7	5.4	46.9
辽 宁	58.1	62.1	847.1	524.5	96.4	152.2
吉 林	25.2	9.7	286.6	130.9	10.9	91.3
黑龙江	9.2	3.3	120.4	67.2	16.5	18.1
上 海	52.5	65.0	813.3	593.5	38.6	72.5
江 苏	359.1	337.4	4985.1	4049.6	237.5	390.2
浙 江	361.5	496.3	4710.3	3594.6	228.9	445.3
安 徽	43.0	32.4	867.3	495.7	33.3	163.5
福 建	20.0	43.2	1309.6	476.4	50.5	134.9
江 西	72.0	74.3	718.0	309.0	38.6	113.4
山 东	216.3	95.6	1311.3	852.2	102.7	208.4
河 南	117.2	121.6	1123.9	555.1	154.3	195.0
湖 北	254.6	205.4	1527.3	895.4	65.4	279.5
湖 南	139.1	47.0	797.4	470.4	50.7	182.6
广 东	61.8	38.3	1163.5	719.2	24.9	207.8
广 西	46.6	55.1	106.4	39.9	6.3	62.2
海 南	0.4	20.8	14.4	12.8	6.2	2.5
重 庆	40.0	27.6	405.2	266.7	18.1	129.0
四 川	45.2	48.4	735.4	364.7	46.2	239.2
贵 州	11.3	2.4	47.6	31.1	0.8	51.3
云 南	29.6	29.0	115.9	86.0	6.6	104.2
西 藏			4.9			0.2
陕 西	44.0	42.0	208.0	135.4	13.3	100.7
甘 肃	26.2	19.3	269.6	134.3	2.6	49.1
青 海	0.9	2.5	3.6	1.3	0.4	4.9
宁 夏	1.6	2.9	8.4	8.4		15.2
新 疆	36.7	45.3	199.9	170.1	32.1	271.4

2-70 各地区按主要用途分的股份制建筑业企业房屋建筑竣工价值

单位：万元

地区	总计	住宅房屋	商业及服务用房屋			
				商厦房屋(批发和零售用房)	宾馆用房屋(住宿用房)	餐饮用房屋(餐饮用房)
全国总计	**343869630**	**231234707**	**26870642**	**11884409**	**4079629**	**1162312**
北 京	15362543	8670131	1795814	565742	548070	22697
天 津	3588749	1829087	312947	127015	11861	25829
河 北	13010701	9247894	551461	289474	22565	10987
山 西	1840558	1073096	117197	34756	3764	19314
内蒙古	3273724	2449079	158733	51160	25691	11809
辽 宁	11136130	7957525	637699	262635	72497	11534
吉 林	5659737	4473732	285877	118263	31453	27373
黑龙江	3043969	2462880	169650	37545	15059	9457
上 海	10101094	4822561	2018114	689329	100431	
江 苏	77841468	56497638	4037267	1943238	801515	378091
浙 江	46342465	27717483	5666012	2674973	912574	257965
安 徽	7024417	4568514	405306	142396	37782	8455
福 建	10807738	7054864	805737	336166	68493	11506
江 西	7062039	4567179	446477	184737	48213	20142
山 东	19229913	12831361	1304884	733904	98152	39858
河 南	16224023	11553615	1070890	322266	168406	40784
湖 北	22585649	15166912	1931015	1080675	433217	79899
湖 南	13550953	9534481	991822	494300	212338	25713
广 东	10725781	6924008	720012	336885	50506	16361
广 西	2454065	1649952	96630	46668	25634	4827
海 南	743033	520298	87797	28075	37323	13399
重 庆	9170235	6964598	545369	207957	37255	38919
四 川	11923258	8829725	929969	386360	117749	22194
贵 州	1591397	1088441	61743	10161	18206	581
云 南	3833397	2510649	365615	155790	45674	9657
西 藏	95414	55771	4676		4646	20
陕 西	5427732	3731114	380653	216693	16888	27787
甘 肃	3921028	2438720	297353	129133	46829	9691
青 海	214931	125854	6453	3141	488	120
宁 夏	372598	254761	33582	15236	6591	
新 疆	5710892	3662786	633888	259740	59761	17344

2-70 续表 1

单位：万元

地区	商务会展用房屋	其他商业及服务用房屋(居民服务业用房)	办公用房屋	科研、教育和医疗用房屋	科学研究用房屋	教育用房屋
全国总计	**1830726**	**7913565**	**21184129**	**15941197**	**1977545**	**9370861**
北京	36275	623030	1425093	847048	203800	417716
天津		148241	174879	141306	51360	73291
河北	12624	215811	830925	643030	106495	355217
山西	6516	52847	114388	231493	34386	156273
内蒙古	18100	51974	283840	154011	8648	134167
辽宁	55551	235482	338573	266057	36739	107435
吉林	14620	94169	145731	141579	6245	101554
黑龙江	4878	102712	63647	86732	5351	66203
上海	405122	823232	745981	475660	69664	206366
江苏	546374	368049	4323135	2811572	354445	1540075
浙江	357534	1462967	2892252	2252160	392348	1171970
安徽	42271	174403	494568	441926	26252	337974
福建	37050	352523	651932	309781	31504	244578
江西	4016	189369	688972	351700	17669	211003
山东	91134	341838	1443452	1191853	118729	632138
河南	41729	497705	1052024	898019	68297	665827
湖北	20408	316816	1618139	1066215	36208	664555
湖南	14594	244876	734404	791692	144004	338129
广东	66952	249307	768816	520677	63827	351440
广西	108	19394	238893	198463	15582	130978
海南	2317	6683	23993	36688	1814	34146
重庆	18584	242654	482452	247022	53035	124970
四川	8955	394711	407731	379565	43275	257181
贵州	1146	31649	79403	195604	4610	175459
云南	4633	149862	252330	259669	9933	197421
西藏		10	22808	2548		2548
陕西	5974	113312	280895	316384	32240	170898
甘肃	5454	106246	223122	276315	15343	215634
青海	29	2675	28898	35545	15859	18290
宁夏	2160	9596	24399	30929	3426	25297
新疆	5618	291425	328452	339957	6459	242127

2-70 续表 2

单位：万元

地 区	医疗用房屋(卫生医疗用房)	文化、体育和娱乐用房屋	厂房及建筑物	#厂房	仓 库	其他未列明的房屋建筑物
全国总计	**4592791**	**4175542**	**34533949**	**24051335**	**1886916**	**8042548**
北 京	225533	262186	1401189	1286758	79399	881682
天 津	16655	40471	825432	730605	27304	237323
河 北	181318	122777	970656	592922	52786	591173
山 西	40834	53818	195383	115967	6430	48754
内蒙古	11195	24414	127076	63127	6868	69703
辽 宁	121883	91073	1406874	1007150	181161	257169
吉 林	33780	14063	430516	143081	19948	148291
黑龙江	15178	6364	195615	101263	32191	26889
上 海	199629	204689	1629421	1198244	49160	155509
江 苏	917053	725272	8030918	6524041	392696	1022971
浙 江	687842	957703	5905211	4629796	303870	647776
安 徽	77700	52421	867089	493723	37183	157410
福 建	33700	123334	1593625	599564	56363	212102
江 西	123028	83853	757255	332246	35324	131279
山 东	440986	180477	1613399	1082065	139297	525191
河 南	163895	151178	1082317	576868	120026	295955
湖 北	365452	390597	1859218	1034337	57662	495891
湖 南	309558	99636	1016686	594733	64424	317809
广 东	105411	73870	1460439	924890	31304	226656
广 西	51902	57284	140736	60279	8046	64063
海 南	728	35345	27744	23466	7397	3772
重 庆	69017	52671	632676	473057	24990	220457
四 川	79109	90209	936232	497524	75683	274144
贵 州	15535	1978	50308	35102	923	112998
云 南	52315	47539	163178	124171	9877	224540
西 藏			9040		50	521
陕 西	113246	104477	378130	240157	19980	216099
甘 肃	45338	56116	510950	308618	4767	113685
青 海	1396	2489	7666	3164	207	7820
宁 夏	2206	6259	9734	9734	267	12668
新 疆	91371	62982	299240	244686	41334	342253

2-71 各地区股份制建筑业企业主要生产效益指标

地 区	建筑业企业个数（个）	从事建筑业活动的平均人数（人）	按总产值计算的劳动生产率（元/人）	人均竣工产值（元/人）	人均施工面积（平方米/人）	人均竣工面积（平方米/人）
全国总计	**30094**	**27482660**	**344680**	**191734**	**250.9**	**80.1**
北 京	1066	1135641	529225	244246	406.6	60.2
天 津	565	678635	400135	212417	166.2	29.8
河 北	1339	976796	386594	189662	266.3	89.1
山 西	371	457459	339200	119755	120.1	23.5
内蒙古	469	316054	242962	167148	153.9	71.8
辽 宁	1936	971386	372427	188604	216.5	76.9
吉 林	1107	437362	316251	211099	171.2	89.4
黑龙江	838	424868	241547	111124	84.0	48.5
上 海	563	556144	512350	271024	456.1	84.7
江 苏	2872	4349897	323755	243740	302.6	102.4
浙 江	1294	2965013	338525	205613	325.0	96.6
安 徽	930	703676	332877	151680	240.6	80.7
福 建	1140	1262414	251059	137319	204.7	54.2
江 西	728	695098	306626	157660	206.7	85.5
山 东	2170	1698022	305582	163648	259.0	78.9
河 南	2708	1736940	316348	178951	186.5	77.7
湖 北	1474	1206043	508897	239757	317.6	131.9
湖 南	999	1190411	283763	176840	223.9	77.9
广 东	1918	1056772	401815	193629	236.0	65.2
广 西	286	250012	269238	156235	203.0	75.7
海 南	77	45847	353574	232009	311.7	88.3
重 庆	854	837227	324553	159162	216.2	73.1
四 川	1362	1348209	297598	137782	169.0	61.5
贵 州	314	157936	363265	147585	285.6	65.6
云 南	682	415214	312652	160089	133.0	58.5
西 藏	55	8151	330423	182011	90.9	60.8
陕 西	733	669987	394369	165303	183.5	52.3
甘 肃	610	330246	323897	155881	211.8	74.8
青 海	115	41451	257869	92312	78.4	32.1
宁 夏	101	50435	271847	207529	150.0	53.4
新 疆	418	509314	275091	181466	176.8	75.3

2-72 各地区股份制建筑业企业资产构成

单位：万元

地区	资产合计	#流动资产合计	#存货	#非流动资产合计	#固定资产合计
全国总计	**821774781**	**651648635**	**143262460**	**170126146**	**66108448**
北京	114602694	78329587	12450237	36273107	2740661
天津	37660302	29005670	6482147	8654632	3410854
河北	27098749	21289384	4785803	5809365	3622072
山西	19850782	17056671	2672785	2794111	1117450
内蒙古	7363263	5778323	848763	1584940	820223
辽宁	29478180	24365910	4550103	5112270	2536851
吉林	11457581	10084390	1504481	1373191	1261059
黑龙江	9179583	7275554	1072112	1904029	983754
上海	46185644	37291434	8885871	8894209	1651664
江苏	75356682	63356374	15450281	12000308	6808012
浙江	50509478	41380865	11957002	9128613	3983377
安徽	21522753	17019879	2821032	4502874	1849527
福建	20024245	16276894	4249540	3747350	1573356
江西	12353295	9402209	2120250	2951085	1504624
山东	50817161	41641671	9458943	9175490	4734916
河南	40421139	31884375	7825789	8536764	5327137
湖北	41196433	33602752	8629293	7593681	3852974
湖南	19076921	14769564	3275970	4307357	2129262
广东	51420986	41883228	8089331	9537758	3617780
广西	4626411	3695410	714880	931001	430904
海南	1308786	1067213	135951	241574	57727
重庆	24044112	19194316	5004905	4849797	1904833
四川	37331622	30251840	8089647	7079783	3335110
贵州	8011980	6921359	3013071	1090621	393356
云南	12140618	9456060	1861296	2684557	1813718
西藏	590044	385940	90583	204104	71661
陕西	24478383	20254801	3714082	4223582	1932362
甘肃	9438969	7104578	1338656	2334391	1351764
青海	1111232	789936	91157	321296	184983
宁夏	1421711	1178962	188722	242748	165671
新疆	11695045	9653486	1889778	2041559	940807

2-73 各地区股份制建筑业企业固定资产情况

单位：万元

地区	固定资产合计	固定资产原价	固定资产折旧	#本年折旧	在建工程
全国总计	**66108448**	**90082037**	**37540891**	**5932103**	**7349983**
北 京	2740661	4574190	2225968	406762	294973
天 津	3410854	5424432	2287533	330960	206634
河 北	3622072	4891103	1864291	284603	341036
山 西	1117450	2027146	1070951	148614	68773
内蒙古	820223	1154675	458550	44102	80737
辽 宁	2536851	3680724	1615579	207389	221326
吉 林	1261059	1327073	581870	90931	177438
黑龙江	983754	1398396	539454	57237	60761
上 海	1651664	2805780	1473206	182452	154982
江 苏	6808012	8733816	3480680	508879	697203
浙 江	3983377	5207689	2098764	302664	394073
安 徽	1849527	2307626	840862	142193	255848
福 建	1573356	2255733	827954	162583	67030
江 西	1504624	1812697	599488	114131	197798
山 东	4734916	6215857	2583893	398721	371727
河 南	5327137	7196470	2822220	477149	462281
湖 北	3852974	5585242	2447688	388882	398160
湖 南	2129262	2857148	1129202	193444	241342
广 东	3617780	4883070	2168430	382239	614949
广 西	430904	520665	196554	32777	61694
海 南	57727	57740	25800	4529	20709
重 庆	1904833	2012055	766651	132788	242209
四 川	3335110	3995407	1684329	231435	798209
贵 州	393356	408447	164041	22272	103728
云 南	1813718	2367355	895539	182418	202692
西 藏	71661	95247	36713	4356	3105
陕 西	1932362	2924716	1385289	283925	266588
甘 肃	1351764	1486600	457258	67648	182518
青 海	184983	242865	89619	11481	11231
宁 夏	165671	164433	69705	8567	68081
新 疆	940807	1467640	652811	125975	82152

2-74 各地区股份制建筑业企业负债及所有者权益

单位：万元

地区	负债合计	#流动负债	#应付账款	所有者权益	#实收资本
全国总计	**577622146**	**523178453**	**184634340**	**244152635**	**129633360**
北京	81716778	71846243	27665880	32885916	14978281
天津	29338890	26451205	11593797	8321412	4702792
河北	17844924	16604092	7015610	9253825	5242555
山西	16579870	15903947	7954231	3270912	2009798
内蒙古	4606442	4400167	1419595	2756821	1465343
辽宁	21065209	18225873	6290968	8412971	4267079
吉林	7511581	6245895	2264135	3946000	2725928
黑龙江	6169878	5712246	2138413	3009705	2231995
上海	37065239	35273224	9869918	9120405	4777351
江苏	47480223	44806306	13584302	27876458	10263195
浙江	33195049	31008469	7390309	17314430	7328333
安徽	15626602	13982256	4733705	5896151	3150350
福建	12610631	11521989	2947440	7413614	4948733
江西	6988497	6198971	1509045	5364798	3114707
山东	37543612	34808962	11654332	13273549	7185396
河南	27025499	24487795	8730621	13395640	10164846
湖北	29641517	26285257	12740124	11554916	6978365
湖南	11436384	10289582	3965584	7640537	3942931
广东	35776659	32720793	9290779	15644327	8049629
广西	2993211	2745467	527061	1633199	1047305
海南	765949	671114	254520	542838	357690
重庆	17494181	15692179	5414120	6549931	3387300
四川	27123263	21354374	8065425	10208359	6229907
贵州	4772537	4540646	1731951	3239444	845721
云南	8476062	7366379	1990308	3664556	2083419
西藏	322901	261395	74356	267143	181254
陕西	19015199	17912290	7886338	5463185	4063217
甘肃	6344760	5607079	2106684	3094209	1787617
青海	715923	663859	232007	395309	361838
宁夏	1056547	1036460	445796	365164	228612
新疆	9318130	8553939	3146988	2376915	1531876

2-75 各地区股份制建筑业企业实收资本

单位：万元

地区	合计	国家资本	集体资本	法人资本	个人资本	港澳台资本	外商资本
全国总计	**129633360**	**21188575**	**7246501**	**50707497**	**50377073**	**17317**	**96397**
北京	14978281	5763111	169147	6804217	2238929		2877
天津	4702792	1218197	83197	2575063	825418		918
河北	5242555	747479	256769	1744681	2493627		
山西	2009798	994890	115154	598071	301683		
内蒙古	1465343	128533	138772	420456	777375	207	
辽宁	4267079	756206	286625	1529926	1684673		9650
吉林	2725928	127398	169025	891412	1538093		
黑龙江	2231995	276553	225957	678174	1049690		1622
上海	4777351	1325665	308749	2479129	663808		
江苏	10263195	689981	453373	3033507	6030606	2304	53424
浙江	7328333	265155	345711	2961033	3735944	6020	14470
安徽	3150350	315230	164138	1343502	1326690	437	352
福建	4948733	457598	151159	1388006	2944516	2	7452
江西	3114707	597442	111357	735987	1669431	440	50
山东	7185396	782570	780173	2567238	3054610	128	677
河南	10164846	967199	473568	4140063	4579423	3941	653
湖北	6978365	1320024	1348186	1707882	2601473	300	500
湖南	3942931	460160	238167	1416524	1828080		
广东	8049629	855923	355393	4126161	2708394	2438	1320
广西	1047305	103302	38509	407036	496636	425	1397
海南	357690	62700	7924	176627	110439		
重庆	3387300	458681	112315	1254543	1561111	100	550
四川	6229907	724182	251052	2794790	2459485	175	222
贵州	845721	129794	67439	384830	263659		
云南	2083419	399978	122213	690347	870482	400	
西藏	181254	20210	12699	91838	56507		
陕西	4063217	496710	149894	2393106	1023507		
甘肃	1787617	329898	154047	560162	743276		233
青海	361838	64911	33323	150686	112917		
宁夏	228612	10038	16318	85126	117131		
新疆	1531876	338860	106152	577371	509461		31

2–76 各地区股份制建筑业企业收入情况

单位：万元

地　区	主营业务收入	#主营业务成本	#主营业务税金及附加	其他业务收入	#其他业务成本	#其他业务利润
全国总计	**894466982**	**793962323**	**28519560**	**8590346**	**13325834**	**981683**
北　京	71655297	66069248	1659821	404018	300478	97554
天　津	29977913	26289133	802511	186854	578539	23212
河　北	35704065	31674082	1168316	173494	712709	33285
山　西	16750228	14895059	477809	244003	206355	17803
内蒙古	7336546	6314623	272445	241731	338669	32834
辽　宁	31022792	26761231	965983	155815	942855	27546
吉　林	13097461	10971124	440447	114921	423270	14785
黑龙江	8630008	7638976	296894	33126	43583	3169
上　海	37007129	34017673	929593	213505	444443	55188
江　苏	113016703	99298315	3947485	851272	909509	103040
浙　江	79186804	71959930	2603137	550314	612449	104692
安　徽	21817401	19353741	705524	216000	251249	22020
福　建	29026164	25657331	1053703	76467	239202	31254
江　西	20487532	18214879	725624	428246	400447	13458
山　东	47028298	41538732	1456899	867239	843197	67722
河　南	51148207	44526130	1726675	791265	1125794	63932
湖　北	57711285	50415438	2029725	726786	1140961	29120
湖　南	31253670	27596125	1199873	353357	491665	17981
广　东	46886680	41301898	1463365	307872	477247	83692
广　西	7583211	6811481	252053	69270	111294	10588
海　南	1697610	1520163	55418	2266	1057	841
重　庆	26406562	22347258	834405	264991	995495	23208
四　川	37963327	33994293	1181052	564313	707927	38520
贵　州	5630659	5054022	192081	62272	59346	8642
云　南	11282878	9837136	354675	154526	254370	18486
西　藏	295595	255795	10417	2728	1434	410
陕　西	28185057	25679369	900702	205041	203188	10510
甘　肃	10252612	9061908	332435	93755	139220	10572
青　海	1100081	955770	33406	7182	39878	1407
宁　夏	1378647	1239830	43374	10477	7368	2041
新　疆	13946565	12711631	403712	217243	322638	14169

2—77 各地区股份制建筑业企业费用情况

单位：万元

地 区	管理费用	#税金	销售费用	财务费用	#利息收入	#利息支出
全国总计	**26226952**	**1077085**	**2842196**	**6415585**	**2074590**	**7259556**
北 京	2098061	34759	118953	592309	603298	1140269
天 津	1077997	19035	46993	309337	90504	370364
河 北	915419	35444	85024	201073	39540	165481
山 西	752664	11472	14793	112883	57198	161010
内蒙古	311613	10626	12046	45565	446	37196
辽 宁	1101400	72682	72060	203982	41530	177636
吉 林	445950	32658	42681	70281	6405	44986
黑龙江	320414	16757	38960	38743	14417	40613
上 海	1102503	18436	56448	133313	91148	183136
江 苏	2989597	171544	327039	788442	126831	677641
浙 江	1415839	60139	158821	568954	155127	842732
安 徽	670196	25328	67274	135806	77216	178692
福 建	765165	38313	116798	116215	24434	150198
江 西	498139	25922	133790	105637	7211	86061
山 东	1500342	79220	163087	361762	76455	406030
河 南	1769983	98207	270032	410535	106555	366907
湖 北	1834014	56988	330917	387550	110767	353524
湖 南	957142	45542	137403	148997	60196	147540
广 东	1508821	50908	154803	461937	39250	457138
广 西	222681	7273	17203	46652	1837	40913
海 南	39296	1529	1011	2597	804	3196
重 庆	734960	33627	63317	288619	63460	267000
四 川	1064815	49680	192018	349067	77070	365970
贵 州	183888	4107	12285	49392	8667	53772
云 南	367288	14201	58055	161882	21820	141558
西 藏	21547	232	1986	3100	72	2933
陕 西	829650	28230	68825	131079	129463	225143
甘 肃	302867	20244	56081	99159	7284	51314
青 海	31047	865	11922	11112	179	9231
宁 夏	44946	2079	1062	7975	270	7917
新 疆	348706	11039	10510	71632	35138	103457

2-78 各地区股份制建筑业企业利润及税金情况

单位：万元

地区	利润总额	#应交所得税	税金总额	主营业务税金及附加	管理费用中的税金
全国总计	**33988611**	**7281333**	**29596645**	**28519560**	**1077085**
北京	3127535	404007	1694579	1659821	34759
天津	1068569	235826	821546	802511	19035
河北	1079958	277997	1203760	1168316	35444
山西	559696	60553	489282	477809	11472
内蒙古	273555	69134	283071	272445	10626
辽宁	1030551	295709	1038665	965983	72682
吉林	599895	165404	473105	440447	32658
黑龙江	291128	76543	313651	296894	16757
上海	1132925	162041	948029	929593	18436
江苏	5558890	1237936	4119029	3947485	171544
浙江	2457752	514107	2663275	2603137	60139
安徽	864298	158314	730852	705524	25328
福建	1118274	347225	1092016	1053703	38313
江西	762393	170403	751546	725624	25922
山东	2039355	436318	1536119	1456899	79220
河南	2054507	448310	1824882	1726675	98207
湖北	2197834	528970	2086714	2029725	56988
湖南	1171045	216296	1245415	1199873	45542
广东	1994808	474373	1514273	1463365	50908
广西	207180	64540	259326	252053	7273
海南	78342	40943	56947	55418	1529
重庆	1328925	255940	868033	834405	33627
四川	1030953	240784	1230732	1181052	49680
贵州	141859	33816	196188	192081	4107
云南	435331	81128	368876	354675	14201
西藏	6763	1433	10649	10417	232
陕西	601131	104209	928932	900702	28230
甘肃	398507	71651	352678	332435	20244
青海	20569	5589	34272	33406	865
宁夏	42629	13022	45453	43374	2079
新疆	313456	88811	414751	403712	11039

2-79 各地区股份制建筑业企业应收工程款及企业亏损情况

地　　区	应收工程款（万元）	企业个数（个）	#亏损企业个数	亏损企业的比重(%)
全国总计	**177275067**	**30094**	**3701**	**12.3**
北　京	14620238	1066	197	18.5
天　津	9377357	565	96	17.0
河　北	7709879	1339	158	11.8
山　西	6057072	371	65	17.5
内蒙古	1979358	469	74	15.8
辽　宁	7605494	1936	312	16.1
吉　林	4135275	1107	179	16.2
黑龙江	2230574	838	173	20.6
上　海	6313849	563	83	14.7
江　苏	21380538	2872	84	2.9
浙　江	9456392	1294	126	9.7
安　徽	4223129	930	109	11.7
福　建	2973454	1140	146	12.8
江　西	2123750	728	55	7.6
山　东	14396140	2170	245	11.3
河　南	7709414	2708	216	8.0
湖　北	10174293	1474	129	8.8
湖　南	4329288	999	85	8.5
广　东	9714245	1918	301	15.7
广　西	854967	286	58	20.3
海　南	240429	77	14	18.2
重　庆	5637525	854	106	12.4
四　川	6507592	1362	172	12.6
贵　州	1740486	314	65	20.7
云　南	2353234	682	107	15.7
西　藏	102292	55	11	20.0
陕　西	6420522	733	98	13.4
甘　肃	2780905	610	99	16.2
青　海	286879	115	33	28.7
宁　夏	471176	101	18	17.8
新　疆	3369324	418	87	20.8

2-80 各地区股份制建筑业企业主要经济效益指标

地　区	产值利润率(%)	产值利税率(%)	资本利润率(%)	资本利税率(%)	人均利润(元/人)	人均利税(元/人)	资产负债率(%)
全国总计	**3.6**	**6.7**	**26.2**	**49.1**	**12367**	**23136**	**70.3**
北　京	5.2	8.0	20.9	32.2	27540	42462	71.3
天　津	3.9	7.0	22.7	40.2	15746	27852	77.9
河　北	2.9	6.0	20.6	43.6	11056	23380	65.9
山　西	3.6	6.8	27.8	52.2	12235	22931	83.5
内蒙古	3.6	7.2	18.7	38.0	8655	17612	62.6
辽　宁	2.8	5.7	24.2	48.5	10609	21302	71.5
吉　林	4.3	7.8	22.0	39.4	13716	24533	65.6
黑龙江	2.8	5.9	13.0	27.1	6852	14235	67.2
上　海	4.0	7.3	23.7	43.6	20371	37418	80.3
江　苏	3.9	6.9	54.2	94.3	12779	22249	63.0
浙　江	2.4	5.1	33.5	69.9	8289	17272	65.7
安　徽	3.7	6.8	27.4	50.6	12283	22669	72.6
福　建	3.5	7.0	22.6	44.7	8858	17508	63.0
江　西	3.6	7.1	24.5	48.6	10968	21780	56.6
山　东	3.9	6.9	28.4	49.8	12010	21057	73.9
河　南	3.7	7.1	20.2	38.2	11828	22335	66.9
湖　北	3.6	7.0	31.5	61.4	18224	35526	72.0
湖　南	3.5	7.2	29.7	61.3	9837	20299	59.9
广　东	4.7	8.3	24.8	43.6	18876	33206	69.6
广　西	3.1	6.9	19.8	44.5	8287	18659	64.7
海　南	4.8	8.3	21.9	37.8	17088	29509	58.5
重　庆	4.9	8.1	39.2	64.9	15873	26241	72.8
四　川	2.6	5.6	16.5	36.3	7647	16775	72.7
贵　州	2.5	5.9	16.8	40.0	8982	21404	59.6
云　南	3.4	6.2	20.9	38.6	10484	19368	69.8
西　藏	2.5	6.5	3.7	9.6	8297	21361	54.7
陕　西	2.3	5.8	14.8	37.7	8972	22837	77.7
甘　肃	3.7	7.0	22.3	42.0	12067	22746	67.2
青　海	1.9	5.1	5.7	15.2	4962	13230	64.4
宁　夏	3.1	6.4	18.6	38.5	8452	17464	74.3
新　疆	2.2	5.2	20.5	47.5	6154	14298	79.7

2-81 各地区外商投资建筑业企业签订合同情况

单位：万元

地 区	签订合同额	上年结转合同额	本年新签合同额
全国总计	**11128221**	**5292141**	**5836079**
北 京	1615100	928251	686849
天 津	91598	19348	72250
河 北	6006	531	5475
山 西	63964	17352	46612
内蒙古			
辽 宁	389660	148660	241000
吉 林	43492	43492	
黑龙江	141188	47259	93929
上 海	2847299	1333713	1513586
江 苏	796278	297248	499030
浙 江	1369463	501112	868351
安 徽	47911	10180	37731
福 建	40937	11896	29041
江 西	1200	262	938
山 东	68285	6402	61884
河 南	18509	304	18205
湖 北	592005	178537	413469
湖 南	425626	220322	205304
广 东	1001525	707457	294068
广 西			
海 南			
重 庆	4634	390	4244
四 川	3402		3402
贵 州			
云 南	19827	4760	15068
西 藏			
陕 西	1399708	814461	585247
甘 肃	153		153
青 海	260	100	160
宁 夏	139518		139518
新 疆	674	108	566

2-82 各地区外商投资建筑业企业承包工程完成情况

单位：万元

地区	直接从建设单位承揽工程完成的产值	自行完成施工产值	分包出去工程的产值	从建设单位以外承揽工程完成的产值
全国总计	**6786063**	**6011952**	**774111**	**420080**
北 京	581854	316824	265030	77955
天 津	56781	56701	80	11000
河 北	5671	5671		
山 西	42696	42696		
内蒙古				
辽 宁	277405	274807	2599	2151
吉 林	14112	14112		
黑龙江	129537	129537		
上 海	1464643	993154	471489	242480
江 苏	501370	469558	31811	66287
浙 江	708740	708740		9798
安 徽	42844	42804	40	100
福 建	25215	25215		3426
江 西	850	850		
山 东	50523	50502	22	6884
河 南	20871	20871		
湖 北	451843	451843		
湖 南	212345	212345		
广 东	1587914	1586159	1755	
广 西				
海 南				
重 庆	2223	937	1286	
四 川	3402	3402		
贵 州				
云 南	10011	10011		
西 藏				
陕 西	455181	455181		
甘 肃	153	153		
青 海	237	237		
宁 夏	139518	139518		
新 疆	124	124		

2-83 各地区外商投资建筑业总产值和竣工产值

单位：万元

地区	建筑业总产值	#装饰装修产值	#在外省完成的产值	按构成分组			竣工产值
				建筑工程产值	安装工程产值	其他产值	
全国总计	**6432032**	**849475**	**2869631**	**5582497**	**745483**	**104052**	**2907054**
北京	394778	49782	198450	386705	7633	441	191629
天津	67701	763	32634	11174	54234	2294	16750
河北	5671	5671	2630			5671	
山西	42696		3224	37816		4880	25694
内蒙古							
辽宁	276957	81867	92771	156652	116275	4031	148173
吉林	14112	2747		12512	1600		11365
黑龙江	129537	1192		127999	1538		5990
上海	1235633	447651	845409	973644	201804	60185	747113
江苏	535845	20895	351630	398388	135072	2385	457447
浙江	718538	54076	546109	687005	31339	195	448704
安徽	42904	987	16007	28255	8827	5823	28406
福建	28641	2689	6473	19532	2392	6718	7057
江西	850				850		
山东	57386	2392	8896	36693	10303	10390	18792
河南	20871	5423	418	7551	13316	5	20324
湖北	451843	2590	72472	451843			153222
湖南	212345	85162	141657	139377	72968		152586
广东	1586159	84362	70709	1510625	75258	276	323100
广西							
海南							
重庆	937	177	760	177		760	1931
四川	3402	528		828	2574		3062
贵州							
云南	10011	132	1067	2758	7253		3671
西藏							
陕西	455181		338799	453199	1982		2133
甘肃	153	153		123	30		153
青海	237	237			237		237
宁夏	139518		139518	139518			139518
新疆	124			124			

2-84 各地区外商投资建筑业企业房屋建筑面积

地 区	房屋建筑施工面积（万平方米）	#本年新开工	#实行投标承包面积	#本年新开工	房屋建筑竣工面积（万平方米）	房屋建筑面积竣工率（%）
全国总计	**1622.6**	**870.7**	**1250.5**	**687.6**	**656.6**	**40.5**
北 京	83.7	22.1	77.1	21.8	17.1	20.5
天 津						
河 北						
山 西	29.7	18.9	29.7	18.9	4.0	13.6
内蒙古						
辽 宁	22.8	9.0	19.6	6.7	22.1	96.7
吉 林	12.0	6.9	12.0	6.9	4.7	
黑龙江	2.1	2.1	2.1		2.1	100.0
上 海	140.4	76.8	105.7	75.7	51.5	36.7
江 苏	194.9	72.2	138.2	39.1	50.3	25.8
浙 江	590.0	316.4	590.0	316.4	179.8	30.5
安 徽	18.0	11.2	11.2	11.2	16.1	89.4
福 建	4.3	2.3	2.3	2.3	1.6	37.3
江 西						
山 东	15.8	14.8	3.6	3.6	3.6	23.0
河 南						
湖 北	220.1	184.9	220.1	184.9	80.2	36.4
湖 南	38.8		38.8		32.6	83.8
广 东	237.6	130.0			189.2	79.6
广 西						
海 南						
重 庆						
四 川						
贵 州						
云 南	12.5	3.0			1.6	
西 藏						
陕 西						
甘 肃						
青 海						
宁 夏						
新 疆						

2-85 各地区按主要用途分的外商投资建筑业企业房屋建筑竣工面积

单位：万平方米

地区	总计	住宅房屋	商业及服务用房屋	商厦房屋(批发和零售用房)	宾馆用房屋(住宿用房)	餐饮用房屋(餐饮用房)
全国总计	**656.6**	**408.1**	**24.8**	**23.1**	**1.0**	**0.1**
北京	17.1					
天津						
河北						
山西	4.0	4.0				
内蒙古						
辽宁	22.1	3.2				
吉林	4.7	1.5				
黑龙江	2.1					
上海	51.5					
江苏	50.3	20.0	0.1			0.1
浙江	179.8	92.4	13.1	13.1		
安徽	16.1	12.8				
福建	1.6					
江西						
山东	3.6					
河南						
湖北	80.2	52.3	10.0	10.0		
湖南	32.6	32.6				
广东	189.2	189.2				
广西						
海南						
重庆						
四川						
贵州						
云南	1.6		1.6		1.0	
西藏						
陕西						
甘肃						
青海						
宁夏						
新疆						

2-85 续表 1

单位：万平方米

地　区	商务会展用房屋	其他商业及服务用房屋(居民服务业用房)	办公用房屋	科研、教育和医疗用房屋	科学研究用房屋	教育用房屋
全国总计		**0.6**	**26.6**	**11.0**	**3.9**	**4.3**
北　京			9.5			
天　津						
河　北						
山　西						
内蒙古						
辽　宁						
吉　林			3.2			
黑龙江			2.1			
上　海						
江　苏			0.6	0.6	0.6	
浙　江			7.5	9.5	3.3	3.7
安　徽				0.9		0.6
福　建						
江　西						
山　东						
河　南						
湖　北			3.7			
湖　南						
广　东						
广　西						
海　南						
重　庆						
四　川						
贵　州						
云　南		0.6				
西　藏						
陕　西						
甘　肃						
青　海						
宁　夏						
新　疆						

2–85 续表 2

单位：万平方米

地区	医疗用房屋（卫生医疗用房）	文化、体育和娱乐用房屋	厂房及建筑物	#厂房	仓库	其他未列明的房屋建筑物
全国总计	**2.8**	**13.4**	**165.5**	**153.3**	**1.5**	**5.7**
北京			7.6	5.7	0.1	
天津						
河北						
山西						
内蒙古						
辽宁			18.8	18.8		
吉林						
黑龙江						
上海			51.5	51.5		
江苏			22.6	20.6	0.7	5.7
浙江	2.5	7.5	49.7	49.7		
安徽	0.3		1.7	1.7	0.7	
福建			1.6	1.6		
江西						
山东			3.6	3.6		
河南						
湖北		5.9	8.4			
湖南						
广东						
广西						
海南						
重庆						
四川						
贵州						
云南						
西藏						
陕西						
甘肃						
青海						
宁夏						
新疆						

2-86 各地区按主要用途分的外商投资建筑业企业房屋建筑竣工价值

单位：万元

地　区	总计	住宅房屋	商业及服务用房屋	商厦房屋(批发和零售用房)	宾馆用房屋(住宿用房)	餐饮用房屋(餐饮用房)
全国总计	**1468970**	**752537**	**50253**	**47849**	**1520**	**36**
北　京	38956					
天　津						
河　北						
山　西	5665	5665				
内蒙古						
辽　宁	42314	4680				
吉　林	11365	3509				
黑龙江	3963					
上　海	210488					
江　苏	201281	42528	36			36
浙　江	432554	238764	28916	28916		
安　徽	16201	12947				
福　建	3015					
江　西						
山　东	3366					
河　南						
湖　北	152315	99325	18933	18933		
湖　南	23407	23407				
广　东	321711	321711				
广　西						
海　南						
重　庆						
四　川						
贵　州						
云　南	2369		2369		1520	
西　藏						
陕　西						
甘　肃						
青　海						
宁　夏						
新　疆						

2-86 续表 1

单位：万元

地　区	商务会展用房屋	其他商业及服务用房屋(居民服务业用房)	办公用房　屋	科研、教育和医疗用房屋	科学研究用房屋	教育用房　屋
全国总计		**849**	**55792**	**24271**	**8467**	**9396**
北　京			18868			
天　津						
河　北						
山　西						
内蒙古						
辽　宁						
吉　林			7856			
黑龙江			3963			
上　海						
江　苏			765	546	546	
浙　江			17288	22834	7921	8744
安　徽				891		652
福　建						
江　西						
山　东						
河　南						
湖　北			7052			
湖　南						
广　东						
广　西						
海　南						
重　庆						
四　川						
贵　州						
云　南		849				
西　藏						
陕　西						
甘　肃						
青　海						
宁　夏						
新　疆						

2-86 续表 2

单位：万元

地 区	医疗用房屋(卫生医疗用房)	文化、体育和娱乐用房屋	厂房及建筑物	#厂房	仓 库	其他未列明的房屋建筑物
全国总计	**6409**	**28440**	**522398**	**450003**	**1653**	**33627**
北 京			19953	15120	136	
天 津						
河 北						
山 西						
内蒙古						
辽 宁			37634	37634		
吉 林						
黑龙江						
上 海			210488	210488		
江 苏			122923	71232	857	33627
浙 江	6169	17305	107446	107446		
安 徽	240		1703	1703	660	
福 建			3015	3015		
江 西						
山 东			3366	3366		
河 南						
湖 北		11134	15871			
湖 南						
广 东						
广 西						
海 南						
重 庆						
四 川						
贵 州						
云 南						
西 藏						
陕 西						
甘 肃						
青 海						
宁 夏						
新 疆						

2-87 各地区外商投资建筑业企业主要生产效益指标

地　区	建筑业企业个数（个）	从事建筑业活动的平均人数（人）	按总产值计算的劳动生产率（元/人）	人均竣工产　值（元/人）	人均施工面　积（平方米/人）	人均竣工面积（平方米/人）
全国总计	**261**	**119423**	**538592**	**243425**	**135.9**	**55.0**
北　京	36	7399	533556	258993	113.1	23.1
天　津	9	735	921105	227884		
河　北	1	819	69244			
山　西	4	2331	183165	110229	127.3	17.4
内蒙古						
辽　宁	33	8704	318196	170236	26.2	25.4
吉　林	2	483				
黑龙江	4	4468	289921	13406	4.7	4.7
上　海	51	23815	518847	313715	58.9	21.6
江　苏	51	15510	345483	294937	125.7	32.4
浙　江	7	16984	423068	264192	347.4	105.9
安　徽	5	897	478310	316674	200.8	179.5
福　建	6	1666	171917	42357	25.5	9.5
江　西	1	29	293103			
山　东	15	1322	434085	142148	119.5	27.4
河　南	8	828	252069	245458		
湖　北	4	7112	635325	215441	309.5	112.7
湖　南	3	8037	264209	189855	48.3	40.5
广　东	8	6019	2635253	536800	394.8	314.4
广　西						
海　南						
重　庆	2	93	100753	207581		
四　川	3	148	229838	206892		
贵　州						
云　南	2	362	276558	101414	344.0	
西　藏						
陕　西	2	10332	440555	2064		
甘　肃	1	13	117692	117692		
青　海	1	25	94640	94640		
宁　夏	1	1287	1084056	1084056		
新　疆	1	5	247800			

2-88 各地区外商投资建筑业企业资产构成

单位：万元

地区	资产合计	#流动资产合计	#存货	#非流动资产合计	#固定资产合计
全国总计	**8259181**	**7299538**	**1288333**	**959643**	**392791**
北京	992742	872115	149078	120628	48136
天津	94842	75579	17258	19263	13263
河北	6250	6237	3443	13	13
山西	22299	17595	308	4704	4194
内蒙古					
辽宁	412538	326912	43850	85626	64683
吉林	4746	4694	2620	51	51
黑龙江	103060	58353	11902	44707	1294
上海	1541363	1516416	178089	24948	13390
江苏	880175	608761	96289	271414	64253
浙江	84925	72968	16691	11957	6473
安徽	78602	32247	6907	46355	34878
福建	44523	39805	5582	4719	4350
江西	732	627		105	105
山东	96309	43525	7274	52784	35007
河南	72695	47476	3732	25219	14795
湖北	129626	85236	15356	44390	10819
湖南	171900	120456	31614	51444	1679
广东	2925287	2877356	597331	47931	21256
广西					
海南					
重庆	7619	4931	1500	2687	1344
四川	16898	15111	1003	1786	173
贵州					
云南	17515	13710	664	3804	2384
西藏					
陕西	362302	301420	95635	60882	21547
甘肃	1574	1304	22	270	
青海	368	266	13	102	13
宁夏	189925	156137	2169	33788	28636
新疆	366	300	4	65	56

2-89　各地区外商投资建筑业企业固定资产情况

单位：万元

地　区	固定资产合计	固定资产原价	固定资产折旧		在建工程
				#本年折旧	
全国总计	**392791**	**588173**	**257150**	**40659**	**22359**
北　京	48136	73763	30680	5170	6029
天　津	13263	19928	6726	1232	61
河　北	13	48	35	4	
山　西	4194	8582	4388	629	
内蒙古					
辽　宁	64683	82340	35599	6888	2299
吉　林	51	51			
黑龙江	1294	3491	2209	153	
上　海	13390	35934	23046	3559	
江　苏	64253	82281	29490	4923	7893
浙　江	6473	13595	7122	803	
安　徽	34878	39028	9019	1878	2341
福　建	4350	8797	4447	640	
江　西	105	188	83	9	
山　东	35007	50521	21037	3012	1225
河　南	14795	3094	2461	222	1959
湖　北	10819	14566	3821	225	74
湖　南	1679	1679	590	123	
广　东	21256	45263	25046	4242	
广　西					
海　南					
重　庆	1344	2011	667	58	
四　川	173	400	228	30	
贵　州					
云　南	2384	4221	2317	30	479
西　藏					
陕　西	21547	59783	38236	4367	
甘　肃		64	64		
青　海	13	121	108		
宁　夏	28636	38321	9685	2464	
新　疆	56	104	48		

2-90 各地区外商投资建筑业企业负债及所有者权益

单位：万元

地区	负债合计	#流动负债	#应付账款	所有者权益	#实收资本
全国总计	**6033226**	**5867601**	**1553342**	**2225955**	**856603**
北京	708976	687256	320491	283766	143600
天津	55001	54568	34848	39841	26292
河北	4625	4625	582	1625	1600
山西	16480	16480	11531	5820	8914
内蒙古					
辽宁	284086	277891	117157	128452	68323
吉林	4085	4085	2052	661	600
黑龙江	89878	83779	21758	13182	12173
上海	1254573	1252882	304084	286791	122852
江苏	469441	442224	121033	410734	187231
浙江	44656	44699	10944	40269	21368
安徽	51583	50192	20783	27020	12562
福建	33975	33119	10875	10549	13864
江西	224	224		508	505
山东	65177	64987	14536	31132	19480
河南	51910	26578	3210	20786	12943
湖北	54043	54034	20210	75583	11924
湖南	88184	41385	28693	83716	22760
广东	2259584	2252858	298024	665704	110682
广西					
海南					
重庆	3357	3357	751	4262	2090
四川	9977	9977	336	6920	2652
贵州					
云南	10602	10602	2992	6912	3539
西藏					
陕西	317482	313843	155779	44821	34600
甘肃	169	169	44	1405	500
青海	22	22		346	300
宁夏	154946	137574	52554	34979	15000
新疆	192	192	76	173	250

2-91 各地区外商投资建筑业企业实收资本

单位：万元

地 区	合计	国家资本	集体资本	法人资本	个人资本	港澳台资本	外商资本
全国总计	**856603**	**48539**	**6695**	**250900**	**48453**	**13946**	**488071**
北 京	143600	17353	375	26907	9567	1452	87946
天 津	26292			2646	6800		16846
河 北	1600			1200			400
山 西	8914	4814	2000	1700			400
内蒙古							
辽 宁	68323	2916	143	33570	1529	2134	28032
吉 林	600						600
黑龙江	12173	639		740		87	10708
上 海	122852	3273	1418	18259	5571	297	94033
江 苏	187231			60755	10896	5741	109840
浙 江	21368			11426	2500	869	6573
安 徽	12562	8548		2302	600		1112
福 建	13864			7577	1000		5287
江 西	505		505				
山 东	19480	249	2254	6182	3627		7170
河 南	12943			6599	100	3000	3245
湖 北	11924			1289	3092		7543
湖 南	22760	8117		14191			452
广 东	110682	2330		13700		367	94284
广 西							
海 南							
重 庆	2090				1280		810
四 川	2652			1685	392		575
贵 州							
云 南	3539			2965			573
西 藏							
陕 西	34600			27682	1500		5418
甘 肃	500			370			130
青 海	300	300					
宁 夏	15000			9000			6000
新 疆	250			156			94

2-92 各地区外商投资建筑业企业收入情况

单位：万元

地　区	主营业务收入	#主营业务成本	#主营业务税金及附加	其他业务收入	#其他业务成本	#其他业务利润
全国总计	**6880352**	**5987150**	**153148**	**35977**	**30375**	**9091**
北　京	1101710	973637	21489	8082	4299	3581
天　津	66217	54372	998	3293	1581	1243
河　北	5671	5095	191			
山　西	41950	39191	1390	14		14
内蒙古						
辽　宁	240868	201364	5630	5778	4862	985
吉　林	9510	8496	320			
黑龙江	59362	53176	2012			
上　海	1462179	1293764	24278	8802	5969	2108
江　苏	624623	523996	14696	4367	3051	578
浙　江	370241	345649	12542	30	105	-75
安　徽	66741	44871	1410	389	2551	-396
福　建	27339	25381	371	953	207	738
江　西	1183	1095	4			
山　东	66552	44771	1107	2931	6688	57
河　南	25232	18809	784	161	4	141
湖　北	301058	268873	200			
湖　南	198410	149454	7251	266		266
广　东	1595308	1367340	40758	216	183	33
广　西						
海　南						
重　庆	3758	2780	58	673	452	221
四　川	4145	2417	140			
贵　州						
云　南	14399	12657	287	22	19	3
西　藏						
陕　西	457071	429439	15281			
甘　肃	147	98	5			
青　海	258	239	9			
宁　夏	136265	120066	1933		405	-405
新　疆	157	122	5			

2–93 各地区外商投资建筑业企业费用情况

单位：万元

地区	管理费用	#税金	销售费用	财务费用	#利息收入	#利息支出
全国总计	**260195**	**5537**	**44716**	**28084**	**-865**	**34141**
北京	51906	367	17658	1852	3588	5336
天津	6588	144	3004	216	-42	348
河北	264	2		55	23	77
山西	1202	57	6	178	1	141
内蒙古						
辽宁	16050	301	4820	3499	-237	2844
吉林	203	11		237	1	238
黑龙江	1563	38	71	2255	2	2260
上海	71290	387	6178	-3382	117	1160
江苏	32567	850	3320	4336	-719	5781
浙江	5044	201	212	1099	108	1143
安徽	3962	63	4922	85	-46	125
福建	3112	68	16	445	20	429
江西	82		1			
山东	5908	163	926	637	22	653
河南	2476	28	192	-2		7
湖北	4439	414		1335	30	1365
湖南	14981	1013	20	591	34	153
广东	25605	783	2998	8038	-3782	10494
广西						
海南						
重庆	828	79	19	149	11	163
四川	437	5	275	-5	-9	3
贵州						
云南	1055	20	82	167	12	179
西藏						
陕西	4603	229		4786	3	6
甘肃	61	1				
青海	9					
宁夏	5933	316		1512		1236
新疆	27					

2−94 各地区外商投资建筑业企业利润及税金情况

单位：万元

地 区	利润总额	#应交所得税	税金总额	主营业务税金及附加	管理费用中的税金
全国总计	**394669**	**112876**	**158685**	**153148**	**5537**
北 京	34657	9897	21856	21489	367
天 津	2543	868	1142	998	144
河 北	64	19	192	191	2
山 西	-7	34	1447	1390	57
内蒙古					
辽 宁	10848	3412	5931	5630	301
吉 林	300	239	330	320	11
黑龙江	231	64	2050	2012	38
上 海	75976	28354	24665	24278	387
江 苏	43280	9337	15546	14696	850
浙 江	5405	1454	12743	12542	201
安 徽	9401	3745	1473	1410	63
福 建	-1830	91	439	371	68
江 西			5	4	
山 东	9271	3359	1270	1107	163
河 南	3121	2177	812	784	28
湖 北	16072	4047	614	200	414
湖 南	27144	6341	8264	7251	1013
广 东	147162	37130	41540	40758	783
广 西					
海 南					
重 庆	146	10	136	58	79
四 川	881	143	144	140	5
贵 州					
云 南	131	54	307	287	20
西 藏					
陕 西	3499	956	15510	15281	229
甘 肃	-18		6	5	1
青 海	1		9	9	
宁 夏	6390	1149	2248	1933	316
新 疆	3		5	5	

2-95 各地区外商投资建筑业企业应收工程款及企业亏损情况

地　区	应收工程款（万元）	企业个数（个）	#亏损企业个数	亏损企业的比重(%)
全国总计	**1416891**	**261**	**68**	**26.1**
北　京	210511	36	10	27.8
天　津	32988	9	3	33.3
河　北	69	1		
山　西	13829	4	2	50.0
内蒙古				
辽　宁	164719	33	10	30.3
吉　林		2		
黑龙江	35166	4	2	50.0
上　海	164489	51	9	17.6
江　苏	143686	51	12	23.5
浙　江	15547	7	3	42.9
安　徽	11327	5	1	
福　建	15470	6	2	
江　西		1		
山　东	23854	15	5	33.3
河　南	2011	8	4	50.0
湖　北	34797	4	2	50.0
湖　南	49923	3		
广　东	350704	8		
广　西				
海　南				
重　庆	893	2	1	50.0
四　川	1030	3		
贵　州				
云　南	8306	2	1	
西　藏				
陕　西	81034	2		
甘　肃	89	1	1	
青　海	95	1		
宁　夏	56342	1		
新　疆	14	1		

2-96 各地区外商投资建筑业企业主要经济效益指标

地 区	产值利润率 (%)	产值利税率 (%)	资本利润率 (%)	资本利税率 (%)	人均利润 (元/人)	人均利税 (元/人)	资产负债率 (%)
全国总计	**6.1**	**8.6**	**46.1**	**64.6**	**33048**	**46336**	**73.0**
北 京	8.8	14.3	24.1	39.4	46840	76379	71.4
天 津	3.8	5.4	9.7	14.0	34595	50127	58.0
河 北	1.1	4.5	4.0	16.0	778	3125	74.0
山 西		3.4	-0.1	16.2	-28	6178	73.9
内蒙古							
辽 宁	3.9	6.1	15.9	24.6	12463	19278	68.9
吉 林	2.1	4.5	49.9	105.0	6203	13039	86.1
黑龙江	0.2	1.8	1.9	18.7	517	5105	87.2
上 海	6.1	8.1	61.8	81.9	31903	42260	81.4
江 苏	8.1	11.0	23.1	31.4	27904	37927	53.3
浙 江	0.8	2.5	25.3	84.9	3182	10685	52.6
安 徽	21.9	25.3	74.8	86.6	104802	121227	65.6
福 建	-6.4	-4.9	-13.2	-10.0	-10987	-8355	76.3
江 西		0.6		0.9		1621	30.6
山 东	16.2	18.4	47.6	54.1	70126	79734	67.7
河 南	15.0	18.8	24.1	30.4	37698	47507	71.4
湖 北	3.6	3.7	134.8	139.9	22599	23462	41.7
湖 南	12.8	16.7	119.3	155.6	33773	44055	51.3
广 东	9.3	11.9	133.0	170.5	244496	313511	77.2
广 西							
海 南							
重 庆	15.5	30.1	7.0	13.5	15645	30312	44.1
四 川	25.9	30.1	33.2	38.6	59493	69236	59.0
贵 州							
云 南	1.3	4.4	3.7	12.4	3616	12099	60.5
西 藏							
陕 西	0.8	4.2	10.1	54.9	3387	18399	87.6
甘 肃	-11.5	-7.9	-3.5	-2.4	-13538	-9308	10.7
青 海	0.4	4.0	0.3	3.2	360	3800	6.0
宁 夏	4.6	6.2	42.6	57.6	49647	67116	81.6
新 疆	2.6	6.8	1.3	3.4	6400	16800	52.6

2-97 各地区港澳台商投资建筑业企业签订合同情况

单位：万元

地 区	签订合同额	上年结转合同额	本年新签合同额
全国总计	**13705725**	**5892356**	**7813369**
北 京	1497923	696622	801301
天 津	55302	14602	40700
河 北	25038		25038
山 西	109793	49878	59915
内蒙古			
辽 宁	276012	83968	192044
吉 林	325080	189475	135605
黑龙江	1374		1374
上 海	1089604	367850	721754
江 苏	655750	211637	444113
浙 江	1292465	497799	794666
安 徽	23987	2681	21306
福 建	1247307	151038	1096270
江 西	2097754	1187622	910132
山 东	1341163	966102	375061
河 南	59687	58644	1042
湖 北	85927	8426	77502
湖 南	291429	72834	218595
广 东	2940279	1285579	1654700
广 西	16636	12568	4068
海 南	2271	570	1702
重 庆	154995	289	154706
四 川	39793	15270	24523
贵 州			
云 南	26493	26	26467
西 藏			
陕 西	524	136	388
甘 肃	10004	9466	538
青 海			
宁 夏	39108	9274	29834
新 疆	27		27

2-98 各地区港澳台商投资建筑业企业承包工程完成情况

单位：万元

地区	直接从建设单位承揽工程完成的产值	自行完成施工产值	分包出去工程的产值	从建设单位以外承揽工程完成的产值
全国总计	**7244488**	**6269456**	**975032**	**347293**
北京	805595	613617	191978	39477
天津	46918	46918		
河北	27826	27826		
山西	60635	60635		
内蒙古				
辽宁	209119	208898	220	110
吉林	183224	183224		
黑龙江	1374	1374		
上海	832443	738028	94415	166471
江苏	462443	459458	2985	12049
浙江	729221	725880	3341	34293
安徽	19529	19529		
福建	851625	763437	88188	498
江西	736222	736222		
山东	446742	446742		
河南	7799	7799		
湖北	78771	78611	160	60
湖南	218162	216349	1813	
广东	1417642	825711	591931	10801
广西	6830	6830		
海南	831	831		
重庆	9187	9187		74863
四川	27892	27892		8671
贵州				
云南	22901	22901		
西藏				
陕西	510	510		
甘肃	5893	5893		
青海				
宁夏	35129	35129		
新疆	27	27		

2−99　各地区港澳台商投资建筑业总产值和竣工产值

单位：万元

地　区	建筑业总产值	#装饰装修产值	#在外省完成的产值	按构成分组			竣工产值
				建筑工程产值	安装工程产值	其他产值	
全国总计	**6616748**	**1835070**	**3248614**	**5545539**	**890052**	**181158**	**3508304**
北　京	653094	403873	397595	632271	16927	3896	487169
天　津	46918	40871	56	41465	5176	276	37790
河　北	27826	23468		23468		4358	27826
山　西	60635	20912	4382	50495	10140		63676
内蒙古							
辽　宁	209009	103418	20886	78514	78427	52068	117913
吉　林	183224	13002	156885	143315	31213	8696	134792
黑龙江	1374	1374		1374			1200
上　海	904498	405848	454329	663694	240616	188	240169
江　苏	471507	75437	149963	403681	67660	166	412461
浙　江	760173	56978	515331	680703	66822	12648	574590
安　徽	19529	1386	1202	16165	792	2571	4449
福　建	763934	169763	454506	750629	12744	562	225216
江　西	736222	7850	283748	732261	3961		416900
山　东	446742	15924	236596	425825	9936	10981	55540
河　南	7799	1	1	7241	558		485
湖　北	78671	65081	26705	73484	4288	899	12406
湖　南	216349	42425	99125	178737	37612		160202
广　东	836513	374975	363126	541103	287638	7772	440093
广　西	6830	212		5476	140	1214	2566
海　南	831			275	556		1678
重　庆	84049	3014	74863	3014	6173	74863	3014
四　川	36563	8424	9316	27892	8671		24362
贵　州							
云　南	22901			22901			25558
西　藏							
陕　西	510	510		510			412
甘　肃	5893	298		5893			4081
青　海							
宁　夏	35129			35129			33729
新　疆	27	27		27			27

2-100 各地区港澳台商投资建筑业企业房屋建筑面积

地区	房屋建筑施工面积(万平方米)	#本年新开工	#实行投标承包面积	#本年新开工	房屋建筑竣工面积(万平方米)	房屋建筑面积竣工率(%)
全国总计	**3760.3**	**1621.3**	**3494.7**	**1503.5**	**814.0**	**21.6**
北京	154.6	25.5	89.1		13.7	8.9
天津						
河北						
山西	53.3	25.6	53.3	25.6	26.7	50.0
内蒙古						
辽宁						
吉林	17.6		17.6			
黑龙江						
上海	8.8		8.8			
江苏	181.7	105.1	162.9	98.8	75.9	41.8
浙江	606.3	348.8	533.5	310.1	357.0	58.9
安徽	8.6	6.4	7.6		1.7	19.5
福建	1024.2	432.9	983.0	417.4	51.5	5.0
江西	1148.0	519.9	1148.0	519.9	183.0	15.9
山东	26.8	13.5	12.7	12.7	16.0	59.7
河南	9.3					
湖北	3.4	3.4			3.1	93.1
湖南	170.6	13.4	158.0	5.5	57.8	33.9
广东	322.9	109.8	308.9	104.6	14.6	4.5
广西	5.9		2.4		2.4	40.2
海南	0.1					
重庆						
四川	9.0	9.0	9.0	9.0	2.6	
贵州						
云南	2.2	2.2			2.1	
西藏						
陕西						
甘肃	0.2				0.2	100.0
青海						
宁夏	6.8	5.8			5.8	85.2
新疆						

2-101 各地区按主要用途分的港澳台商投资建筑业企业房屋建筑竣工面积

单位：万平方米

地区	总计	住宅房屋	商业及服务用房屋	商厦房屋(批发和零售用房)	宾馆用房屋(住宿用房)	餐饮用房屋(餐饮用房)
全国总计	**814.0**	**342.9**	**55.0**	**23.6**	**17.8**	**0.4**
北京	13.7		13.7		13.7	
天津						
河北						
山西	26.7	14.9	4.1		4.1	
内蒙古						
辽宁						
吉林						
黑龙江						
上海						
江苏	75.9	42.1	0.1	0.1		
浙江	357.0	25.0	12.9			
安徽	1.7		0.3			
福建	51.5	51.5				
江西	183.0	124.9	23.5	23.5		
山东	16.0	10.2				
河南						
湖北	3.1		0.4			0.4
湖南	57.8	57.8				
广东	14.6	3.8				
广西	2.4	2.4				
海南						
重庆						
四川	2.6	2.6				
贵州						
云南	2.1	2.1				
西藏						
陕西						
甘肃	0.2	0.2				
青海						
宁夏	5.8	5.5				
新疆						

2-101 续表 1 单位：万平方米

地区	商务会展用房屋	其他商业及服务用房屋(居民服务业用房)	办公用房屋	科研、教育和医疗用房屋	科学研究用房屋	教育用房屋
全国总计		**13.2**	**12.1**	**41.5**	**6.0**	**27.4**
北京						
天津						
河北						
山西			2.6	3.1		
内蒙古						
辽宁						
吉林						
黑龙江						
上海						
江苏				2.9		2.9
浙江		12.9		17.0	6.0	7.2
安徽		0.3		1.2		
福建						
江西			9.4	11.7		11.7
山东						
河南						
湖北						
湖南						
广东				5.6		5.6
广西						
海南						
重庆						
四川						
贵州						
云南						
西藏						
陕西						
甘肃						
青海						
宁夏						
新疆						

2-101 续表 2

单位：万平方米

地　区	医疗用房屋(卫生医疗用房)	文化、体育和娱乐用房屋	厂房及建筑物	#厂房	仓　库	其他未列明的房屋建筑物
全国总计	**8.2**	**7.1**	**329.2**	**307.3**	**8.4**	**17.8**
北　京						
天　津						
河　北						
山　西	3.1		1.2	1.2	0.5	0.3
内蒙古						
辽　宁						
吉　林						
黑龙江						
上　海						
江　苏			30.5	27.8		0.4
浙　江	3.8	6.8	277.2	258.0	1.0	17.0
安　徽	1.2				0.1	
福　建						
江　西			12.3	12.3	1.1	
山　东			0.2	0.2	5.6	
河　南						
湖　北			2.8	2.8		
湖　南						
广　东			5.1	5.1		0.2
广　西						
海　南						
重　庆						
四　川						
贵　州						
云　南						
西　藏						
陕　西						
甘　肃						
青　海						
宁　夏		0.3				
新　疆						

2-102 各地区按主要用途分的港澳台商投资建筑业企业房屋建筑竣工价值

单位：万元

地 区	总计	住宅房屋	商业及服务用房屋	商厦房屋(批发和零售用房)	宾馆用房屋(住宿用房)	餐饮用房屋(餐饮用房)
全国总计	**1289805**	**564859**	**156560**	**32727**	**74328**	**879**
北 京	70378		70378		70378	
天 津						
河 北						
山 西	41777	22917	3950		3950	
内蒙古						
辽 宁						
吉 林						
黑龙江						
上 海						
江 苏	114387	77203	226	157		69
浙 江	504666	56383	48360			
安 徽	1871		265			
福 建	102916	102916				
江 西	293281	166455	32570	32570		
山 东	17688	12443				
河 南						
湖 北	5937		811			811
湖 南	89333	89333				
广 东	14135	3826				
广 西	2354	2354				
海 南						
重 庆						
四 川	15531	15531				
贵 州						
云 南	3739	3739				
西 藏						
陕 西						
甘 肃	298	298				
青 海						
宁 夏	11514	11462				
新 疆						

2–102 续表 1

单位：万元

地区	商务会展用房屋	其他商业及服务用房屋(居民服务业用房)	办公用房屋	科研、教育和医疗用房屋	科学研究用房屋	教育用房屋
全国总计		**48625**	**18746**	**117964**	**22130**	**73926**
北京						
天津						
河北						
山西			5976	6021		
内蒙古						
辽宁						
吉林						
黑龙江						
上海						
江苏			21	5094		5094
浙江		48360		67300	22130	30730
安徽		265		1447		
福建						
江西			12749	29724		29724
山东						
河南						
湖北						
湖南						
广东				8378		8378
广西						
海南						
重庆						
四川						
贵州						
云南						
西藏						
陕西						
甘肃						
青海						
宁夏						
新疆						

2-102 续表 2

单位：万元

地 区	医疗用房屋(卫生医疗用房)	文化、体育和娱乐用房屋	厂房及建筑物	#厂房	仓 库	其他未列明的房屋建筑物
全国总计	**21908**	**5873**	**373627**	**342754**	**10460**	**41717**
北 京						
天 津						
河 北						
山 西	6021		1246	1246	480	1188
内蒙古						
辽 宁						
吉 林						
黑龙江						
上 海						
江 苏			29922	24368		1921
浙 江	14440	5821	287097	261777	1325	38380
安 徽	1447				160	
福 建						
江 西			48328	48328	3455	
山 东			205	205	5040	
河 南						
湖 北			5127	5127		
湖 南						
广 东			1703	1703		228
广 西						
海 南						
重 庆						
四 川						
贵 州						
云 南						
西 藏						
陕 西						
甘 肃						
青 海						
宁 夏		52				
新 疆						

2-103 各地区港澳台商投资建筑业企业主要生产效益指标

地　区	建筑业企业个数（个）	从事建筑业活动的平均人数（人）	按总产值计算的劳动生产率（元/人）	人均竣工产　值（元/人）	人均施工面　积（平方米/人）	人均竣工面　积（平方米/人）
全国总计	**369**	**226559**	**292054**	**154852**	**166.0**	**35.9**
北　京	38	14239	458666	342137	108.6	9.6
天　津	9	1466	320038	257774		
河　北	3	578	481410	481410		
山　西	6	2688	225575	236891	198.4	99.3
内蒙古						
辽　宁	27	3972	526205	296861		
吉　林	6	6269	292271	215014	28.0	
黑龙江	1	90	152611	133333		
上　海	68	67000	135000	35846	1.3	
江　苏	43	14349	328599	287449	126.7	52.9
浙　江	20	15623	486573	367785	388.1	228.5
安　徽	5	1261	154865	35285	67.9	13.2
福　建	26	18013	424102	125030	568.6	28.6
江　西	6	36027	204353	115719	318.6	50.8
山　东	16	7982	559687	69581	33.6	20.1
河　南	4	127	614118	38197	728.6	
湖　北	14	2365	332647	52458	14.2	13.2
湖　南	6	6710	322428	238751	254.3	86.1
广　东	52	23198	360597	189712	139.2	6.3
广　西	3	458	149122	56022	127.8	51.4
海　南	1	52	159788	322731	28.0	
重　庆	3	789	1065261	38194		
四　川	4	1505	242943	161876	59.6	17.3
贵　州						
云　南	2	613	373581	416925	36.7	33.6
西　藏						
陕　西	1	14	364214	294000		
甘　肃	3	186	316833	219414	10.7	10.7
青　海						
宁　夏	1	981	358091	343820	69.0	58.7
新　疆	1	4	68250	68250		

2-104 各地区港澳台商投资建筑业企业资产构成

单位：万元

地　区	资产合计	#流动资产合计	#存货	#非流动资产合计	#固定资产合计
全国总计	**9867048**	**8269686**	**1142031**	**1597363**	**890555**
北　京	742645	717147	134423	25498	20544
天　津	100626	97300	5614	3326	2296
河　北	22446	19324	3101	3122	1477
山　西	32432	30108	5279	2324	2324
内蒙古					
辽　宁	393533	315089	36282	78443	29438
吉　林	270756	236705	70090	34051	21558
黑龙江	5085	3796		1289	905
上　海	1808771	1583897	124436	224874	176641
江　苏	880242	788355	154230	91887	58717
浙　江	616512	534584	159022	81929	56549
安　徽	63382	60416	3986	2966	2043
福　建	373274	282873	62717	90401	10207
江　西	1067500	894192	24034	173308	11842
山　东	924542	844690	98114	79852	47267
河　南	146505	140389	10857	6116	1807
湖　北	89373	83618	16567	5755	3870
湖　南	74144	66617	2587	7526	1830
广　东	1536411	1267605	187705	268807	50093
广　西	8446	7569	1007	877	478
海　南	1787	1286	5	501	501
重　庆	608437	208997	35784	399439	380584
四　川	43535	36586	5736	6949	4403
贵　州					
云　南	49882	44878	370	5004	5004
西　藏					
陕　西	174	159	3	15	15
甘　肃	6440	3342	83	3099	157
青　海					
宁　夏					
新　疆	170	164		6	6

2-105 各地区港澳台商投资建筑业企业固定资产情况

单位：万元

地　区	固定资产合计	固定资产原价	固定资产折旧	#本年折旧	在建工程
全国总计	**890555**	**1082076**	**342265**	**51033**	**139208**
北　京	20544	38982	19329	3349	204
天　津	2296	7837	5789	196	73
河　北	1477	3484	2007	304	
山　西	2324	8151	5827	307	
内蒙古					
辽　宁	29438	33851	15338	855	10336
吉　林	21558	34546	14067	2936	67
黑龙江	905	1348	443		
上　海	176641	209052	41963	7970	8018
江　苏	58717	80461	33771	4187	9608
浙　江	56549	103703	50725	4346	3507
安　徽	2043	2487	469	49	
福　建	10207	20141	10959	1275	578
江　西	11842	12095	2334	249	1208
山　东	47267	79742	35779	3170	2558
河　南	1807	2073	267	44	
湖　北	3870	5752	2764	243	664
湖　南	1830	2751	1622	137	701
广　东	50093	85623	40302	7092	2075
广　西	478	1883	1406		
海　南	501	237	101	26	365
重　庆	380584	333462	50842	13135	97963
四　川	4403	6604	2251	350	
贵　州					
云　南	5004	7208	3487	787	1283
西　藏					
陕　西	15	143	128	1	
甘　肃	157	381	223	26	
青　海					
宁　夏					
新　疆	6	79	74		

2-106 各地区港澳台商投资建筑业企业负债及所有者权益

单位：万元

地　区	负债合计	#流动负债	#应付账款	所有者权益	#实收资本
全国总计	**7624720**	**6870114**	**1619266**	**2242328**	**1269332**
北　京	614563	599487	157991	128082	120520
天　津	73196	73196	14591	27430	15687
河　北	14315	14314	2485	8131	4814
山　西	21929	21728	6607	10504	8562
内蒙古					
辽　宁	334865	314908	22745	58667	46432
吉　林	196545	194416	64805	74211	22636
黑龙江	2605	2605	2518	2480	1660
上　海	1425913	1379528	527940	382858	217663
江　苏	569453	507849	124741	310789	137293
浙　江	376977	356144	75906	239535	65224
安　徽	56661	56661	121	6721	5731
福　建	255169	238427	49963	118105	69817
江　西	888644	790361	13860	178856	120780
山　东	823104	780502	143591	101438	73302
河　南	141242	141152	954	5263	3488
湖　北	48305	48272	21769	41068	33871
湖　南	49974	49874	17573	24170	8407
广　东	1224231	1069310	312142	312180	169073
广　西	2288	2288	333	6158	8500
海　南	540	540	78	1247	2000
重　庆	457140	177771	54100	151297	114883
四　川	11057	8157	3774	32479	12737
贵　州					
云　南	41273	41273	261	8609	3628
西　藏					
陕　西	310	310	21	-136	661
甘　肃	-5756	864	286	12196	1905
青　海					
宁　夏					
新　疆	177	177	114	-7	60

2-107 各地区港澳台商投资建筑业企业实收资本

单位：万元

地 区	合计	国家资本	集体资本	法人资本	个人资本	港澳台资本	外商资本
全国总计	**1269332**	**101745**	**53093**	**299121**	**249184**	**511791**	**54399**
北 京	120520	836	664	20111	5810	91616	1484
天 津	15687	680		3970	4481	5508	1047
河 北	4814		505	993		3315	
山 西	8562			6271		2191	100
内蒙古							
辽 宁	46432	6916	5080	13536	3186	17688	25
吉 林	22636			10755	52	11829	
黑龙江	1660			664		996	
上 海	217663	3039	12193	38951	9260	144716	9503
江 苏	137293	1253	1379	31098	34924	58655	9985
浙 江	65224	9105	353	27516	9635	18477	137
安 徽	5731			2460		3271	
福 建	69817	2500	5800	25976	6837	27086	1618
江 西	120780	63281		7723	20870	2999	25907
山 东	73302	5690	23520	21456	6042	16114	480
河 南	3488			2188	450	850	
湖 北	33871			24475	1821	7250	325
湖 南	8407	1275		628	5718	786	
广 东	169073	7169	2249	53785	10300	91781	3789
广 西	8500				8255	245	
海 南	2000			887	966	147	
重 庆	114883				114184	700	
四 川	12737			5525	5193	2019	
贵 州							
云 南	3628				1200	2428	
西 藏							
陕 西	661			48		614	
甘 肃	1905		1350	105		450	
青 海							
宁 夏							
新 疆	60					60	

2-108 各地区港澳台商投资建筑业企业收入情况

单位：万元

地区	主营业务收入	#主营业务成本	#主营业务税金及附加	其他业务收入	#其他业务成本	#其他业务利润
全国总计	**8014871**	**7074760**	**170683**	**141765**	**175651**	**9955**
北京	945300	866304	24497	14572	11775	3129
天津	52765	38283	1129	307	8525	55
河北	31517	25312	711			
山西	20292	17955	612			
内蒙古						
辽宁	213062	173099	3865	924	5353	874
吉林	217398	193834	5653	84	1541	84
黑龙江	2902	2650	87			
上海	1651028	1397606	26108	5180	76957	1618
江苏	488850	414079	12332	3664	3038	411
浙江	607745	556101	14739	6417	4858	1414
安徽	11045	9809	406			
福建	856433	782949	31615	759	377	419
江西	771419	690536	2262	7063	168	19
山东	946349	879578	13186	11531	11004	48
河南	14995	13358	450	124		124
湖北	40323	34688	1117	2526	2045	
湖南	206642	193660	7938	39	36	23
广东	869541	732159	20876	9219	8015	1536
广西	245	1858	56			
海南	1148	1341	29			
重庆	10561	5641	356	79081	41889	1
四川	28391	22627	905	276	70	203
贵州						
云南	22900	18537	794			
西藏						
陕西	510	455	18			
甘肃	3484	2326	944			
青海						
宁夏						
新疆	27	14	1			

2-109 各地区港澳台商投资建筑业企业费用情况

单位：万元

地　区	管理费用	#税金	销售费用	财务费用	#利息收入	#利息支出
全国总计	**340353**	**9546**	**59556**	**100873**	**10801**	**108786**
北　京	46033	605	9708	966	4151	4189
天　津	3008	-333	229	208	24	211
河　北	2502	20	1174	131	14	145
山　西	1406	6		109	7	235
内蒙古						
辽　宁	23341	345	1451	3989	-13666	5944
吉　林	3466	725	181	3555	81	2975
黑龙江	165	1				
上　海	95335	729	8573	7024	4557	11091
江　苏	24345	533	5700	9644	4934	14480
浙　江	16343	1218	4236	11839	3388	10384
安　徽	634	7		108		90
福　建	15286	350	1929	923	757	1784
江　西	11087	2131	30	16432	1142	16289
山　东	14985	596	14343	14187	935	3874
河　南	401	27		22	42	889
湖　北	2113	55	351	754	-167	653
湖　南	2352	67	537	190	28	145
广　东	56779	1452	9620	11850	336	12737
广　西	19					
海　南	293	1				
重　庆	16910	896	875	16768	4225	20763
四　川	2349	104	602	250	-5	226
贵　州						
云　南	584	11	15	1659	21	1679
西　藏						
陕　西	85	2		6		6
甘　肃	518			261		
青　海						
宁　夏						
新　疆	15					

2-110 各地区港澳台商投资建筑业企业利润及税金情况

单位：万元

地　区	利润总额	#应交所得税	税金总额	主营业务税金及附加	管理费用中的税金
全国总计	**229914**	**63985**	**180229**	**170683**	**9546**
北　京	1623	5041	25103	24497	605
天　津	1675	499	796	1129	-333
河　北	1737	537	731	711	20
山　西	207	43	618	612	6
内蒙古					
辽　宁	2241	615	4210	3865	345
吉　林	9066	2004	6378	5653	725
黑龙江			87	87	1
上　海	48290	9973	26837	26108	729
江　苏	22680	4709	12865	12332	533
浙　江	2171	6831	15957	14739	1218
安　徽	88	14	413	406	7
福　建	24917	6886	31965	31615	350
江　西	54074	8383	4393	2262	2131
山　东	12804	3797	13782	13186	596
河　南	888	46	477	450	27
湖　北	2107	589	1171	1117	55
湖　南	2088	441	8005	7938	67
广　东	37889	9937	22328	20876	1452
广　西	-1988	4	56	56	
海　南	-515	30	30	29	1
重　庆	5125	2956	1252	356	896
四　川	2056	321	1008	905	104
贵　州					
云　南	1314	328	805	794	11
西　藏					
陕　西	-54		19	18	2
甘　肃	-564	2	944	944	
青　海					
宁　夏					
新　疆	-2		1	1	

2-111 各地区港澳台商投资建筑业企业应收工程款及企业亏损情况

地　区	应收工程款（万元）	企业个数（个）	#亏损企业个数	亏损企业的比重(%)
全国总计	**2438543**	**369**	**81**	**22.0**
北　京	165133	38	9	23.7
天　津	14992	9	4	44.4
河　北	10008	3	1	33.3
山　西	8764	6	1	16.7
内蒙古				
辽　宁	52429	27	7	25.9
吉　林	82882	6		
黑龙江	3468	1	1	100.0
上　海	615453	68	14	20.6
江　苏	341278	43	6	14.0
浙　江	113324	20	10	50.0
安　徽	6091	5	1	
福　建	59892	26	4	15.4
江　西	389623	6		
山　东	103841	16	3	18.8
河　南	3224	4	1	25.0
湖　北	13874	14	4	28.6
湖　南	9901	6		
广　东	352695	52	9	17.3
广　西	1365	3	1	33.3
海　南	590	1	1	100.0
重　庆	75557	3		
四　川	13380	4		
贵　州				
云　南	37	2		
西　藏				
陕　西	16	1	1	100.0
甘　肃	610	3	1	33.3
青　海				
宁　夏		1	1	100.0
新　疆	116	1	1	100.0

2-112 各地区港澳台商投资建筑业企业主要经济效益指标

地 区	产值利润率 (%)	产值利税率 (%)	资本利润率 (%)	资本利税率 (%)	人均利润 (元/人)	人均利税 (元/人)	资产负债率 (%)
全国总计	**3.5**	**6.2**	**18.1**	**32.3**	**10148**	**18103**	**77.3**
北 京	0.2	4.1	1.3	22.2	1140	18769	82.8
天 津	3.6	5.3	10.7	15.8	11426	16858	72.7
河 北	6.2	8.9	36.1	51.3	30057	42709	63.8
山 西	0.3	1.4	2.4	9.6	768	3067	67.6
内蒙古							
辽 宁	1.1	3.1	4.8	13.9	5642	16242	85.1
吉 林	4.9	8.4	40.1	68.2	14461	24635	72.6
黑龙江		6.4		5.3		9711	51.2
上 海	5.3	8.3	22.2	34.5	7207	11213	78.8
江 苏	4.8	7.5	16.5	25.9	15806	24771	64.7
浙 江	0.3	2.4	3.3	27.8	1389	11603	61.1
安 徽	0.5	2.6	1.5	8.7	697	3970	89.4
福 建	3.3	7.4	35.7	81.5	13833	31578	68.4
江 西	7.3	7.9	44.8	48.4	15009	16229	83.2
山 东	2.9	6.0	17.5	36.3	16041	33307	89.0
河 南	11.4	17.5	25.5	39.1	69929	107520	96.4
湖 北	2.7	4.2	6.2	9.7	8910	13863	54.0
湖 南	1.0	4.7	24.8	120.0	3111	15040	67.4
广 东	4.5	7.2	22.4	35.6	16333	25958	79.7
广 西	-29.1	-28.3	-23.4	-22.7	-43402	-42186	27.1
海 南	-62.0	-58.4	-25.8	-24.3	-99038	-93308	30.2
重 庆	6.1	7.6	4.5	5.6	64952	80814	75.1
四 川	5.6	8.4	16.1	24.1	13660	20358	25.4
贵 州							
云 南	5.7	9.3	36.2	58.4	21434	34560	82.7
西 藏							
陕 西	-10.6	-6.8	-8.2	-5.3	-38571	-24929	178.3
甘 肃	-9.6	6.4	-29.6	19.9	-30344	20392	-89.4
青 海							
宁 夏							
新 疆	-8.8	-5.5	-4.0	-2.5	-6000	-3750	104.1

三、中央和地方建筑业企业

3-1 各地区中央建筑业企业签订合同情况

单位：万元

地　区	签订合同额	上年结转合同额	本年新签合同额
全国总计	**839539613**	**440462908**	**399076706**
北　京	136971952	71988838	64983114
天　津	55241879	29065553	26176326
河　北	18182372	9195951	8986421
山　西	30549340	18188575	12360765
内蒙古	2247345	1228698	1018646
辽　宁	28718213	15086430	13631783
吉　林	6092000	4206082	1885918
黑龙江	7594402	4318431	3275971
上　海	65605235	30401191	35204045
江　苏	23079181	12784946	10294236
浙　江	5491208	2625911	2865298
安　徽	25028313	10782354	14245960
福　建	16562803	7126601	9436202
江　西	8594468	5117873	3476595
山　东	32214813	16121233	16093580
河　南	49990604	26160508	23830096
湖　北	91558007	47250576	44307432
湖　南	42249600	22958579	19291020
广　东	50423632	27652704	22770928
广　西	3917838	1580316	2337523
海　南	13799		13799
重　庆	14544246	9512758	5031489
四　川	46269510	25254187	21015323
贵　州	9208523	5274434	3934089
云　南	8482472	5584727	2897745
西　藏			
陕　西	36744871	20392765	16352106
甘　肃	4454484	2550589	1903894
青　海	3607316	2107405	1499911
宁　夏	961638	446859	514780
新　疆	14939550	5497837	9441714

3-2 各地区中央建筑业企业承包工程完成情况

单位：万元

地区	直接从建设单位承揽工程完成的产值	自行完成施工产值	分包出去工程的产值	从建设单位以外承揽工程完成的产值
全国总计	**301699319**	**280241813**	**21457506**	**17897541**
北京	47417677	37525563	9892114	7328945
天津	19359850	18014963	1344887	822271
河北	7401232	7393327	7906	792715
山西	10297236	10245330	51906	87252
内蒙古	992288	992288		53881
辽宁	9646373	9642282	4091	48191
吉林	2071395	2030014	41380	15157
黑龙江	2528004	2398195	129809	
上海	18281290	17220574	1060716	500108
江苏	9323662	8986234	337428	418289
浙江	2827065	2297236	529829	13019
安徽	8402757	8172169	230588	220882
福建	4936263	4920784	15479	69588
江西	3219806	3219806		
山东	13188670	12569857	618814	175269
河南	19434231	19286141	148090	491775
湖北	37982011	36827667	1154344	1508841
湖南	10779290	10779290		733357
广东	17659946	14553584	3106362	985738
广西	1633363	1633363		260731
海南	3095	3095		
重庆	5357921	5281346	76575	3833
四川	15872307	15568156	304151	1613771
贵州	3544345	3526919	17426	6156
云南	2444730	2428555	16176	
西藏				
陕西	15009201	12904621	2104580	1206433
甘肃	1949794	1928214	21580	34191
青海	1094700	1025358	69342	454409
宁夏	513223	513223		
新疆	8527597	8353663	173934	52740

3–3 各地区中央建筑业总产值和竣工产值

单位：万元

地区	建筑业总产值	#装饰装修产值	#在外省完成的产值	按构成分组 建筑工程产值	安装工程产值	其他产值	竣工产值
全国总计	**298139354**	**5038003**	**194921515**	**266620884**	**26377405**	**5141066**	**105956008**
北京	44854508	2406061	38530278	42809693	1748548	296267	19339792
天津	18837234	60395	11722839	16945301	1731926	160007	10284536
河北	8186042	40307	6239210	6643162	1275734	267146	2681382
山西	10332582	158210	7447836	9238151	905693	188738	3091599
内蒙古	1046169	13595	392091	916429	90740	39000	326435
辽宁	9690473	66195	4156134	7993665	1276380	420428	3467433
吉林	2045171	23500	1094811	1465248	566471	13453	531499
黑龙江	2398195	8700	463127	1241176	1133307	23712	1131410
上海	17720682	373256	14855976	15889493	1521392	309796	7410131
江苏	9404523	6030	6385195	7498171	1755770	150582	4339427
浙江	2310255	1022	1008871	1507588	715561	87106	1154828
安徽	8393051	25942	5376548	7548804	739273	104974	953605
福建	4990372	131162	1597222	4693001	283105	14266	1682366
江西	3219806	18921	2018447	2881666	310220	27920	711709
山东	12745125	110997	8078230	11126578	1438070	180477	4343822
河南	19777916	119862	12201316	17331401	2091686	354829	6455377
湖北	38336508	402187	29066983	35024324	2462120	850063	7562821
湖南	11512647	244025	8897208	10127339	739629	645678	5297572
广东	15539322	377916	7146382	14446283	1023982	69056	4709626
广西	1894094	5021	1029171	1491224	383515	19356	184444
海南	3095				3095		
重庆	5285179	75105	3732312	4917173	206789	161217	2052897
四川	17181927	200822	7952237	15213030	1589323	379574	3780213
贵州	3533075	37634	1158683	3037307	420285	75484	1567470
云南	2428555		976175	2321636	88928	17991	354481
西藏							
陕西	14111054	80994	10661787	13236193	772606	102255	5802993
甘肃	1962405		822475	1601114	271580	89711	409125
青海	1479767		1055905	1208284	234231	37252	862634
宁夏	513223		202500	423998	83553	5671	199560
新疆	8406402	50145	651567	7843451	513894	49058	5266820

3-4 各地区中央建筑业企业房屋建筑面积

地 区	房屋建筑施工面积（万平方米）	#本年新开工	#实行投标承包面积	#本年新开工	房屋建筑竣工面积（万平方米）	房屋建筑面积竣工率（%）
全国总计	149170.2	43907.8	134126.6	38589.1	20406.4	13.7
北 京	37427.3	12303.1	35752.5	10876.6	5039.7	13.5
天 津	7453.6	2604.2	7222.1	2507.3	1064.7	14.3
河 北	3107.9	958.5	3025.1	844.9	259.6	8.4
山 西	1983.5	712.7	1981.5	712.7	268.3	13.5
内蒙古	338.4	96.0	331.2	88.9	102.0	30.1
辽 宁	4421.5	1290.6	3970.6	1176.6	637.4	14.4
吉 林	233.5	115.4	190.6	54.5	39.5	16.9
黑龙江	76.2	36.2	65.7	34.9	27.9	36.6
上 海	12973.0	3342.3	12886.8	3312.7	1900.2	14.6
江 苏	3100.8	904.1	3100.3	904.1	611.8	19.7
浙 江	65.5	16.6	29.1	16.6	20.5	31.4
安 徽	4681.3	1286.9	4681.3	1260.1	321.7	6.9
福 建	3283.6	780.7	3252.6	778.1	304.3	9.3
江 西	291.5	167.5	275.7	167.0	91.6	31.4
山 东	4964.6	1526.9	4954.0	1524.3	650.2	13.1
河 南	5227.1	1592.1	2765.9	1037.0	384.2	7.4
湖 北	20765.3	4329.8	15376.7	2586.5	1764.3	8.5
湖 南	9259.3	2888.3	9255.9	2885.5	1343.0	14.5
广 东	11205.4	2769.9	7545.7	1771.2	1199.4	10.7
广 西	217.1	82.7	209.0	80.9	15.8	7.3
海 南						
重 庆	1689.7	518.3	1663.4	511.1	305.9	18.1
四 川	4418.4	1227.3	3817.9	1196.1	880.0	19.9
贵 州	3156.6	668.7	3122.2	653.5	425.9	13.5
云 南	173.0	103.4	123.5	86.0	71.4	41.3
西 藏						
陕 西	2797.3	841.0	2774.1	827.5	347.6	12.4
甘 肃	193.3	43.0	192.1	41.8	70.6	36.5
青 海	160.5	25.4	160.5	25.4	117.4	73.1
宁 夏	238.1	83.9	238.1	83.9	66.5	27.9
新 疆	5266.8	2592.6	5162.7	2543.6	2074.9	39.4

3-5 各地区按主要用途分的中央建筑业企业房屋建筑竣工面积

单位：万平方米

地区	总计	住宅房屋	商业及服务用房屋			
				商厦房屋(批发和零售用房)	宾馆用房屋(住宿用房)	餐饮用房屋(餐饮用房)
全国总计	**20406.4**	**13117.9**	**1862.1**	**951.5**	**224.0**	**43.7**
北京	5039.7	3226.9	486.4	276.0	75.7	9.8
天津	1064.7	559.6	88.1	68.3		9.6
河北	259.6	171.8	2.9			
山西	268.3	155.8	0.2			
内蒙古	102.0	70.3				
辽宁	637.4	319.2	81.4	18.7	11.7	
吉林	39.5	2.0	5.0			
黑龙江	27.9	3.9				
上海	1900.2	924.0	343.2	165.4	13.4	
江苏	611.8	364.1	44.5	25.4	19.1	
浙江	20.5					
安徽	321.7	252.8	2.5			
福建	304.3	206.9	18.3			12.3
江西	91.6	45.9				
山东	650.2	364.5	90.1	68.5	5.9	
河南	384.2	155.5	95.8			
湖北	1764.3	1288.0	99.0	78.1	12.3	8.6
湖南	1343.0	990.5	105.0	74.4	28.9	
广东	1199.4	1135.7	10.8			
广西	15.8	9.0				
海南						
重庆	305.9	208.5	5.6			
四川	880.0	468.4	105.3	55.5	30.5	1.0
贵州	425.9	347.6	15.9	6.1	6.9	
云南	71.4	38.3	1.2			
西藏						
陕西	347.6	215.0	45.9	45.6		
甘肃	70.6	63.7				
青海	117.4	73.5	0.2			
宁夏	66.5	13.5	0.6			0.6
新疆	2074.9	1442.7	214.2	69.6	19.5	1.8

3–5 续表 1

单位：万平方米

地区	商务会展用房屋	其他商业及服务用房屋(居民服务业用房)	办公用房屋	科研、教育和医疗用房屋	科学研究用房屋	教育用房屋
全国总计	**62.8**	**580.1**	**1281.2**	**715.7**	**86.8**	**383.0**
北京	14.5	110.4	523.0	169.8	41.5	56.8
天津		10.2	10.9	37.5	12.1	8.6
河北		2.9	22.3	6.0	4.0	
山西		0.2	16.2	29.4	8.7	20.6
内蒙古			9.6	0.3		0.3
辽宁		51.0	39.2	28.7	2.1	4.1
吉林		5.0				
黑龙江						
上海	31.2	133.2	75.6	65.8	7.2	32.6
江苏			88.3	6.4	1.1	4.1
浙江			0.7			
安徽		2.5	5.6	4.6		4.6
福建		6.0	21.3	3.0		3.0
江西			0.4			
山东	3.0	12.7	87.5	21.4	2.4	6.1
河南	1.1	94.7	15.7	29.7		29.7
湖北	0.1		146.3	57.0		48.9
湖南		1.6	26.8	67.4		3.5
广东	10.8		7.1	0.2	0.2	
广西			0.9			
海南						
重庆		5.6	22.4	16.2		12.0
四川	2.2	16.2	42.0	26.9	4.5	22.0
贵州		2.9	4.3	35.6		35.6
云南		1.2	13.9	4.3	0.6	3.6
西藏						
陕西		0.3	20.2	5.1		5.1
甘肃						
青海		0.2	14.4	16.6		15.4
宁夏			6.5	0.8		0.8
新疆		123.3	60.0	82.8	2.5	65.3

3-5 续表 2 单位：万平方米

地 区	医疗用房屋(卫生医疗用房)	文化、体育和娱乐用房屋	厂房及建筑物	#厂房	仓 库	其他未列明的房屋建筑物
全国总计	**245.9**	**265.1**	**2323.2**	**1873.1**	**140.6**	**700.6**
北 京	71.4	46.7	414.6	395.6	43.5	128.8
天 津	16.9	27.6	338.8	307.8	0.2	2.0
河 北	2.0		34.5	18.2		22.1
山 西			60.6	39.9		6.1
内蒙古			21.8	21.8		
辽 宁	22.5	21.8	125.9	109.4		21.2
吉 林			32.5			
黑龙江			10.4	8.9		13.6
上 海	26.0	54.6	368.4	303.9	27.5	41.1
江 苏	1.2		83.0	67.9	2.1	23.4
浙 江			10.2	0.8	4.8	4.9
安 徽			55.3	17.5	0.2	0.6
福 建		10.6	26.0	8.2	2.7	15.6
江 西			38.0	6.9		7.3
山 东	12.9	2.3	65.1	57.6		19.2
河 南		6.8	75.2	28.4	3.7	1.8
湖 北	8.2	11.1	133.7	107.8	9.1	20.0
湖 南	63.9	20.7	66.2	64.1	0.8	65.6
广 东		1.2	34.8	29.5	0.3	9.3
广 西			3.4	2.9		2.5
海 南						
重 庆	4.2	5.8	47.4	45.1		
四 川	0.4	14.3	91.5	74.7	22.4	109.2
贵 州			16.4	13.2		6.0
云 南			13.7	13.7		
西 藏						
陕 西		10.3	21.5	21.3		29.5
甘 肃					1.8	5.1
青 海	1.1	4.8				7.9
宁 夏		1.8	38.8	38.8	0.9	3.5
新 疆	15.1	24.7	95.5	69.4	20.8	134.3

3-6 各地区按主要用途分的中央建筑业企业房屋建筑竣工价值

单位：万元

地 区	总计	住宅房屋	商业及服务用房屋			
				商厦房屋(批发和零售用房)	宾馆用房屋(住宿用房)	餐饮用房屋(餐饮用房)
全国总计	**41968767**	**24033009**	**4545569**	**2117001**	**838811**	**102771**
北 京	11201050	6241984	1316863	523366	435686	48135
天 津	1638777	660056	159219	88543		23770
河 北	630530	269132	9600			
山 西	580788	308282	359			
内蒙古	169143	126611				
辽 宁	1163562	439090	125820	26624	21819	
吉 林	90117	4276	8104			
黑龙江	50114	7722				
上 海	4240961	1935296	755206	306520	49320	
江 苏	1471496	749523	81812	47855	33957	
浙 江	30930					
安 徽	560331	419949	13618			
福 建	483468	309341	24532			13262
江 西	108699	52284				
山 东	1952258	878436	428960	341736	37940	
河 南	737411	228131	232945			
湖 北	4093215	2634935	392943	310368	68871	13598
湖 南	3061153	2134642	253501	144683	82577	
广 东	2006532	1890565	21067			
广 西	22044	11412				
海 南						
重 庆	669307	321483	18535			
四 川	1584684	807321	194092	94930	60695	1577
贵 州	861376	657945	39872	20621	14421	
云 南	61586	42056	1440			
西 藏						
陕 西	692206	376068	79289	76712		
甘 肃	174592	145919				
青 海	274980	159998	1987			
宁 夏	110449	22542	980			980
新 疆	3247010	2198010	384825	135043	33525	1450

3-6 续表 1

单位：万元

地 区	商务会展用房屋	其他商业及服务用房屋(居民服务业用房)	办公用房屋	科研、教育和医疗用房屋	科学研究用房屋	教育用房屋
全国总计	**180932**	**1306054**	**3379889**	**1826312**	**244334**	**892545**
北 京	37388	272288	1408829	464432	122571	157664
天 津		46905	45836	80394	29872	11222
河 北		9600	53791	4697	2197	
山 西		359	45421	70104	23766	46338
内蒙古			13782	694		694
辽 宁		77378	77662	58326	4538	10505
吉 林		8104				
黑龙江						
上 海	76779	322587	189076	234465	26367	90370
江 苏			327345	17739	3236	13194
浙 江			1960			
安 徽		13618	10786	8413		8413
福 建		11270	29560	6970		6970
江 西			558			
山 东	36179	13105	212418	63700	18530	18955
河 南	5134	227811	31398	74390		74390
湖 北	106		449732	153036		132973
湖 南		26241	85643	216189		7824
广 东	21067		9507	154	154	
广 西			1212			
海 南						
重 庆		18535	91860	27725		21464
四 川	4279	32611	89075	51208	7974	42404
贵 州		4830	8333	79085		79085
云 南		1440	5704	7395	1671	5724
西 藏						
陕 西		2577	39138	11834		11834
甘 肃						
青 海		1987	28534	42123		38969
宁 夏			13562	2292		2292
新 疆		214807	109168	150947	3457	111261

3-6 续表 2

单位：万元

地　区	医疗用房屋(卫生医疗用房)	文化、体育和娱乐用房屋	厂房及建筑物	#厂房	仓　库	其他未列明的房屋建筑物
全国总计	**689433**	**694457**	**5214693**	**4270771**	**200332**	**2074507**
北　京	184196	145843	993527	965471	79150	550423
天　津	39299	33048	648204	567396	833	11187
河　北	2500		136308	55505		157001
山　西			145932	85657		10689
内蒙古			28056	28056		
辽　宁	43283	25175	379504	353301		57985
吉　林			77737			
黑龙江			24673	21769		17719
上　海	117728	151831	809423	649765	33737	131928
江　苏	1309		221204	173049	5036	68838
浙　江			17950	1412	2704	8316
安　徽			104666	49393	309	2590
福　建		14233	36612	8487	3391	58830
江　西			31932	11592		23925
山　东	26215	8834	173602	156210		186307
河　南		17901	148714	66714	826	3107
湖　北	20063	104607	257426	192526	3299	97238
湖　南	208365	63297	186350	184169	232	121299
广　东		2604	56240	49631	1572	24823
广　西			3408	2529		6012
海　南						
重　庆	6261	13046	196658	192158		
四　川	830	27932	206173	174505	44617	164266
贵　州			30080	25156		46060
云　南			4991	4991		
西　藏						
陕　西		32500	46642	46241		106735
甘　肃					2820	25853
青　海	3154	12107				30231
宁　夏		2667	62265	62265	1355	4786
新　疆	36229	38833	186416	142826	20452	158359

3-7 各地区中央建筑业企业主要生产效益指标

地　区	建筑业企业个数（个）	从事建筑业活动的平均人数（人）	按总产值计算的劳动生产率（元/人）	人均竣工产值（元/人）	人均施工面积（平方米/人）	人均竣工面积（平方米/人）
全国总计	**1283**	**5271451**	**565574**	**201000**	**283.0**	**38.7**
北　京	183	773711	579732	249961	483.7	65.1
天　津	54	360787	522115	285058	206.6	29.5
河　北	43	98924	827508	271055	314.2	26.2
山　西	54	259116	398763	119313	76.5	10.4
内蒙古	6	22546	464015	144786	150.1	45.2
辽　宁	115	207152	467795	167386	213.4	30.8
吉　林	40	37808	540936	140578	61.8	10.5
黑龙江	25	68692	349123	164708	11.1	4.1
上　海	54	203039	872772	364961	638.9	93.6
江　苏	35	175448	536029	247334	176.7	34.9
浙　江	19	24425	945857	472806	26.8	8.4
安　徽	26	82809	1013543	115157	565.3	38.8
福　建	23	191046	261213	88061	171.9	15.9
江　西	19	55735	577699	127695	52.3	16.4
山　东	60	255316	499190	170135	194.4	25.5
河　南	65	276587	715070	233394	189.0	13.9
湖　北	62	295632	1296764	255819	702.4	59.7
湖　南	32	290896	395765	182112	318.3	46.2
广　东	63	251424	618052	187318	445.7	47.7
广　西	13	34551	548202	53383	62.8	4.6
海　南	1	199	155528			
重　庆	25	64606	818063	317756	261.5	47.4
四　川	61	408918	420180	92444	108.1	21.5
贵　州	18	69011	511958	227133	457.4	61.7
云　南	8	33167	732220	106878	52.2	21.5
西　藏						
陕　西	62	375928	375366	154364	74.4	9.2
甘　肃	24	32602	601928	125491	59.3	21.6
青　海	9	22688	652224	380216	70.8	51.8
宁　夏	5	16790	305672	118856	141.8	39.6
新　疆	79	281898	298207	186834	186.8	73.6

3-8 各地区中央建筑业企业资产构成

单位：万元

地 区	资产合计	#流动资产合计	#存货	#非流动资产合计	#固定资产合计
全国总计	**380305769**	**287996714**	**66042115**	**92309055**	**26835013**
北 京	111034505	73240862	10656411	37793643	2601788
天 津	25504146	18445169	4805090	7058977	2821905
河 北	8137416	6714181	1919459	1423235	783778
山 西	13506288	11626052	1944692	1880236	608501
内蒙古	1145083	958303	353154	186780	115112
辽 宁	11372240	9717795	2419732	1654445	731046
吉 林	1731800	1540919	415437	190881	134670
黑龙江	2823947	2504907	457571	319040	245625
上 海	21169004	15453318	4363933	5715685	1265556
江 苏	9185615	7622124	2278315	1563490	594898
浙 江	2788628	2308566	604359	480063	237126
安 徽	8460868	6879321	1480557	1581546	457618
福 建	4232151	3044701	843052	1187450	195885
江 西	2043478	1851695	663751	191783	114113
山 东	13675580	11408113	2680981	2267467	1428061
河 南	19378996	16743865	4514332	2635132	1443742
湖 北	37853020	28920473	9057566	8932547	5802059
湖 南	9859502	7715502	1724125	2144000	544016
广 东	18600262	13942679	3368361	4657583	1478609
广 西	1920020	1591860	521350	328161	192481
海 南	13798	10567	11	3231	884
重 庆	4152937	3420051	667997	732886	591487
四 川	17842271	14653092	4166672	3189179	1765979
贵 州	2833324	2541693	747943	291631	116941
云 南	2215438	1677402	530500	538036	353795
西 藏					
陕 西	17427039	14531631	2898444	2895409	961325
甘 肃	2090576	1602679	279958	487897	113946
青 海	1670434	1202605	342207	467829	461031
宁 夏	449798	394653	123733	55145	43528
新 疆	7187606	5731938	1212421	1455669	629508

3-9 各地区中央建筑业企业固定资产情况

单位：万元

地 区	固定资产合计	固定资产原价	固定资产折旧	#本年折旧	在建工程
全国总计	**26835013**	**41262532**	**20663213**	**3310801**	**2023421**
北 京	2601788	4241716	2019190	392324	253655
天 津	2821905	4697136	2047582	301008	148155
河 北	783778	1492604	751120	105676	33860
山 西	608501	1273264	738650	109049	25435
内蒙古	115112	195317	83513	39593	3309
辽 宁	731046	1566160	874776	108260	31398
吉 林	134670	293842	165558	19270	2400
黑龙江	245625	530841	301587	23049	7989
上 海	1265556	2406829	1337534	147958	145301
江 苏	594898	1059370	562204	82401	90010
浙 江	237126	479762	244646	25627	
安 徽	457618	837530	400207	71182	16552
福 建	195885	375406	197799	26601	14923
江 西	114113	223632	120093	14326	7722
山 东	1428061	2107043	1132619	170558	27608
河 南	1443742	2810354	1485247	243069	21054
湖 北	5802059	5147891	2526825	400861	354997
湖 南	544016	1019412	532479	104514	35622
广 东	1478609	2106311	955133	149614	283873
广 西	192481	366985	213678	37323	21396
海 南	884	1969	1085	38	
重 庆	591487	800651	343390	63770	39222
四 川	1765979	2849466	1397440	203514	312404
贵 州	116941	243614	134775	35966	2425
云 南	353795	598074	255507	66357	11225
西 藏					
陕 西	961325	1990397	1132587	251834	61828
甘 肃	113946	229211	131561	15018	14068
青 海	461031	290555	154577	22601	12109
宁 夏	43528	70067	28535	2093	1948
新 疆	629508	957127	393318	77347	42934

3-10 各地区中央建筑业企业负债及所有者权益

单位：万元

地 区	负债合计	#流动负债	#应付账款	所有者权益	#实收资本
全国总计	**301858104**	**269534807**	**121752090**	**78447665**	**40478539**
北 京	78912012	68256625	26305365	32122493	13733524
天 津	19521726	17624059	9166808	5982420	3352022
河 北	6630559	6177180	2878390	1506857	1128966
山 西	11785790	11320432	5670701	1720498	1063053
内蒙古	985590	969186	376995	159493	117777
辽 宁	9464874	8946451	4207833	1907366	1514452
吉 林	1580552	1527170	666042	151248	224326
黑龙江	2575167	2522917	1181936	248780	338040
上 海	16854461	15590345	6949803	4314542	2732838
江 苏	7496182	7366217	3264216	1689432	872046
浙 江	1992762	1745722	837214	795867	386195
安 徽	7137090	7032011	3648705	1323778	712992
福 建	3645637	3263085	1670743	586514	391678
江 西	1762919	1750069	901380	280559	236698
山 东	11776960	10819135	5108817	1898620	1124116
河 南	16442373	15303574	6711165	2936623	1726230
湖 北	31630117	26989228	13535618	6222903	2146358
湖 南	8094276	7303763	3579917	1765226	808983
广 东	14870727	12914384	5590444	3729534	2292863
广 西	1664864	1477588	518383	255157	206260
海 南	4332	4332	3410	9466	7000
重 庆	3356857	3159770	1646292	796080	550670
四 川	15208108	10945375	5533488	2634164	1388517
贵 州	2354636	2287256	1091006	478688	237752
云 南	1801428	1591766	603408	414010	135663
西 藏					
陕 西	14788065	13967232	6395496	2638975	1830126
甘 肃	1735196	1664322	627431	355380	295789
青 海	1332474	1185577	702028	337960	118864
宁 夏	393684	393684	177786	56114	48977
新 疆	6058689	5436352	2201272	1128918	755765

3-11 各地区中央建筑业企业实收资本

单位：万元

地 区	合计	国家资本	集体资本	法人资本	个人资本	港澳台资本	外商资本
全国总计	**40478539**	**19419795**	**112576**	**19223902**	**1690666**	**26617**	**4983**
北 京	13733524	6905448	10287	5612328	1202459		3002
天 津	3352022	1339862	2480	1824749	184931		
河 北	1128966	596310	18855	513741	60		
山 西	1063053	673904	38	388811	300		
内蒙古	117777	95587	190	22000			
辽 宁	1514452	961179	26177	483728	43343		25
吉 林	224326	82845	7654	126727	7100		
黑龙江	338040	126224	1937	209878			
上 海	2732838	766115	4560	1961563	100		500
江 苏	872046	583144	2400	262195	24307		
浙 江	386195	158304	11010	216881			
安 徽	712992	273039	1220	438572	161		
福 建	391678	191472		200206			
江 西	236698	179214	3169	43496	10819		
山 东	1124116	659765	942	435551	27860		
河 南	1726230	642990		1083235	5		
湖 北	2146358	1510675		627915	7769		
湖 南	808983	151319		656712	500		452
广 东	2292863	590836	6000	1667706	731	26617	973
广 西	206260	174978		31283			
海 南	7000	4000		3000			
重 庆	550670	430874	651	111525	7620		
四 川	1388517	818319	2450	490263	77485		
贵 州	237752	150152		87600			
云 南	135663	127959		7704			
西 藏							
陕 西	1830126	451907	1720	1339082	37417		
甘 肃	295789	250818		44971			
青 海	118864	15802		103062			
宁 夏	48977	44818	4159				
新 疆	755765	461938	6678	229419	57699		31

3-12 各地区中央建筑业企业收入情况

单位：万元

地区	主营业务收入	#主营业务成本	#主营业务税金及附加	其他业务收入	#其他业务成本	#其他业务利润
全国总计	**333349562**	**304221372**	**8599070**	**2086869**	**2325669**	**268892**
北京	61725018	57229614	1271323	171994	110854	49295
天津	20871650	18479468	612083	92102	92191	13902
河北	7998267	7223368	209808	64753	56591	12707
山西	11544140	10224404	309256	62059	58409	11337
内蒙古	1149037	1045791	32844	3363	2820	631
辽宁	9882475	8971460	246292	29464	62940	6905
吉林	1798491	1614600	92337	87419	88948	2624
黑龙江	2729951	2610181	38095	8412	4900	2893
上海	20692299	18636936	534091	90603	289263	19811
江苏	10363596	9450490	290787	44538	32992	9779
浙江	2858801	2536071	51985	16891	11144	5384
安徽	8455773	7693534	248251	35414	44641	6135
福建	4994262	4581539	156702	23250	21015	1805
江西	3007197	2706182	91480	130511	188205	-539
山东	14645983	13478037	372228	99914	85885	13124
河南	21046548	19228619	563958	72026	117559	11060
湖北	37599677	33753168	1094573	388491	433495	34539
湖南	11388985	10449885	282368	30743	19086	10208
广东	17161036	15773692	387029	68501	83478	7057
广西	2103712	1949542	45192	15544	30629	5737
海南	5294	5075	85	82	49	
重庆	5234910	4771363	154024	12052	18847	3218
四川	18954609	17536631	496723	250488	185546	18501
贵州	3673471	3361366	119262	16697	12905	3063
云南	2386780	2151601	54187	9344	4632	1008
西藏						
陕西	18655222	17242303	561012	43133	44645	6073
甘肃	1962484	1837918	45815	49538	48867	-1949
青海	1694664	1535272	28034	30382	28177	4976
宁夏	537331	501144	10426	2928	2093	805
新疆	8227901	7642123	198825	136235	144864	8807

3-13 各地区中央建筑业企业费用情况

单位：万元

地 区	管理费用	#税金	销售费用	财务费用	#利息收入	#利息支出
全国总计	**10524842**	**184561**	**352170**	**2344525**	**1805010**	**3675874**
北 京	1553230	24379	35609	416581	764664	1118079
天 津	796076	12713	21523	228173	61347	257930
河 北	362388	8791	19348	79248	14512	74353
山 西	524448	4969	3301	86925	54568	137450
内蒙古	29155	2024	298	23965	266	22366
辽 宁	381782	14979	1885	58274	38568	100675
吉 林	77184	2058	2302	19424	767	9219
黑龙江	95360	7684	6500	3892	8544	6679
上 海	658216	9465	40917	127026	113917	186005
江 苏	266364	4381	4308	50873	22395	58520
浙 江	157556	2821	2423	1885	5105	7341
安 徽	312682	5086	2676	-14913	45451	29566
福 建	105635	2033	922	29110	3141	46844
江 西	100484	3322	2052	12540	2675	12511
山 东	393504	9666	14165	67284	45042	101799
河 南	774194	9174	16864	155636	95838	192443
湖 北	1366109	17364	101563	328280	151934	400745
湖 南	352595	3604	2521	67407	68381	117174
广 东	489924	7661	4224	181953	41112	212707
广 西	63812	1867	2177	26598	2229	14416
海 南	595	20		-137	137	
重 庆	147855	3929	15445	18391	21068	34518
四 川	509933	7806	30589	150923	66469	185315
贵 州	98954	1500	447	24799	5253	25522
云 南	53044	604	2015	30843	7617	21730
西 藏						
陕 西	517677	6269	11131	84947	124162	186348
甘 肃	67755	3306	1893	17474	1364	13751
青 海	64469	293	198	17909	1386	17735
宁 夏	15868	1075	480	603	68	648
新 疆	187993	5718	4394	48611	37034	83487

3-14 各地区中央建筑业企业利润及税金情况

单位：万元

地 区	利润总额	#应交所得税	税金总额	主营业务税金及附加	管理费用中的税金
全国总计	**9936688**	**1659916**	**8783631**	**8599070**	**184561**
北 京	3442817	453152	1295701	1271323	24379
天 津	781768	159213	624796	612083	12713
河 北	123867	30318	218599	209808	8791
山 西	409495	34271	314225	309256	4969
内蒙古	8666	1890	34867	32844	2024
辽 宁	144222	30617	261271	246292	14979
吉 林	-10203	4399	94395	92337	2058
黑龙江	13896	8568	45779	38095	7684
上 海	758567	99761	543556	534091	9465
江 苏	307761	65046	295168	290787	4381
浙 江	110206	33000	54806	51985	2821
安 徽	234730	33810	253337	248251	5086
福 建	118616	29062	158735	156702	2033
江 西	27354	4028	94802	91480	3322
山 东	350660	90633	381894	372228	9666
河 南	316238	79144	573132	563958	9174
湖 北	895441	202915	1111937	1094573	17364
湖 南	361463	34457	285972	282368	3604
广 东	474541	85079	394690	387029	7661
广 西	9727	5556	47058	45192	1867
海 南	-253	48	104	85	20
重 庆	119750	22224	157953	154024	3929
四 川	275290	49385	504529	496723	7806
贵 州	68998	13774	120761	119262	1500
云 南	84816	8855	54791	54187	604
西 藏					
陕 西	311433	37422	567280	561012	6269
甘 肃	1902	9606	49121	45815	3306
青 海	49550	3501	28327	28034	293
宁 夏	9855	2325	11501	10426	1075
新 疆	135518	27859	204542	198825	5718

3-15　各地区中央建筑业企业应收工程款及企业亏损情况

地　区	应收工程款(万元)	企业个数(个)	#亏损企业个数	亏损企业的比重(%)
全国总计	**70472018**	**1283**	**141**	**11.0**
北　京	11141255	183	18	9.8
天　津	5983705	54	2	3.7
河　北	1990395	43	7	16.3
山　西	3090319	54	9	16.7
内蒙古	307899	6		
辽　宁	2867267	115	14	12.2
吉　林	623647	40	11	27.5
黑龙江	1026962	25	9	36.0
上　海	3882925	54	6	11.1
江　苏	2236813	35	3	8.6
浙　江	681549	19	2	10.5
安　徽	1809398	26		
福　建	696960	23	1	4.3
江　西	408843	19	2	10.5
山　东	3477478	60	3	5.0
河　南	4080638	65	7	10.8
湖　北	7271444	62	3	4.8
湖　南	2037506	32	3	9.4
广　东	3542858	63		
广　西	353898	13	2	15.4
海　南	53	1		
重　庆	1045691	25	5	20.0
四　川	3397053	61	8	13.1
贵　州	948278	18	2	11.1
云　南	349042	8	2	25.0
西　藏				
陕　西	4154595	62	1	1.6
甘　肃	537021	24	6	25.0
青　海	386644	9	2	22.2
宁　夏	175393	5	1	20.0
新　疆	1966489	79	12	15.2

3-16 各地区中央建筑业企业主要经济效益指标

地　区	产值利润率(%)	产值利税率(%)	资本利润率(%)	资本利税率(%)	人均利润(元/人)	人均利税(元/人)	资产负债率(%)
全国总计	**3.3**	**6.3**	**24.5**	**46.2**	**18850**	**35513**	**79.4**
北　京	7.7	10.6	25.1	34.5	44497	61244	71.1
天　津	4.2	7.5	23.3	42.0	21668	38986	76.5
河　北	1.5	4.2	11.0	30.3	12521	34619	81.5
山　西	4.0	7.0	38.5	68.1	15804	27930	87.3
内蒙古	0.8	4.2	7.4	37.0	3844	19308	86.1
辽　宁	1.5	4.2	9.5	26.8	6962	19575	83.2
吉　林	-0.5	4.1	-4.5	37.5	-2699	22268	91.3
黑龙江	0.6	2.5	4.1	17.7	2023	8687	91.2
上　海	4.3	7.3	27.8	47.6	37361	64132	79.6
江　苏	3.3	6.4	35.3	69.1	17541	34365	81.6
浙　江	4.8	7.1	28.5	42.7	45120	67559	71.5
安　徽	2.8	5.8	32.9	68.5	28346	58939	84.4
福　建	2.4	5.6	30.3	70.8	6209	14517	86.1
江　西	0.8	3.8	11.6	51.6	4908	21917	86.3
山　东	2.8	5.7	31.2	65.2	13734	28692	86.1
河　南	1.6	4.5	18.3	51.5	11434	32155	84.8
湖　北	2.3	5.2	41.7	93.5	30289	67901	83.6
湖　南	3.1	5.6	44.7	80.0	12426	22257	82.1
广　东	3.1	5.6	20.7	37.9	18874	34572	79.9
广　西	0.5	3.0	4.7	27.5	2815	16435	86.7
海　南	-8.2	-4.8	-3.6	-2.1	-12704	-7457	31.4
重　庆	2.3	5.3	21.7	50.4	18535	42984	80.8
四　川	1.6	4.5	19.8	56.2	6732	19070	85.2
贵　州	2.0	5.4	29.0	79.8	9998	27497	83.1
云　南	3.5	5.7	62.5	102.9	25572	42092	81.3
西　藏							
陕　西	2.2	6.2	17.0	48.0	8284	23374	84.9
甘　肃	0.1	2.6	0.6	17.2	583	15650	83.0
青　海	3.3	5.3	41.7	65.5	21840	34325	79.8
宁　夏	1.9	4.2	20.1	43.6	5870	12720	87.5
新　疆	1.6	4.0	17.9	45.0	4807	12063	84.3

3-17 各地区地方建筑业企业签订合同情况

单位：万元

地 区	签订合同额	上年结转合同额	本年新签合同额
全国总计	**2395321493**	**948124551**	**1447196942**
北 京	75327242	35921557	39405684
天 津	34520543	13289259	21231285
河 北	74443096	28020396	46422701
山 西	29405868	9692564	19713304
内蒙古	20012679	8477126	11535553
辽 宁	93407010	30271364	63135646
吉 林	34523533	12970705	21552828
黑龙江	24863081	7786669	17076412
上 海	91711036	44000212	47710823
江 苏	345750001	136399675	209350326
浙 江	376972876	156206174	220766702
安 徽	72549765	29190512	43359253
福 建	107212072	41344748	65867324
江 西	64963919	22008315	42955604
山 东	112487597	36451101	76036496
河 南	84984324	27846646	57137679
湖 北	93340599	30950428	62390171
湖 南	86895575	37892099	49003475
广 东	140963722	65349305	75614417
广 西	47997489	19706977	28290512
海 南	5720548	2590233	3130315
重 庆	78328935	31347748	46981188
四 川	107833182	46870837	60962345
贵 州	32751759	14799819	17951940
云 南	44267666	17017639	27250027
西 藏	1085859	460299	625560
陕 西	51549777	18186519	33363258
甘 肃	25724424	9238145	16486279
青 海	5762094	2675999	3086095
宁 夏	8688940	3474411	5214529
新 疆	21276282	7687071	13589212

3-18 各地区地方建筑业企业承包工程完成情况

单位：万元

地　区	直接从建设单位承揽工程完成的产值	自行完成施工产值	分包出去工程的产值	从建设单位以外承揽工程完成的产值
全国总计	**1448757738**	**1421572041**	**27185697**	**47424517**
北　京	36694915	33522849	3172066	3720599
天　津	22024887	21532856	492031	864773
河　北	47560581	47289915	270666	781502
山　西	20576840	20551523	25317	150813
内蒙古	12939370	12921929	17442	61246
辽　宁	68472382	68077613	394769	743162
吉　林	22861026	22790504	70523	374315
黑龙江	19077818	19058587	19231	50705
上　海	39507221	32247267	7259954	5031462
江　苏	224123564	223498051	625513	13026744
浙　江	220598230	218651958	1946273	5719651
安　徽	45626474	45290563	335910	1145646
福　建	60676911	60347431	329480	1554314
江　西	37326821	36702397	624424	1304134
山　东	79893382	79266394	626989	1124816
河　南	58544100	58300984	243116	1039992
湖　北	61726246	61025420	700826	1233962
湖　南	47854930	47612902	242028	1084140
广　东	72226316	65315953	6910363	2709747
广　西	24003192	23872667	130526	322296
海　南	2754766	2745604	9163	14590
重　庆	49757993	48650958	1107036	1585932
四　川	62427159	61595221	831938	1889421
贵　州	12742278	12680136	62141	189231
云　南	27784509	27616537	167972	501657
西　藏	708442	685935	22507	26527
陕　西	31032733	30742255	290479	723789
甘　肃	16051024	15928752	122273	254082
青　海	2835397	2815190	20208	34111
宁　夏	5685234	5640883	44351	97528
新　疆	14662995	14592808	70187	63629

3-19 各地区地方建筑业总产值和竣工产值

单位：万元

地区	建筑业总产值	#装饰装修产值	#在外省完成的产值	按构成分组：建筑工程产值	按构成分组：安装工程产值	按构成分组：其他产值	竣工产值
全国总计	**1468994807**	**98693151**	**377750433**	**1304804172**	**116220609**	**47970026**	**901591724**
北京	37243449	8505072	14609875	35384325	1411358	447767	21240450
天津	22397629	901821	2911164	17922395	3194864	1280370	10714990
河北	48071418	1986620	12142789	40710588	4271246	3089583	25337887
山西	20702336	929992	2156265	17421163	2519414	761760	10478370
内蒙古	12983175	231266	247685	11215478	841415	926282	8613978
辽宁	68820775	7550719	4551387	57920396	8331262	2569118	39353408
吉林	23164818	891954	1276662	20155543	1849744	1159531	16928499
黑龙江	19109292	1100979	1679089	16157927	2454639	496726	9242263
上海	37278729	5576424	11085782	30921982	5625369	731379	21076564
江苏	236524795	13143354	96601317	224146615	10778331	1599849	184832644
浙江	224371609	13832231	112247586	204469042	14957678	4944889	137788575
安徽	46436209	1803431	6683184	39603379	3654804	3178026	27209297
福建	61901745	3035897	22575085	57072292	4028003	801450	36455716
江西	38006531	2880894	11005444	32696779	2479111	2830640	22606892
山东	80389460	5289531	7499687	69037623	9359390	1992447	45245687
河南	59340976	3070762	7659805	52243959	4934773	2162244	37696543
湖北	62259383	4098346	9753384	54887321	5146698	2225364	41188882
湖南	48697042	2280285	11305710	40981891	3521990	4193162	31641678
广东	68025700	12391845	13668859	58031859	7543042	2450799	35240487
广西	24194962	1008380	3278459	20957290	1811423	1426249	13142683
海南	2760194	189358	102087	2381820	204203	174171	1726861
重庆	50236890	2138948	7292913	45121040	3128587	1987263	25506414
四川	63484642	2155013	9379266	56503965	4885561	2095115	37795216
贵州	12869368	307894	1499955	11337581	661577	870210	4584783
云南	28118195	903488	743820	24993202	2218118	906874	16842990
西藏	712462	24181	1820	649555	40701	22206	482681
陕西	31466044	1377987	3783726	26752296	3189863	1523885	14685441
甘肃	16182834	537767	1391909	14274463	1371221	537150	8931468
青海	2849301	51869	147838	2358255	368394	122652	1061882
宁夏	5738411	142491	346239	5448790	204329	85293	4171014
新疆	14656437	354353	121644	13045361	1233504	377573	9767483

3-20 各地区地方建筑业企业房屋建筑面积

地　区	房屋建筑施工面积（万平方米）	#本年新开工	#实行投标承包面积	#本年新开工	房屋建筑竣工面积（万平方米）	房屋建筑面积竣工率（%）
全国总计	**1100656.1**	**484953.3**	**871559.7**	**386563.0**	**402950.9**	**36.6**
北　京	19049.8	5745.5	17183.1	5437.1	4235.3	22.2
天　津	6705.1	2575.8	5362.3	1839.8	2167.3	32.3
河　北	34004.8	16022.2	28415.9	13468.6	12323.1	36.2
山　西	11945.0	4815.7	9720.0	3789.1	3671.8	30.7
内蒙古	7715.0	3881.0	6577.2	3407.4	3547.0	46.0
辽　宁	43439.5	19936.6	25047.1	14583.7	15876.9	36.5
吉　林	13759.5	8179.5	9583.0	5548.2	7295.4	53.0
黑龙江	6958.4	4248.9	5505.1	3275.8	3856.6	55.4
上　海	22021.6	8582.7	19571.6	7659.7	5680.5	25.8
江　苏	209938.0	83766.0	191131.8	74789.5	76183.3	36.3
浙　江	201785.8	81315.1	168623.0	68026.5	66462.5	32.9
安　徽	34807.1	17036.7	25668.8	12592.2	15017.8	43.1
福　建	54102.0	19464.2	39366.0	13198.6	15088.4	27.9
江　西	27440.5	14706.7	18392.4	10101.3	12633.1	46.0
山　东	66118.8	31414.4	51986.8	26014.7	23570.6	35.6
河　南	43598.2	22545.5	35937.3	19082.8	19434.1	44.6
湖　北	41462.6	25718.0	31247.0	20553.7	23102.9	55.7
湖　南	38173.9	17235.0	31872.3	14184.4	15240.0	39.9
广　东	42237.8	18487.5	25248.8	12017.5	12686.0	30.0
广　西	20950.9	8396.1	17850.9	7049.7	6717.2	32.1
海　南	2016.0	729.0	1683.1	557.0	778.8	38.6
重　庆	31197.1	14006.1	17710.4	8487.8	12509.7	40.1
四　川	48944.2	23323.3	31936.9	15939.4	18664.3	38.1
贵　州	10733.1	4314.9	6587.7	2604.4	2374.9	22.1
云　南	15651.4	7725.3	11506.3	5248.6	7175.1	45.8
西　藏	225.2	146.1	138.2	87.4	157.5	69.9
陕　西	20234.0	7645.1	16825.6	6468.3	6570.2	32.5
甘　肃	11337.8	5457.0	8561.7	3943.5	4101.4	36.2
青　海	912.3	520.5	616.0	366.4	362.0	39.7
宁　夏	4117.1	1957.9	3709.1	1719.6	1426.7	34.7
新　疆	9073.4	5054.8	7994.1	4520.2	4040.4	44.5

3-21 各地区按主要用途分的地方建筑业企业房屋建筑竣工面积

单位：万平方米

地区	总计	住宅房屋	商业及服务用房屋	商厦房屋(批发和零售用房)	宾馆用房屋(住宿用房)	餐饮用房屋(餐饮用房)
全国总计	**402950.9**	**273353.7**	**25780.8**	**11314.0**	**3128.7**	**1374.7**
北　京	4235.3	2547.1	524.2	206.0	92.5	3.2
天　津	2167.3	1305.0	152.7	71.9	11.6	2.2
河　北	12323.1	9105.7	482.5	209.9	25.1	11.2
山　西	3671.8	2696.1	217.4	69.0	26.2	6.1
内蒙古	3547.0	2766.3	175.0	53.1	10.3	12.8
辽　宁	15876.9	11930.1	736.6	321.7	85.2	36.7
吉　林	7295.4	5720.7	335.5	106.0	31.5	29.3
黑龙江	3856.6	3021.7	226.6	55.1	22.3	14.3
上　海	5680.5	2982.2	720.2	251.7	27.7	3.4
江　苏	76183.3	55158.9	3482.8	1598.5	595.8	333.2
浙　江	66462.5	36657.2	5733.6	2821.6	718.8	320.6
安　徽	15017.8	9930.1	750.2	320.0	42.8	17.7
福　建	15088.4	9608.1	1050.3	329.5	73.7	26.8
江　西	12633.1	8464.7	823.9	333.3	87.9	43.6
山　东	23570.6	16719.1	1276.4	680.2	97.5	39.3
河　南	19434.1	13970.0	979.0	337.4	180.1	66.6
湖　北	23102.9	15883.2	1547.2	827.0	296.6	65.1
湖　南	15240.0	10727.4	1034.7	519.2	129.3	26.5
广　东	12686.0	7462.8	964.9	357.4	82.7	24.6
广　西	6717.2	4320.2	436.8	230.7	48.1	13.4
海　南	778.8	502.3	88.8	36.5	20.9	9.4
重　庆	12509.7	9634.7	732.8	262.5	60.3	31.3
四　川	18664.3	14245.1	1110.4	469.9	112.6	50.6
贵　州	2374.9	1473.8	127.1	54.1	19.1	2.3
云　南	7175.1	4886.6	704.2	244.7	78.2	61.6
西　藏	157.5	97.4	8.9	0.6	4.1	0.0
陕　西	6570.2	4860.7	443.7	148.5	24.3	78.7
甘　肃	4101.4	2911.5	265.7	98.5	55.2	8.3
青　海	362.0	201.1	25.4	4.7	5.3	1.1
宁　夏	1426.7	970.9	167.3	69.3	10.7	2.5
新　疆	4040.4	2593.2	456.1	225.7	52.5	32.1

3-21 续表 1

单位：万平方米

地区	商务会展用房屋	其他商业及服务用房屋(居民服务业用房)	办公用房屋	科研、教育和医疗用房屋	科学研究用房屋	教育用房屋
全国总计	**1600.3**	**8363.0**	**21753.8**	**15691.7**	**1712.4**	**10470.9**
北京	24.4	198.1	362.8	266.0	54.2	166.7
天津	2.8	64.2	117.3	61.8	4.7	46.1
河北	10.3	225.9	608.1	540.2	57.6	366.2
山西	26.9	89.1	185.2	200.4	11.0	146.6
内蒙古	17.7	81.1	212.6	129.6	7.1	111.8
辽宁	39.5	253.5	618.1	237.6	27.6	153.4
吉林	35.8	133.0	216.0	185.3	9.5	118.2
黑龙江	2.6	132.3	105.0	96.0	3.5	59.8
上海	138.6	298.8	370.8	193.8	22.5	132.6
江苏	549.4	405.9	3342.0	2348.2	333.0	1427.4
浙江	381.6	1490.9	4063.4	2153.7	342.5	1325.8
安徽	30.6	339.1	1057.9	633.1	28.5	515.6
福建	31.7	588.6	860.5	477.3	52.7	352.7
江西	6.9	352.2	1002.0	502.6	40.3	365.4
山东	51.2	408.2	1239.4	947.8	121.1	583.2
河南	68.4	326.5	1291.7	1052.8	109.6	757.1
湖北	16.2	342.4	1375.9	873.7	57.4	521.1
湖南	38.6	321.2	801.4	874.7	127.5	560.9
广东	31.7	468.4	746.3	541.2	82.0	374.9
广西	14.6	130.0	511.0	690.4	43.7	475.0
海南	1.6	20.5	23.4	65.3	2.5	60.4
重庆	7.0	371.8	463.5	287.1	37.4	175.3
四川	15.9	461.4	632.1	569.8	41.6	371.1
贵州	3.9	47.7	178.1	299.9	10.3	242.2
云南	33.1	286.6	386.1	483.2	11.7	374.4
西藏		4.2	28.7	10.4		10.0
陕西	5.9	186.3	352.4	376.2	39.6	233.8
甘肃	2.5	101.2	189.0	248.1	13.4	184.6
青海	1.3	12.9	47.0	57.9	10.1	45.2
宁夏	2.6	82.2	71.4	79.4	3.0	63.2
新疆	6.8	139.0	294.6	208.4	6.8	150.2

3–21 续表 2

单位：万平方米

地　区	医疗用房屋（卫生医疗用房）	文化、体育和娱乐用房屋	厂房及建筑物	#厂房	仓　库	其他未列明的房屋建筑物
全国总计	**3508.4**	**3617.1**	**52183.9**	**33957.4**	**2724.7**	**7845.2**
北　京	45.1	68.3	329.1	273.1	7.1	130.7
天　津	11.0	8.1	403.8	181.7	27.8	90.8
河　北	116.5	96.2	1069.1	645.0	62.6	358.7
山　西	42.7	26.7	238.3	131.4	28.9	78.9
内蒙古	10.6	43.0	95.1	39.1	18.2	107.2
辽　宁	56.7	54.0	1814.9	967.5	125.1	360.5
吉　林	57.5	42.0	513.3	241.8	27.4	255.3
黑龙江	32.7	5.4	287.3	167.7	61.0	53.7
上　海	38.7	27.6	1227.5	733.3	85.0	73.4
江　苏	587.8	579.6	10033.8	8165.9	442.7	795.3
浙　江	485.4	834.2	15405.6	10691.9	470.2	1144.7
安　徽	89.1	108.3	2125.8	1184.3	89.4	322.9
福　建	71.8	93.3	2621.2	1252.1	166.5	211.1
江　西	96.9	160.2	1340.5	679.0	94.9	244.3
山　东	243.5	144.7	2743.9	1697.9	184.7	314.6
河　南	186.0	150.3	1495.2	711.6	212.5	282.6
湖　北	295.3	384.6	2481.6	1442.1	180.7	376.1
湖　南	186.4	97.0	1308.9	701.1	82.3	313.6
广　东	84.2	74.8	2352.5	1515.4	108.8	434.9
广　西	171.6	137.3	363.4	221.1	24.8	233.3
海　南	2.4	27.6	17.2	14.2	6.2	47.9
重　庆	74.3	68.8	929.3	490.2	46.5	347.0
四　川	157.0	116.0	1482.7	812.8	87.8	420.6
贵　州	47.4	12.4	179.7	123.0	2.5	101.3
云　南	97.1	88.4	377.1	247.3	15.6	234.0
西　藏	0.3	3.2	6.3		0.1	2.6
陕　西	102.8	45.7	353.0	238.1	20.3	118.1
甘　肃	50.2	47.9	330.4	171.5	7.5	101.2
青　海	2.6	8.2	7.1	3.1	1.7	13.5
宁　夏	13.2	10.6	56.3	50.8	3.5	67.4
新　疆	51.4	52.6	194.1	163.6	32.3	209.0

3-22 各地区按主要用途分的地方建筑业企业房屋建筑竣工价值

单位：万元

地区	总计	住宅房屋	商业及服务用房屋	商厦房屋(批发和零售用房)	宾馆用房屋(住宿用房)	餐饮用房屋(餐饮用房)
全国总计	**594200497**	**401534869**	**42049720**	**18239889**	**5396620**	**2037799**
北京	10119981	5302797	1293919	523186	289354	7053
天津	4166650	2400139	321233	132193	13592	2788
河北	18027966	12546053	773843	371471	40217	16904
山西	5384588	3655337	368820	91304	46069	21202
内蒙古	5286868	3841764	324577	112310	27794	13307
辽宁	22290385	16446041	1083837	488038	111245	49389
吉林	10584555	8077735	469093	187943	42332	34416
黑龙江	5566587	4307396	335801	83821	51777	20351
上海	11218324	5814862	1613525	519749	58271	4582
江苏	127340891	91269340	6648136	2990651	1119819	598569
浙江	101020070	59503983	10005639	4772595	1381525	531834
安徽	17889225	12164349	929595	416157	64920	22344
福建	23343830	15616053	1773006	565182	139581	47146
江西	14869471	10015425	1073219	420447	105537	49089
山东	30829322	21409795	1780628	924827	133943	55053
河南	22911519	16545171	1218018	473815	213798	67452
湖北	30506191	20911218	2078860	1084314	406470	87586
湖南	19782202	13658928	1442937	726865	227728	35536
广东	19464254	11773759	1675500	545132	133482	32076
广西	9171901	5755698	630776	370891	65420	18324
海南	1271202	836836	146544	52326	51601	13769
重庆	17363986	13359007	958881	331426	63853	47926
四川	26218008	20139526	1695997	639614	199860	74318
贵州	3062891	1778097	162303	62440	28530	2251
云南	10708537	7037493	1115569	409191	119582	69287
西藏	365950	216169	19020	1393	6537	20
陕西	10079497	7249363	677109	257997	44396	63329
甘肃	6794390	4470223	471554	187649	106396	12788
青海	541575	308527	43974	8642	8209	2351
宁夏	2104363	1409470	209880	108411	14631	4028
新疆	5915322	3714318	707927	379912	80151	32733

3-22 续表 1

单位：万元

地区	商务会展用房屋	其他商业及服务用房屋(居民服务业用房)	办公用房屋	科研、教育和医疗用房屋	科学研究用房屋	教育用房屋
全国总计	**3070294**	**13305118**	**35646286**	**26458092**	**2989539**	**16905511**
北京	81645	392682	1023037	797877	159719	476970
天津	8880	163780	289248	185361	21903	141337
河北	15175	330076	1062658	924311	117933	533242
山西	38274	171971	339942	403580	32209	286298
内蒙古	22100	149067	512191	246146	11578	220936
辽宁	60881	374284	1028107	375577	44548	217049
吉林	35163	169239	398441	302986	18077	215668
黑龙江	6745	173108	145284	197630	7264	111619
上海	364484	666439	873310	463949	55222	292377
江苏	1170826	768272	6465219	4766391	716095	2730805
浙江	679068	2640618	6453734	3857577	630049	2285769
安徽	46883	379291	1250605	809382	40946	632394
福建	57204	963894	1352016	809783	80090	598916
江西	15994	482152	1239427	628585	40880	434576
山东	76339	590467	2028839	1547067	143833	924776
河南	52854	410100	1639695	1333221	137597	930317
湖北	27574	472916	2021278	1245942	61262	756292
湖南	43473	409334	1203818	1198375	167614	742946
广东	100540	864269	1267818	1023130	170984	700859
广西	19094	157048	701758	995988	59949	655177
海南	2777	26070	36960	95528	1983	89429
重庆	24201	491476	799209	440401	67988	246744
四川	18982	763224	949694	863953	49225	537792
贵州	4945	64137	258873	401301	13358	322293
云南	55999	461510	621957	765922	18708	597188
西藏		11070	75484	22985		22419
陕西	7350	304037	580723	661442	72178	394256
甘肃	13374	151347	382274	514022	17482	404485
青海	2491	22281	75886	62660	16033	42027
宁夏	2693	80117	131584	149315	4582	114675
新疆	14290	200842	437219	367708	10252	245881

3-22 续表 2

单位：万元

地　区	医疗用房屋(卫生医疗用房)	文化、体育和娱乐用房屋	厂房及建筑物	#厂房	仓　库	其他未列明的房屋建筑物
全国总计	**6563042**	**6733028**	**65647145**	**43409710**	**3515853**	**12615505**
北　京	161188	395336	782899	621585	17535	506580
天　津	22121	29481	622344	252032	31912	286933
河　北	273135	222570	1538059	925451	81631	878842
山　西	85072	89023	372351	204086	33639	121897
内蒙古	13632	45467	140173	70116	23272	153278
辽　宁	113980	89573	2563655	1376430	219864	483731
吉　林	69241	83438	749364	324323	46113	457385
黑龙江	78747	10016	417838	221805	76935	75688
上　海	116350	101870	2061810	1366728	167169	121828
江　苏	1319490	1202166	14667791	11725804	675793	1646056
浙　江	941759	1587458	17336892	12336157	561496	1713291
安　徽	136042	147996	2164691	1187748	85923	336683
福　建	130777	193999	3070830	1462735	207458	320685
江　西	153129	167853	1361335	693110	120734	262892
山　东	478458	264784	3080911	1925604	205373	511926
河　南	265307	160834	1425924	740497	184102	404554
湖　北	428389	584393	2904678	1640265	230838	528983
湖　南	287815	137729	1655546	862245	97262	387609
广　东	151287	149233	2887758	1856033	121960	565096
广　西	280862	261454	488804	310489	28378	309045
海　南	4116	45248	32622	25086	7397	70069
重　庆	125669	89618	1129075	631804	52246	535549
四　川	276937	185123	1737251	933957	116967	529497
贵　州	65650	24367	257577	192586	3397	176977
云　南	150026	130718	596410	421671	20892	419577
西　藏	566	8462	11833		177	11821
陕　西	195009	98915	602990	404170	29708	179248
甘　肃	92055	106668	621885	393208	12296	215468
青　海	4600	12444	13840	6001	637	23608
宁　夏	30058	26424	86986	77820	5921	84782
新　疆	111576	80368	263022	220165	48830	295930

3-23 各地区地方建筑业企业主要生产效益指标

地　区	建筑业企业个数(个)	从事建筑业活动的平均人数(人)	按总产值计算的劳动生产率(元/人)	人均竣工产值(元/人)	人均施工面积(平方米/人)	人均竣工面积(平方米/人)
全国总计	**79858**	**50363067**	**291681**	**179018**	**218.5**	**80.0**
北　京	2860	834983	446038	254382	228.1	50.7
天　津	1575	652696	343156	164165	102.7	33.2
河　北	2352	1363774	352488	185792	249.3	90.4
山　西	2303	806159	256802	129979	148.2	45.5
内蒙古	857	487510	266316	176693	158.3	72.8
辽　宁	5913	2213346	310935	177801	196.3	71.7
吉　林	2155	769249	301136	220065	178.9	94.8
黑龙江	1800	787908	242532	117301	88.3	48.9
上　海	2834	1116519	333884	188770	197.2	50.9
江　苏	8990	8107292	291743	227983	258.9	94.0
浙　江	6038	7397787	303296	186256	272.8	89.8
安　徽	2721	1665711	278777	163349	209.0	90.2
福　建	3086	2605084	237619	139941	207.7	57.9
江　西	1693	1298395	292719	174114	211.3	97.3
山　东	5698	3069603	261889	147399	215.4	76.8
河　南	4697	2297304	258307	164090	189.8	84.6
湖　北	3155	1768059	352134	232961	234.5	130.7
湖　南	1998	1824559	266898	173421	209.2	83.5
广　东	4324	1977037	344079	178249	213.6	64.2
广　西	1066	850515	284474	154526	246.3	79.0
海　南	148	72400	381242	238517	278.4	107.6
重　庆	2401	1765610	284530	144462	176.7	70.9
四　川	3354	2634569	240968	143459	185.8	70.8
贵　州	690	429601	299566	106722	249.8	55.3
云　南	2296	1044442	269217	161263	149.9	68.7
西　藏	172	28516	249846	169267	79.0	55.2
陕　西	1594	1010704	311328	145299	200.2	65.0
甘　肃	1257	611035	264843	146169	185.6	67.1
青　海	382	118115	241231	89902	77.2	30.6
宁　夏	519	221327	259273	188455	186.0	64.5
新　疆	930	533258	274847	183166	170.2	75.8

3-24 各地区地方建筑业企业资产构成

单位：万元

地区	资产合计	#流动资产合计	#存货	#非流动资产合计	#固定资产合计
全国总计	**1103422104**	**885748850**	**191968467**	**217673254**	**109384427**
北京	51777960	43277625	8943528	8500335	2316055
天津	27216052	22874185	3399379	4341868	1828442
河北	33423656	26310343	5457210	7113313	4315225
山西	24433647	19262077	3151279	5171571	2373644
内蒙古	16818000	13047505	2053935	3770494	1945711
辽宁	51943219	41593751	6975791	10349469	5590309
吉林	19138900	16027449	2205149	3111451	2276332
黑龙江	15131936	12084363	1970679	3047573	1769711
上海	58256935	49999268	9933332	8257667	2734303
江苏	141595152	115793788	28161444	25801364	13688420
浙江	106311410	86378887	24563548	19932523	10174130
安徽	34204277	26854975	4935993	7349301	3918201
福建	33883066	27334735	6329709	6548331	3747139
江西	21563302	15856536	3237481	5706766	2949911
山东	77526951	62529879	14868027	14997072	8310325
河南	38251753	28509567	6330630	9742186	6346180
湖北	37722308	29069689	6788395	8652619	5027637
湖南	24528242	18385195	3791112	6143046	3599192
广东	80243356	65583385	12837294	14659971	5961104
广西	13774714	10725571	2095088	3049144	1403612
海南	2130644	1717051	231976	413593	163551
重庆	41510564	33258501	8530786	8252063	3374072
四川	52047354	41152038	11015709	10895316	4144541
贵州	15183233	12705771	3467240	2477462	862390
云南	28368407	21078117	3079715	7290290	3448007
西藏	1209465	781878	117959	427587	211833
陕西	22696835	17834918	2958905	4861917	2752891
甘肃	12801764	9533562	1945495	3268202	2236243
青海	3155283	2347512	428159	807771	396041
宁夏	5913557	4962448	835301	951109	558046
新疆	10660165	8878283	1328217	1781881	961229

3-25 各地区地方建筑业企业固定资产情况

单位：万元

地区	固定资产合计	固定资产原价	固定资产折旧	#本年折旧	在建工程
全国总计	**109384427**	**138140520**	**52435708**	**8343895**	**13147893**
北京	2316055	3690209	1777697	251282	390680
天津	1828442	2671933	1075560	168276	127215
河北	4315225	5450580	1978991	296256	432578
山西	2373644	3298310	1301917	198979	251295
内蒙古	1945711	2505084	862272	106221	193893
辽宁	5590309	7422136	2962112	406341	492891
吉林	2276332	2486825	912787	145212	269188
黑龙江	1769711	2470511	955203	120562	137407
上海	2734303	4304907	1979693	266429	255353
江苏	13688420	17129088	6622087	1038436	1590501
浙江	10174130	13942642	5395836	856682	828776
安徽	3918201	4632815	1622356	294821	577929
福建	3747139	5066033	1737934	336399	194667
江西	2949911	3329802	1030286	201349	400050
山东	8310325	10885830	4109073	656294	708003
河南	6346180	7516650	2481600	417364	651525
湖北	5027637	5933350	2130608	356026	708890
湖南	3599192	4655489	1758745	289759	396945
广东	5961104	7643059	3231608	511887	1035691
广西	1403612	1661544	573783	93525	187676
海南	163551	119957	54293	8057	80948
重庆	3374072	3420030	1226716	215881	610540
四川	4144541	4503379	1758861	248688	972375
贵州	862390	863900	338540	59058	161736
云南	3448007	4133055	1544341	288884	511668
西藏	211833	256553	82372	12566	8650
陕西	2752891	3217701	1155304	216693	418513
甘肃	2236243	2384618	702642	101740	290849
青海	396041	533949	216142	36524	34403
宁夏	558046	625836	256763	33654	107106
新疆	961229	1384749	599587	110051	119952

3-26 各地区地方建筑业企业负债及所有者权益

单位：万元

地　区	负债合计	#流动负债	#应付账款	所有者权益	#实收资本
全国总计	**702733696**	**635721820**	**180070138**	**400685734**	**231956128**
北　京	39873392	37147960	12727093	11904567	7825341
天　津	20755607	18625482	6243768	6460446	3968648
河　北	20587654	19018043	6856320	12836004	11853358
山　西	16669695	14711180	6233138	7763952	4825847
内蒙古	10718318	9710797	2776048	6099682	2817304
辽　宁	32246096	26689332	8257834	19697124	9262917
吉　林	11766985	9948953	3774680	7371915	4759142
黑龙江	9923492	9155140	3142201	5208444	4405990
上　海	43734031	41622518	10447544	14522903	7942234
江　苏	84186357	78188695	22831081	57408795	24809354
浙　江	63434151	59859778	13225408	42877258	21613336
安　徽	21801964	18522791	4419855	12402312	7487630
福　建	18118992	16578542	2857431	15764074	10759301
江　西	11418191	9889143	1660245	10145111	6066528
山　东	51803685	48387874	14283706	25723266	15087184
河　南	20241975	17778367	4851167	18009778	13051428
湖　北	21676851	17943985	6212303	16045457	9928851
湖　南	12508289	11014614	2829653	12019953	6711496
广　东	53585609	48033944	11583732	26657747	14519116
广　西	8970262	7833325	1410795	4801777	3097609
海　南	1294647	1107406	337554	835997	546721
重　庆	29006632	25476860	7072984	12503932	6706479
四　川	33592855	30374073	7948523	18454498	11487353
贵　州	10195529	9031038	2322566	4987704	2034370
云　南	18545012	16086957	3794058	9823396	6175656
西　藏	576553	459998	144707	632912	463141
陕　西	13849914	12603733	4854603	8846921	6606683
甘　肃	8059470	7113195	2540695	4742293	2883673
青　海	1922956	1751284	550022	1232327	985528
宁　夏	4107360	3900577	1388138	1806198	1123549
新　疆	7561175	7156238	2492286	3098990	2150361

3-27 各地区地方建筑业企业实收资本

单位：万元

地　区	合计	国家资本	集体资本	法人资本	个人资本	港澳台资本	外商资本
全国总计	**231956128**	**23526585**	**13158159**	**69652860**	**124124146**	**811116**	**683263**
北　京	7825341	1065771	339845	3149394	3087959	93068	89305
天　津	3968648	423501	216688	1335595	1968546	5508	18811
河　北	11853358	1120277	380266	1900696	8447944	3715	460
山　西	4825847	810965	260253	1479288	2270349	4341	650
内蒙古	2817304	266627	154271	700280	1695919	207	
辽　宁	9262917	773071	563099	3090228	4554988	241620	39912
吉　林	4759142	288110	206314	1425729	2826380	11969	640
黑龙江	4405990	575482	372496	1502816	1941785	1083	12329
上　海	7942234	1084461	434324	2750799	3420273	145157	107220
江　苏	24809354	1193238	751381	7018326	15578152	89370	178887
浙　江	21613336	512441	537615	5532986	14971348	37766	21180
安　徽	7487630	1199980	348383	2014464	3917380	5958	1464
福　建	10759301	664972	275653	2426939	7350289	27090	14359
江　西	6066528	1015634	488702	1383364	3149296	3476	26057
山　东	15087184	1500257	1455853	5003871	7092896	23180	11127
河　南	13051428	940945	710765	4174319	7213690	7811	3898
湖　北	9928851	989511	1517894	2587998	4801179	23851	8418
湖　南	6711496	1233067	550240	1795766	3130965	1444	14
广　东	14519116	1744190	953256	5793271	5829799	69317	129283
广　西	3097609	502744	237134	1067492	1288173	670	1397
海　南	546721	104009	27875	230776	183914	147	
重　庆	6706479	534325	252598	2036977	3878632	1697	2250
四　川	11487353	937708	494216	3955254	6092057	7211	907
贵　州	2034370	797155	153775	615415	468026		
云　南	6175656	1458727	310551	1892834	2506387	4337	2821
西　藏	463141	42877	22080	245531	152653		
陕　西	6606683	857735	620847	2269766	2852303	614	5418
甘　肃	2883673	372949	283610	982079	1244223	450	363
青　海	985528	154525	77694	351848	401460		
宁　夏	1123549	122133	24142	218744	752529		6000
新　疆	2150361	239199	136342	720014	1054652	60	94

3-28 各地区地方建筑业企业收入情况

单位：万元

地区	主营业务收入	#主营业务成本	#主营业务税金及附加	其他业务收入	#其他业务成本	#其他业务利润
全国总计	**1306807405**	**1141824011**	**44655754**	**14508625**	**23662908**	**1650306**
北京	42154427	37841226	1191065	480101	344765	135113
天津	21195813	18263958	548725	177531	721177	19686
河北	42638468	37632529	1450827	341977	966949	34721
山西	19559848	17311780	638343	569522	576603	38663
内蒙古	12547045	10563307	458664	288999	401303	36915
辽宁	58484380	49423690	1897576	275538	1818971	41602
吉林	21442927	17552227	738265	123040	883791	17854
黑龙江	14542906	12750034	554149	81525	86473	6704
上海	48129763	43672567	1257289	532105	892158	151185
江苏	192144423	167858041	6804599	1718736	1744187	174994
浙江	175658425	158858055	6008768	857296	972040	160150
安徽	39247253	34125522	1341850	383518	578277	38629
福建	55214554	48655603	2079073	135566	438516	51292
江西	34146571	29709604	1249786	700261	824287	23742
山东	73107514	62354751	2353042	1467444	2174464	114251
河南	53298469	45151119	1968551	1106153	1556290	86156
湖北	58349482	49694549	2188844	789002	1385528	48823
湖南	44939138	39200878	1847335	529139	749466	32286
广东	74554622	65012328	2372486	489037	829136	141180
广西	21568081	19458495	751438	335632	416122	23951
海南	2571989	2284289	87511	109379	122018	636
重庆	45145696	37971953	1504050	855384	1783510	41358
四川	53437238	46238248	1840110	843271	1460291	55963
贵州	11573500	10395544	414005	129440	142423	18221
云南	23991823	20549677	849353	334290	443097	83178
西藏	723868	602462	26285	10921	7080	1812
陕西	27358849	24000451	928047	271951	484305	15020
甘肃	15525216	13626012	530811	274379	368552	32584
青海	2938701	2577103	97839	99788	123436	2931
宁夏	5946530	5306777	187522	39562	75668	7644
新疆	14669887	13181234	489544	158140	292029	13064

3-29 各地区地方建筑业企业费用情况

单位：万元

地　区	管理费用	#税金	销售费用	财务费用	#利息收入	#利息支出
全国总计	**40349234**	**2031844**	**6118729**	**10001890**	**1502076**	**9403174**
北　京	1944540	29326	309768	294413	169602	477822
天　津	768378	18293	72998	186869	38040	194703
河　北	1028795	49291	110358	241318	30636	183381
山　西	853459	29093	96416	134261	20344	87809
内蒙古	481597	23294	16008	169529	28	146862
辽　宁	2399151	156206	232966	379138	8116	240715
吉　林	731763	50395	66034	130286	9046	96050
黑龙江	618738	30213	59316	71037	9350	60804
上　海	1768422	28786	126254	176082	54536	209464
江　苏	5611395	292988	765079	1578305	203628	1373396
浙　江	3371339	152762	454756	1310932	229952	1562080
安　徽	1190093	62114	208781	365101	49407	326860
福　建	1483979	87046	229197	203786	37248	241647
江　西	858329	57120	255976	195932	8293	152338
山　东	2441792	156929	339177	664076	88212	605357
河　南	1856604	146666	376852	404736	40711	304149
湖　北	1851348	110799	504757	443744	58415	365503
湖　南	1452715	75041	292999	230850	33644	185682
广　东	2604119	102921	414720	720285	49372	653263
广　西	592086	25729	47223	154097	11753	138742
海　南	61760	2353	2623	4211	739	4698
重　庆	1366601	79149	175719	486592	78972	424208
四　川	1699110	101785	455468	564028	156815	601577
贵　州	305550	10538	22655	133610	34841	103410
云　南	888964	43830	193968	334157	42829	317046
西　藏	44724	1479	6056	4386	230	3484
陕　西	880933	52868	147797	155069	22279	133046
甘　肃	518724	31794	85426	130606	9631	80852
青　海	105806	2532	19599	18739	652	14872
宁　夏	159196	7330	7896	47690	1055	45715
新　疆	409226	13178	21890	68026	3703	67639

3-30 各地区地方建筑业企业利润及税金情况

单位：万元

地区	利润总额	#应交所得税	税金总额	主营业务税金及附加	管理费用中的税金
全国总计	**54134611**	**12730546**	**46687597**	**44655754**	**2031844**
北京	916824	204364	1220391	1191065	29326
天津	803817	196335	567018	548725	18293
河北	1507436	382499	1500118	1450827	49291
山西	529671	119802	667436	638343	29093
内蒙古	723847	180210	481958	458664	23294
辽宁	2402538	685307	2053782	1897576	156206
吉林	1113779	299613	788660	738265	50395
黑龙江	494981	128245	584362	554149	30213
上海	1242328	270216	1286075	1257289	28786
江苏	9496677	2125250	7097587	6804599	292988
浙江	5652353	1331714	6161530	6008768	152762
安徽	1699201	356555	1403964	1341850	62114
福建	2222535	712526	2166118	2079073	87046
江西	1537177	348375	1306906	1249786	57120
山东	3897981	806566	2509971	2353042	156929
河南	2893879	653957	2115217	1968551	146666
湖北	3014768	741010	2299643	2188844	110799
湖南	1720371	361207	1922376	1847335	75041
广东	3250945	829171	2475408	2372486	102921
广西	496633	149477	777167	751438	25729
海南	115237	59786	89864	87511	2353
重庆	2622200	509147	1583200	1504050	79149
四川	2036406	485578	1941895	1840110	101785
贵州	283335	69956	424543	414005	10538
云南	1124784	218221	893184	849353	43830
西藏	45911	6227	27764	26285	1479
陕西	981823	186830	980914	928047	52868
甘肃	635792	113455	562605	530811	31794
青海	89599	18582	100371	97839	2532
宁夏	201531	65298	194852	187522	7330
新疆	380251	115071	502722	489544	13178

3-31 各地区地方建筑业企业应收工程款及企业亏损情况

地　区	应收工程款（万元）	企业个数(个)	#亏损企业个数	亏损企业的比重(%)
全国总计	**250066475**	**79858**	**10722**	**13.4**
北　京	9392317	2860	618	21.6
天　津	7465744	1575	291	18.5
河　北	9139733	2352	279	11.9
山　西	8204927	2303	448	19.5
内蒙古	4490767	857	134	
辽　宁	12591915	5913	954	16.1
吉　林	6497930	2155	339	15.7
黑龙江	3831050	1800	381	21.2
上　海	9069614	2834	562	19.8
江　苏	40300058	8990	400	4.4
浙　江	19994055	6038	692	11.5
安　徽	7305476	2721	298	11.0
福　建	5309686	3086	407	13.2
江　西	3827953	1693	143	8.4
山　东	20902057	5698	609	10.7
河　南	7208513	4697	396	8.4
湖　北	9338157	3155	319	10.1
湖　南	5339213	1998	182	9.1
广　东	14252990	4324	738	17.1
广　西	2364427	1066	210	19.7
海　南	384927	148	32	21.6
重　庆	9472139	2401	326	13.6
四　川	8992280	3354	444	13.2
贵　州	2886778	690	160	23.2
云　南	5516400	2296	399	17.4
西　藏	259513	172	20	11.6
陕　西	6220539	1594	255	16.0
甘　肃	3724176	1257	224	17.8
青　海	662654	382	117	30.6
宁　夏	2024371	519	113	21.8
新　疆	3096120	930	232	24.9

3-32 各地区地方建筑业企业主要经济效益指标

地　　区	产值利润率(%)	产值利税率(%)	资本利润率(%)	资本利税率(%)	人均利润(元/人)	人均利税(元/人)	资产负债率(%)
全国总计	**3.7**	**6.9**	**23.3**	**43.5**	**10749**	**20019**	**63.7**
北　京	2.5	5.7	11.7	27.3	10980	25596	77.0
天　津	3.6	6.1	20.3	34.5	12315	21003	76.3
河　北	3.1	6.3	12.7	25.4	11053	22053	61.6
山　西	2.6	5.8	11.0	24.8	6570	14850	68.2
内蒙古	5.6	9.3	25.7	42.8	14848	24734	63.7
辽　宁	3.5	6.5	25.9	48.1	10855	20134	62.1
吉　林	4.8	8.2	23.4	40.0	14479	24731	61.5
黑龙江	2.6	5.6	11.2	24.5	6282	13699	65.6
上　海	3.3	6.8	15.6	31.8	11127	22645	75.1
江　苏	4.0	7.0	38.3	66.9	11714	20468	59.5
浙　江	2.5	5.3	26.2	54.7	7641	15969	59.7
安　徽	3.7	6.7	22.7	41.4	10201	18630	63.7
福　建	3.6	7.1	20.7	40.8	8532	16846	53.5
江　西	4.0	7.5	25.3	46.9	11839	21905	53.0
山　东	4.8	8.0	25.8	42.5	12699	20876	66.8
河　南	4.9	8.4	22.2	38.4	12597	21804	52.9
湖　北	4.8	8.5	30.4	53.5	17051	30058	57.5
湖　南	3.5	7.5	25.6	54.3	9429	19965	51.0
广　东	4.8	8.4	22.4	39.4	16444	28964	66.8
广　西	2.1	5.3	16.0	41.1	5839	14977	65.1
海　南	4.2	7.4	21.1	37.5	15917	28329	60.8
重　庆	5.2	8.4	39.1	62.7	14852	23818	69.9
四　川	3.2	6.3	17.7	34.6	7730	15100	64.5
贵　州	2.2	5.5	13.9	34.8	6595	16478	67.1
云　南	4.0	7.2	18.2	32.7	10769	19321	65.4
西　藏	6.4	10.3	9.9	15.9	16100	25837	47.7
陕　西	3.1	6.2	14.9	29.7	9714	19420	61.0
甘　肃	3.9	7.4	22.0	41.6	10405	19613	63.0
青　海	3.1	6.7	9.1	19.3	7586	16083	60.9
宁　夏	3.5	6.9	17.9	35.3	9106	17909	69.5
新　疆	2.6	6.0	17.7	41.1	7131	16558	70.9

四、按资质等级分组的建筑业企业

4-1 各地区总承包建筑业企业签订合同情况

单位：万元

地区	签订合同额	上年结转合同额	本年新签合同额
全国总计	**2989862088**	**1316377036**	**1673485051**
北京	196041055	102169158	93871897
天津	81963770	39493596	42470174
河北	88471974	36337606	52134368
山西	55429301	26463362	28965938
内蒙古	21114749	9395581	11719168
辽宁	104376752	41158847	63217905
吉林	36749673	15709041	21040631
黑龙江	28889785	11476470	17413316
上海	144134838	69769200	74365637
江苏	341483959	142746793	198737166
浙江	358045836	151831343	206214493
安徽	91062143	38537132	52525011
福建	115464973	45914110	69550863
江西	68705913	25485781	43220132
山东	134598569	51010151	83588418
河南	124845558	52033756	72811802
湖北	174253483	73871859	100381623
湖南	123754464	59488961	64265503
广东	159960590	82978068	76982522
广西	50203542	20701760	29501781
海南	5497969	2529969	2968000
重庆	86411653	38800470	47611184
四川	143265973	67369950	75896022
贵州	40952796	19788387	21164409
云南	48606656	21431837	27174819
西藏	1055307	449816	605491
陕西	83536847	37293227	46243621
甘肃	29101186	11498603	17602583
青海	9035464	4715544	4319921
宁夏	9005540	3695272	5310269
新疆	33841769	12231387	21610382

4-2 各地区总承包建筑业企业承包工程完成情况

单位：万元

地区	直接从建设单位承揽工程完成的产值	自行完成施工产值	分包出去工程的产值	从建设单位以外承揽工程完成的产值
全国总计	**1583694691**	**1538680370**	**45014321**	**50185628**
北京	74327554	61775508	12552046	7921747
天津	35605253	34383711	1221543	1295231
河北	51547496	51275453	272043	1497292
山西	27690417	27650769	39649	129015
内蒙古	13083003	13065871	17132	94002
辽宁	63721697	63374817	346881	566585
吉林	22330597	22231761	98836	319041
黑龙江	18435744	18287638	148106	40660
上海	50091376	41975358	8116018	3908648
江苏	212998504	212106322	892182	10071002
浙江	207601769	205427124	2174645	3915178
安徽	49059633	48574200	485432	1237259
福建	60232881	59998433	234448	1069529
江西	37610882	37018785	592097	1262727
山东	84546172	83437817	1108355	1041998
河南	70499131	70226493	272638	930730
湖北	93375323	91644093	1731230	2585658
湖南	55129068	54915972	213095	1715621
广东	70967696	61802725	9164972	2360806
广西	24839301	24713680	125622	479555
海南	2643184	2634021	9163	14479
重庆	51152400	50042361	1110040	1447404
四川	71620193	70584751	1035442	3205496
贵州	15602161	15528913	73248	167616
云南	27425528	27264685	160843	398149
西藏	685780	663773	22007	26291
陕西	42573542	40271301	2302240	1577445
甘肃	17141385	17018444	122940	240546
青海	3641409	3554522	86887	482329
宁夏	5774382	5730502	43880	95539
新疆	21741232	21500569	240663	88052

4-3 各地区总承包建筑业总产值和竣工产值

单位：万元

地 区	建筑业总产值	#装饰装修产值	#在外省完成的产值	按构成分组			竣工产值
				建筑工程产值	安装工程产值	其他产值	
全国总计	**1588865998**	**46366042**	**523482249**	**1451921089**	**96712437**	**40232472**	**908299618**
北 京	69697254	5437028	47128811	67064675	2127583	504997	34723371
天 津	35678942	226807	14343804	32368163	2570735	740044	18564725
河 北	52772745	1374899	17717405	45682261	4345903	2744581	25890503
山 西	27779784	635555	8944871	24692595	2498840	588348	11895300
内蒙古	13159873	209434	595352	11770169	640618	749087	8499867
辽 宁	63941402	3279129	7209936	57567366	4480151	1893885	34522216
吉 林	22550802	608145	2257284	20134978	1406003	1009821	15449188
黑龙江	18328298	370154	1609606	15251088	2728554	348657	9382675
上 海	45884006	2112071	22933080	40236950	4889170	757886	24435880
江 苏	222177324	2304403	95361066	212290707	8353667	1532950	170775682
浙 江	209342302	7942640	107613201	193808998	11227475	4305830	128575698
安 徽	49811459	831649	10733402	44771549	2867883	2172027	25037924
福 建	61067962	1499734	22042816	57595871	2767386	704705	34795833
江 西	38281513	1599326	11937101	33635100	2406636	2239777	21866516
山 东	84479815	2935141	14487384	74892098	8244274	1343443	44692401
河 南	71157223	1763013	18673825	64779205	4697933	1680085	39361056
湖 北	94229751	2770449	37215110	85850686	6272993	2106072	45110280
湖 南	56631593	1811704	18903884	49449747	2953646	4228200	34605265
广 东	64163530	2103315	11642680	58297844	4149641	1716046	31034125
广 西	25193235	875973	4286529	22040941	1896092	1256202	12803886
海 南	2648500	155908	88426	2354509	135711	158280	1666542
重 庆	51489764	1219234	10126633	47851101	1887614	1751049	25964258
四 川	73790247	1510959	15316095	67082088	4777491	1930669	38571327
贵 州	15696528	211388	2627572	13975469	881352	839707	5966369
云 南	27662834	564815	1579510	25571933	1354005	736896	15713291
西 藏	690064	19388	1820	638903	29005	22156	466552
陕 西	41848747	1154543	13528786	37772945	2948653	1127149	19102872
甘 肃	17258990	410205	2150820	15294742	1434908	529341	8952033
青 海	4036851	40934	1160781	3454099	487422	95330	1788712
宁 夏	5826041	68188	523660	5567266	195954	62820	4034882
新 疆	21588621	319912	741001	20177047	1055141	356433	14050393

4-4 各地区总承包建筑业企业房屋建筑面积

地 区	房屋建筑施工面积(万平方米)	#本年新开工	#实行投标承包面积	#本年新开工	房屋建筑竣工面积(万平方米)	房屋建筑面积竣工率(%)
全国总计	**1232029.6**	**518625.2**	**996979.4**	**420153.1**	**415145.5**	**33.7**
北 京	56357.2	18001.0	52862.5	16274.8	9262.6	16.4
天 津	14047.4	5126.5	12547.1	4328.2	3152.4	22.4
河 北	36757.3	16723.7	31259.9	14183.7	12371.9	33.7
山 西	13805.5	5450.1	11682.1	4485.8	3876.8	28.1
内蒙古	8034.2	3965.4	6893.4	3484.9	3637.7	45.3
辽 宁	47352.5	20808.6	28807.5	15602.6	16134.4	34.1
吉 林	12886.0	7523.8	9210.6	5310.1	6994.4	54.3
黑龙江	7003.2	4254.1	5556.1	3296.0	3878.9	55.4
上 海	34733.6	11797.7	32355.0	10945.1	7506.0	21.6
江 苏	212262.3	84341.8	193718.1	75502.7	76495.1	36.0
浙 江	197170.5	78448.7	165955.1	66353.9	63789.8	32.4
安 徽	39064.8	18004.4	30080.9	13645.7	15030.2	38.5
福 建	56821.8	19935.6	42376.4	13902.8	15102.4	26.6
江 西	27318.9	14654.8	18451.8	10115.7	12510.2	45.8
山 东	69753.7	32125.7	56258.8	27098.0	23566.0	33.8
河 南	47418.4	23207.2	38218.8	19811.6	19315.9	40.7
湖 北	61482.6	29581.2	46180.1	22790.6	24448.6	39.8
湖 南	47277.7	20044.9	41068.7	17031.4	16494.3	34.9
广 东	52364.0	20940.4	32597.1	13679.0	13681.6	26.1
广 西	21102.2	8455.1	18046.3	7117.6	6716.6	31.8
海 南	2011.4	727.0	1682.1	556.5	774.3	38.5
重 庆	32024.5	14103.6	19259.7	8929.8	12659.5	39.5
四 川	52382.8	23939.8	35428.4	16921.5	18926.7	36.1
贵 州	13863.0	4958.1	9706.5	3254.7	2794.4	20.2
云 南	15472.4	7626.5	11452.0	5230.6	7127.5	46.1
西 藏	222.6	144.5	136.7	86.0	155.1	69.7
陕 西	22525.6	8249.3	19201.7	7130.4	6767.5	30.0
甘 肃	11386.1	5407.7	8706.3	3952.8	4124.5	36.2
青 海	1043.1	520.1	775.0	391.7	467.2	44.8
宁 夏	4342.9	2036.8	3937.6	1800.6	1483.6	34.2
新 疆	13741.4	7521.1	12567.0	6938.1	5899.6	42.9

4-5 各地区按主要用途分的总承包建筑业企业房屋建筑竣工面积

单位：万平方米

地区	总计	住宅房屋	商业及服务用房屋	商厦房屋(批发和零售用房)	宾馆用房屋(住宿用房)	餐饮用房屋(餐饮用房)
全国总计	**415145.5**	**283913.3**	**27193.5**	**12077.9**	**3309.4**	**1375.0**
北京	9262.6	5770.8	1010.6	482.0	168.2	13.1
天津	3152.4	1823.5	227.3	132.0	6.6	11.6
河北	12371.9	9137.6	483.9	209.9	25.0	11.2
山西	3876.8	2840.8	217.3	69.0	26.0	6.1
内蒙古	3637.7	2829.3	175.0	53.1	10.3	12.8
辽宁	16134.4	12087.5	803.1	340.0	96.6	33.4
吉林	6994.4	5554.8	254.2	99.5	23.2	6.5
黑龙江	3878.9	3020.0	226.6	55.1	22.3	14.3
上海	7506.0	3904.7	1058.2	415.6	40.8	1.9
江苏	76495.1	55357.2	3510.6	1622.6	611.6	333.1
浙江	63789.8	36576.6	5687.0	2780.7	718.8	318.2
安徽	15030.2	10063.0	745.6	314.8	42.8	17.6
福建	15102.4	9767.9	1060.7	327.2	73.5	38.8
江西	12510.2	8404.5	806.8	324.3	87.5	43.5
山东	23566.0	16903.3	1353.4	741.3	103.4	39.2
河南	19315.9	14041.7	1044.2	326.4	174.3	63.1
湖北	24448.6	16927.0	1622.4	900.8	304.1	68.7
湖南	16494.3	11663.4	1131.3	593.0	157.0	26.5
广东	13681.6	8517.5	969.5	354.5	81.5	24.0
广西	6716.6	4319.0	436.8	230.7	48.1	13.4
海南	774.3	502.3	84.3	36.5	16.4	9.4
重庆	12659.5	9769.7	719.2	260.1	60.3	31.1
四川	18926.7	14356.0	1122.3	453.6	142.6	51.1
贵州	2794.4	1820.9	142.8	60.2	25.8	2.3
云南	7127.5	4863.7	699.7	240.6	78.2	60.5
西藏	155.1	95.8	8.9	0.6	4.1	0.0
陕西	6767.5	4940.9	480.7	193.5	24.2	78.7
甘肃	4124.5	2956.5	260.2	96.9	52.7	7.8
青海	467.2	267.8	25.1	4.7	5.3	1.1
宁夏	1483.6	976.6	167.9	69.3	10.7	3.1
新疆	5899.6	3853.2	657.8	289.3	67.4	32.8

4-5 续表 1 单位：万平方米

地 区	商务会展用房屋	其他商业及服务用房屋(居民服务业用房)	办公用房屋	科研、教育和医疗用房屋	科学研究用房屋	教育用房屋
全国总计	**1643.7**	**8787.5**	**22808.1**	**16309.9**	**1788.1**	**10785.9**
北 京	38.8	308.4	885.2	434.1	95.5	223.5
天 津	2.8	74.4	116.7	99.3	16.7	54.7
河 北	10.3	227.4	623.4	544.0	61.6	364.0
山 西	26.9	89.2	198.5	229.4	19.7	166.9
内蒙古	17.7	81.1	222.1	126.0	3.2	112.2
辽 宁	39.2	293.9	652.9	266.4	29.6	157.5
吉 林	27.7	97.2	187.5	183.5	9.5	116.4
黑龙江	2.6	132.3	104.9	96.0	3.5	59.8
上 海	169.8	430.2	441.6	259.6	29.8	165.1
江 苏	549.1	394.2	3426.7	2351.2	334.2	1428.4
浙 江	381.6	1487.8	4050.3	2149.7	342.5	1324.9
安 徽	30.3	340.1	1042.5	629.8	28.5	512.9
福 建	30.7	590.5	881.2	478.8	52.7	354.4
江 西	6.6	344.8	991.7	499.0	39.2	364.8
山 东	54.2	415.3	1312.2	966.9	123.3	588.1
河 南	63.5	416.8	1294.3	1079.9	108.4	785.6
湖 北	15.7	333.1	1499.3	903.2	57.4	544.7
湖 南	38.6	316.1	825.6	937.8	127.5	560.3
广 东	41.9	467.6	749.8	538.4	81.5	373.3
广 西	14.6	130.0	510.2	690.4	43.7	475.0
海 南	1.6	20.5	23.4	65.3	2.5	60.4
重 庆	7.0	360.8	483.8	302.2	37.3	186.8
四 川	16.4	458.4	636.4	588.8	43.7	388.3
贵 州	3.9	50.6	182.2	335.2	10.3	277.6
云 南	33.1	287.3	396.4	477.9	12.1	372.6
西 藏		4.2	28.7	9.6		9.2
陕 西	5.9	178.4	371.3	379.7	39.6	238.3
甘 肃	2.4	100.4	179.4	244.6	13.4	181.2
青 海	1.2	12.7	59.4	74.0	10.1	60.1
宁 夏	2.6	82.2	77.9	80.2	3.0	64.0
新 疆	6.8	261.5	352.4	289.2	8.2	215.0

4-5 续表 2

单位：万平方米

地　区	医疗用房屋(卫生医疗用房)	文化、体育和娱乐用房屋	厂房及建筑物	#厂房	仓　库	其他未列明的房屋建筑物
全国总计	**3735.9**	**3634.7**	**50435.6**	**33140.1**	**2723.1**	**8127.2**
北　京	115.1	114.4	740.9	666.9	50.6	256.0
天　津	27.9	34.1	732.0	481.4	27.3	92.2
河　北	118.5	95.2	1054.3	631.9	60.7	372.6
山　西	42.7	26.7	257.4	143.6	28.9	77.8
内蒙古	10.6	43.0	116.9	60.9	18.2	107.2
辽　宁	79.2	74.4	1759.6	960.4	125.1	365.5
吉　林	57.5	32.2	505.4	207.8	26.4	250.5
黑龙江	32.7	5.4	297.7	176.6	61.0	67.3
上　海	64.7	82.2	1535.7	1023.5	110.0	114.2
江　苏	588.7	579.2	10021.6	8154.2	438.4	810.2
浙　江	482.4	648.3	13295.8	9135.1	434.8	947.2
安　徽	88.5	107.4	2052.4	1157.7	74.3	315.2
福　建	71.6	101.8	2421.7	1140.1	167.2	223.1
江　西	94.9	154.4	1311.0	636.8	94.3	248.5
山　东	255.5	141.1	2404.2	1478.2	161.6	323.4
河　南	186.0	147.0	1253.7	556.6	183.1	272.0
湖　北	301.1	391.2	2571.1	1532.8	189.0	345.3
湖　南	250.0	117.3	1358.5	760.8	82.4	378.0
广　东	83.6	74.1	2316.9	1512.2	108.6	406.7
广　西	171.6	137.3	363.2	222.0	24.4	235.2
海　南	2.4	27.6	17.2	14.2	6.2	47.9
重　庆	78.2	70.7	940.3	510.2	46.5	327.1
四　川	156.8	127.3	1470.4	849.7	99.3	526.3
贵　州	47.2	12.4	195.2	135.4	2.5	103.1
云　南	93.2	83.6	361.0	248.6	14.8	230.5
西　藏	0.3	3.2	6.3		0.1	2.6
陕　西	101.8	56.1	374.1	259.1	20.3	144.3
甘　肃	50.1	46.2	325.4	171.1	7.8	104.4
青　海	3.8	13.0	6.5	3.1	1.7	19.6
宁　夏	13.2	12.4	93.3	89.1	4.4	70.9
新　疆	66.0	75.6	276.0	220.4	53.0	342.3

4-6 各地区按主要用途分的总承包建筑业企业房屋建筑竣工价值

单位：万元

地 区	总计	住宅房屋	商业及服务用房屋	商厦房屋(批发和零售用房)	宾馆用房屋(住宿用房)	餐饮用房屋(餐饮用房)
全国总计	**628322040**	**422517977**	**46148750**	**20211553**	**6195946**	**2080682**
北 京	21286375	11537508	2610639	1046477	725040	55187
天 津	5757105	3037928	476865	218667	12474	26222
河 北	18425126	12644396	781232	371471	39987	16904
山 西	5910358	3954381	369132	91304	46024	21200
内蒙古	5437846	3957420	324577	112310	27794	13307
辽 宁	23056925	16689998	1173705	514334	132465	35820
吉 林	10389382	7927429	421174	184477	36014	11316
黑龙江	5609760	4308224	335801	83821	51777	20351
上 海	15378749	7748571	2360954	824564	106641	2615
江 苏	128434757	91798713	6698427	3037418	1152237	598418
浙 江	98944437	59407758	9965304	4738849	1381525	527348
安 徽	18210964	12491126	935904	410648	64920	22263
福 建	23579691	15878876	1786750	561149	139039	59707
江 西	14798313	9973117	1061138	411766	104968	49044
山 东	32283964	22123564	2185006	1259272	171838	54898
河 南	23216895	16684620	1424266	465613	209214	64658
湖 北	33985110	23229933	2444119	1389660	472394	93604
湖 南	22736884	15727363	1685418	869317	308785	35536
广 东	21369706	13632167	1691366	542207	132025	31881
广 西	9169097	5751761	630776	370891	65420	18324
海 南	1264302	836836	139644	52326	44701	13769
重 庆	17891925	13596153	965404	330125	63852	47485
四 川	27015851	20419899	1817593	697665	260203	75535
贵 州	3918690	2435635	201995	83061	42771	2251
云 南	10616379	6996117	1105781	400559	119582	67382
西 藏	361500	213159	19020	1393	6537	20
陕 西	10538989	7413487	741140	334558	44315	63329
甘 肃	6896796	4585969	469749	187299	105717	12273
青 海	800690	461064	45184	8642	8209	2351
宁 夏	2206970	1425575	210860	108411	14631	5008
新 疆	8828506	5629230	1069830	503300	104844	32677

4-6 续表 1

单位：万元

地区	商务会展用房屋	其他商业及服务用房屋(居民服务业用房)	办公用房屋	科研、教育和医疗用房屋	科学研究用房屋	教育用房屋
全国总计	**3232147**	**14428422**	**38749655**	**28123833**	**3217473**	**17678080**
北京	118963	664971	2431386	1259051	281921	634634
天津	8880	210623	329548	265754	51775	152560
河北	15175	337695	1106337	927148	120131	531382
山西	38274	172330	382841	473094	55975	332047
内蒙古	22100	149067	525973	239630	4368	221630
辽宁	60532	430553	1099990	433903	49086	227554
吉林	28763	160604	374773	299932	18077	212614
黑龙江	6745	173108	145274	197625	7263	111617
上海	441263	985871	1052757	698342	81589	382715
江苏	1170393	739961	6779772	4778078	719332	2738400
浙江	679068	2638515	6438712	3851619	630049	2285173
安徽	46565	391507	1235499	808675	40946	632661
福建	56351	970504	1381061	814941	80090	604223
江西	15437	479922	1227680	623752	39449	433970
山东	112493	586506	2235598	1608591	162265	942383
河南	49405	635377	1659027	1405316	136509	1003562
湖北	27625	460836	2431855	1338106	61262	831745
湖南	43473	428307	1286443	1405949	167614	742605
广东	121381	863872	1276050	1019948	170445	698678
广西	19094	157048	699775	995988	59949	655177
海南	2777	26070	36960	95528	1983	89429
重庆	24201	499741	888417	466035	67666	267187
四川	22198	761991	984766	903804	54143	572620
贵州	4945	68967	266938	480014	13358	401217
云南	55999	462259	620966	761575	20165	593839
西藏		11070	75484	21545		20979
陕西	7350	291589	618240	671291	72176	405266
甘肃	13303	151157	366365	508717	17482	399390
青海	2415	23567	101997	103767	16033	79980
宁夏	2693	80117	145146	151607	4582	116967
新疆	14290	414719	544027	514512	11793	355877

4-6 续表 2

单位：万元

地　区	医疗用房屋(卫生医疗用房)	文化、体育和娱乐用房屋	厂房及建筑物	#厂房	仓　库	其他未列明的房屋建筑物
全国总计	**7228280**	**7084767**	**67967051**	**45785124**	**3619741**	**14110266**
北　京	342496	538458	1774202	1585321	96685	1038446
天　津	61420	59746	1258259	809260	32185	296820
河　北	275635	221781	1643448	963469	80359	1020425
山　西	85072	89023	486805	276793	33639	121443
内蒙古	13632	45467	168229	98172	23272	153278
辽　宁	157263	112169	2811048	1659221	219864	516249
吉　林	69241	77031	790278	299783	44772	453993
黑龙江	78745	10015	442509	243573	76932	93381
上　海	234038	253701	2812497	2006865	198494	253433
江　苏	1320346	1201894	14799379	11831398	675701	1702794
浙　江	936397	1324407	15945045	11267849	543154	1468439
安　徽	135068	146523	2190741	1217525	80487	322010
福　建	130627	206114	2927553	1385694	207162	377234
江　西	150333	164607	1346431	672788	120038	281551
山　东	503943	259005	3005566	1912700	194065	672569
河　南	265244	169424	1316925	635074	159504	397814
湖　北	445100	678693	3119244	1812338	233844	509317
湖　南	495730	200559	1826792	1043176	96518	507843
广　东	150825	150803	2909029	1887072	123407	566936
广　西	280862	261454	486733	310610	27962	314647
海　南	4116	45248	32622	25086	7397	70069
重　庆	131182	94792	1301900	805904	52236	526989
四　川	277041	208857	1843879	1070292	150088	686966
贵　州	65439	24367	286198	216486	3397	220147
云　南	147571	128651	574130	413245	19700	409458
西　藏	566	8462	11833		177	11821
陕　西	193849	131415	648928	449929	29708	284780
甘　肃	91845	103802	613107	392778	11801	237287
青　海	7754	24551	12757	6001	637	50733
宁　夏	30058	29091	147845	139326	7277	89568
新　疆	146842	114659	433138	347397	69282	453830

4-7 各地区总承包建筑业企业主要生产效益指标

地　区	建筑业企业个数（个）	从事建筑业活动的平均人数（人）	按总产值计算的劳动生产率（元/人）	人均竣工产值（元/人）	人均施工面积（平方米/人）	人均竣工面积（平方米/人）
全国总计	**48323**	**49812318**	**318971**	**182344**	**247.3**	**83.3**
北　京	896	1305732	533779	265930	431.6	70.9
天　津	476	876058	407267	211912	160.3	36.0
河　北	1669	1355450	389337	191010	271.2	91.3
山　西	1135	923464	300822	128812	149.5	42.0
内蒙古	703	467251	281645	181912	171.9	77.9
辽　宁	2480	1953623	327297	176709	242.4	82.6
吉　林	1244	700464	321941	220556	184.0	99.9
黑龙江	1193	723247	253417	129730	96.8	53.6
上　海	1358	1112324	412506	219683	312.3	67.5
江　苏	5101	7381123	301007	231368	287.6	103.6
浙　江	3892	6897434	303508	186411	285.9	92.5
安　徽	1813	1559769	319352	160523	250.5	96.4
福　建	1976	2558340	238702	136009	222.1	59.0
江　西	1379	1277268	299714	171198	213.9	97.9
山　东	3841	3045856	277360	146732	229.0	77.4
河　南	2531	2260690	314759	174111	209.8	85.4
湖　北	1991	1849266	509552	243936	332.5	132.2
湖　南	1510	1974904	286756	175225	239.4	83.5
广　东	2514	1699934	377447	182561	308.0	80.5
广　西	793	853476	295184	150020	247.2	78.7
海　南	113	69509	381030	239759	289.4	111.4
重　庆	1559	1700728	302751	152666	188.3	74.4
四　川	2353	2776952	265724	138898	188.6	68.2
贵　州	533	476822	329191	125128	290.7	58.6
云　南	1535	974127	283976	161306	158.8	73.2
西　藏	154	27249	253244	171218	81.7	56.9
陕　西	1357	1300571	321772	146881	173.2	52.0
甘　肃	870	605013	285266	147964	188.2	68.2
青　海	275	127334	317028	140474	81.9	36.7
宁　夏	355	221130	263467	182467	196.4	67.1
新　疆	724	757210	285107	185555	181.5	77.9

4-8 各地区总承包建筑业企业资产构成

单位：万元

地区	资产合计	#流动资产合计	#存货	#非流动资产合计	#固定资产合计
全国总计	**1302206292**	**1029371021**	**230169644**	**272835272**	**116759361**
北京	147411825	103769318	17441842	43642507	3494381
天津	43567325	35187587	7019844	8379737	3185971
河北	37577083	29997328	6622090	7579755	4590971
山西	33609860	27340867	4496864	6268993	2407697
内蒙古	16661160	13148724	2240857	3512436	1910685
辽宁	47832308	39291222	7677545	8541086	4802780
吉林	17922938	15232127	2293953	2690811	2056755
黑龙江	15630642	12751322	2014263	2879320	1782499
上海	70489533	57640992	12616960	12848541	3334080
江苏	128829755	105805313	27303386	23024442	12141633
浙江	93084563	76038457	22341571	17046106	8632868
安徽	38272882	30301936	5777692	7970946	3846799
福建	32630290	25957047	6274741	6673243	3317918
江西	21333143	15975429	3399756	5357714	2757725
山东	82673427	67263232	16128727	15410195	8433696
河南	51016493	40475379	9972572	10541114	6679127
湖北	69591872	53129743	14772492	16462129	9967598
湖南	31579249	23933145	5121089	7646104	3738467
广东	78919755	62513809	12861684	16405946	6345679
广西	14580321	11407796	2457361	3172525	1514907
海南	1900466	1540081	180136	360385	150954
重庆	41060106	32801769	8414203	8258336	3548808
四川	63095117	50667715	13919560	12427403	5308311
贵州	16773120	14387421	4121691	2385699	897435
云南	27317509	20188761	3239061	7128749	3370050
西藏	1166695	748407	115401	418288	205880
陕西	37369649	30060840	5253274	7308809	3421713
甘肃	13613942	10125334	2061419	3488608	2164952
青海	4533504	3325342	744830	1208162	810493
宁夏	5748935	4899194	877065	849740	520565
新疆	16412829	13465385	2407715	2947444	1417964

4-9 各地区总承包建筑业企业固定资产情况

单位：万元

地 区	固定资产合计	固定资产原价	固定资产折旧	#本年折旧	在建工程
全国总计	**116759361**	**152698332**	**62097862**	**9922946**	**13034818**
北 京	3494381	6060452	3021695	541280	409459
天 津	3185971	5193822	2306361	338148	224168
河 北	4590971	6272689	2434519	349556	395775
山 西	2407697	3740813	1694740	249498	215936
内蒙古	1910685	2469466	853144	136687	190681
辽 宁	4802780	6834524	2857557	369390	423912
吉 林	2056755	2317713	884077	136566	248567
黑龙江	1782499	2665142	1116286	126358	127189
上 海	3334080	5606607	2804895	333455	340014
江 苏	12141633	15205945	5953732	919687	1483232
浙 江	8632868	11879903	4574728	722925	592548
安 徽	3846799	4790990	1774629	323392	555822
福 建	3317918	4582996	1601819	303585	134402
江 西	2757725	3195903	1017126	196271	349650
山 东	8433696	11209784	4550526	706494	645000
河 南	6679127	9060080	3574917	591154	541444
湖 北	9967598	10043571	4252239	703036	896532
湖 南	3738467	5218058	2115397	358666	393039
广 东	6345679	8137924	3462939	548949	1186548
广 西	1514907	1885665	714926	118964	205364
海 南	150954	101994	45380	6426	79020
重 庆	3548808	3637113	1341317	241432	613239
四 川	5308311	6504323	2753261	393200	1169837
贵 州	897435	1021258	435860	88555	137316
云 南	3370050	4138471	1545538	308220	478724
西 藏	205880	250823	80334	12353	7373
陕 西	3421713	4893895	2139708	449192	417390
甘 肃	2164952	2369427	731931	101479	277379
青 海	810493	756418	342508	52614	45447
宁 夏	520565	568084	228916	27086	101525
新 疆	1417964	2084481	886858	168331	148292

4-10 各地区总承包建筑业企业负债及所有者权益

单位：万元

地　区	负债合计	#流动负债	#应付账款	所有者权益	#实收资本
全国总计	**895637858**	**805620620**	**268485855**	**406565551**	**227226130**
北　京	108082320	95144930	35553106	39329505	18123508
天　津	35039646	31575034	13555101	8527678	5336044
河　北	25037107	23186011	8935301	12539976	11997332
山　西	25798204	23507187	10851587	7811656	4622893
内蒙古	11025183	10019607	2935214	5635977	2727574
辽　宁	33195077	29073839	10563267	14637231	7829030
吉　林	11777411	10023221	3884036	6145527	4083056
黑龙江	11161489	10411267	3965554	4469153	3639858
上　海	54919253	51763643	15464784	15570280	8799422
江　苏	79231286	74055747	21407230	49598469	20854250
浙　江	55469205	52184326	11235795	37615358	18796579
安　徽	26397983	23281010	7376330	11874899	7077343
福　建	18788633	17093651	3843831	13841656	9376459
江　西	11860822	10387977	2187643	9472321	5802712
山　东	58680342	54775914	17837274	23993085	14088091
河　南	33900547	30552376	10700952	17115945	10220683
湖　北	49517380	41602143	18834261	20074492	9678994
湖　南	18982564	16945438	5895222	12596685	6806951
广　东	55721200	49173030	13500032	23198556	13335175
广　西	9962380	8746675	1793593	4615057	3000116
海　南	1152035	966072	324177	748430	482453
重　庆	29122567	25668615	7836140	11937539	6437890
四　川	44536108	37415372	12313828	18559010	11036773
贵　州	11622596	10486086	3186492	5150524	2020665
云　南	18332872	15827202	3951892	8984637	5493300
西　藏	554332	438159	137901	612363	444169
陕　西	26770480	24761102	10617951	10599169	7797466
甘　肃	9070486	8124866	2918914	4543456	2785755
青　海	3102671	2799340	1180600	1430833	983777
宁　夏	4186410	3991636	1465300	1562525	970792
新　疆	12639272	11639144	4232549	3773557	2577022

4-11 各地区总承包建筑业企业实收资本

单位：万元

地　区	合计	国家资本	集体资本	法人资本	个人资本	港澳台资本	外商资本
全国总计	**227226130**	**39952857**	**10349131**	**73667090**	**102500063**	**344735**	**412254**
北　京	18123508	7449110	291626	7783543	2514787	34836	49606
天　津	5336044	1707814	172334	2525053	930662	180	
河　北	11997332	1648046	331773	2130966	7886087	400	60
山　西	4622893	1403864	202405	1388694	1627630	100	200
内蒙古	2727574	338018	130888	680159	1578302	207	
辽　宁	7829030	1504903	416364	2722553	3155391	7500	22319
吉　林	4083056	315536	175897	1276976	2302893	11154	600
黑龙江	3639858	653887	331847	1021596	1621587		10940
上　海	8799422	1671962	381904	4107786	2469912	96946	70912
江　苏	20854250	1596783	627789	5749194	12730107	59236	91141
浙　江	18796579	598807	391844	4778465	12988948	23995	14520
安　徽	7077343	1377204	265630	2071836	3356821	5395	456
福　建	9376459	791443	184649	2144253	6235855	13385	6875
江　西	5802712	1102619	438612	1263432	2970031	1961	26057
山　东	14088091	2038427	1265741	4721349	6040998	19577	2000
河　南	10220683	1509815	621281	3110539	4971104	6751	1193
湖　北	9678994	2374002	438128	2701943	4138727	18101	8093
湖　南	6806951	1284935	484368	2242929	2794048	658	14
广　东	13335175	2008083	847932	6043076	4308673	34933	92478
广　西	3000116	636037	230649	1006006	1126445		980
海　南	482453	107926	24417	207471	142492	147	
重　庆	6437890	910040	195696	1870923	3458807	1487	937
四　川	11036773	1607462	419208	4044143	4960511	5156	293
贵　州	2020665	935299	137177	571427	376763		
云　南	5493300	1527323	281532	1590021	2091115	2180	1130
西　藏	444169	42265	18078	236872	146955		
陕　西	7797466	1268534	595147	3323212	2605156		5418
甘　肃	2785755	584585	253492	893626	1053602	450	
青　海	983777	163522	59349	418747	342160		
宁　夏	970792	136996	28122	201482	598193		6000
新　疆	2577022	657613	105255	838821	975302		31

4-12 各地区总承包建筑业企业收入情况

单位：万元

地区	主营业务收入	#主营业务成本	#主营业务税金及附加	其他业务收入	#其他业务成本	#其他业务利润
全国总计	**1467377700**	**1301053480**	**48008685**	**13387909**	**22118030**	**1522093**
北京	88789753	81865194	2032958	493274	341147	134091
天津	35694365	31495596	1013901	179243	703421	16526
河北	47507781	42240444	1564429	374715	936946	41111
山西	27876339	24792919	867504	558299	561316	41710
内蒙古	12980535	11013778	468275	255596	382425	34673
辽宁	55801756	48173902	1781017	154398	1566743	33675
吉林	20473659	16961685	738379	178630	908872	13439
黑龙江	15049192	13489266	520288	60300	69405	7142
上海	58566697	53564866	1504908	453945	878205	147689
江苏	179583197	158023893	6334076	1334409	1415626	127840
浙江	163217268	148554327	5635712	700927	583560	130278
安徽	43186210	38109957	1445860	364230	554403	38563
福建	54448144	48422856	2047886	125108	438731	43910
江西	34137150	29866860	1230546	787038	964665	18033
山东	79541917	69095562	2484085	1211875	1904003	113212
河南	67690804	59099822	2314088	1062374	1560046	80902
湖北	89302823	77845908	3063210	1047013	1666734	73344
湖南	52856983	46721881	2004351	529754	739552	39401
广东	72409036	64521969	2158536	333367	664390	102310
广西	22754818	20619282	767613	325838	425366	26035
海南	2432335	2167267	82878	108147	121398	307
重庆	46256016	39262954	1540394	475509	1409389	36259
四川	66348421	58608227	2147639	858743	1323974	56985
贵州	14639878	13254779	515916	135834	148054	19351
云南	23806351	20573216	827676	267343	358759	66572
西藏	696670	582008	25247	9806	6017	1759
陕西	43050197	38651987	1399052	297813	506287	19173
甘肃	16535991	14682712	543273	293990	383364	27683
青海	4310652	3830263	115802	113327	138058	7521
宁夏	6061978	5456955	184843	24482	61893	5529
新疆	21370782	19503147	648347	272583	395284	17072

4-13 各地区总承包建筑业企业费用情况

单位：万元

地　区	管理费用	#税金	销售费用	财务费用	#利息收入	#利息支出
全国总计	**40691351**	**1848537**	**4553288**	**11063506**	**3113943**	**11636579**
北　京	2618738	42116	77894	652083	909578	1517827
天　津	1156254	19946	39592	377129	87941	409119
河　北	1212759	52198	108609	296165	42651	231620
山　西	1133507	26599	59371	203107	72972	208167
内蒙古	451562	23849	15416	187149	-33	162759
辽　宁	1807101	127615	124157	337226	56295	272094
吉　林	589815	40787	46461	137201	8754	96584
黑龙江	548259	31985	50634	67086	14781	58523
上　海	1772395	28000	71875	259354	158082	348759
江　苏	4698802	253262	535069	1461858	210297	1291316
浙　江	2766332	123246	339934	1121172	165974	1114199
安　徽	1234110	54970	145066	321565	91520	334131
福　建	1234261	72566	149273	202393	35134	260864
江　西	821169	51747	234184	195421	8838	155565
山　东	2363358	141383	260242	666504	125841	646655
河　南	2202074	122362	297813	508920	133309	463416
湖　北	2853686	111578	526853	707715	205800	722120
湖　南	1594460	70624	260267	286563	101097	292275
广　东	2091407	87914	158783	724342	76938	705720
广　西	582953	26189	39145	174615	13816	148190
海　南	51880	1924	2303	3094	909	3798
重　庆	1258497	73344	146194	469846	90581	424289
四　川	1888954	100504	427201	666079	221907	737917
贵　州	360182	10843	20554	144384	34612	111239
云　南	777890	39168	151391	328294	47994	306338
西　藏	41970	1419	5874	4352	231	3468
陕　西	1251299	54957	139181	232543	144506	306000
甘　肃	523842	32287	76080	139933	10646	87819
青　海	149546	2377	16608	35834	1942	32059
宁　夏	143203	7491	6578	41209	862	39635
新　疆	511087	15288	20688	110372	40170	144114

4-14 各地区总承包建筑业企业利润及税金情况

单位：万元

地区	利润总额	#应交所得税	税金总额	主营业务税金及附加	管理费用中的税金
全国总计	**55720653**	**12511105**	**49857222**	**48008685**	**1848537**
北京	4038921	582512	2075074	2032958	42116
天津	1083933	255843	1033847	1013901	19946
河北	1488895	372958	1616627	1564429	52198
山西	837696	133248	894104	867504	26599
内蒙古	689780	173717	492125	468275	23849
辽宁	1936854	563022	1908632	1781017	127615
吉林	951127	268073	779166	738379	40787
黑龙江	405270	111031	552273	520288	31985
上海	1685342	283616	1532908	1504908	28000
江苏	8513834	1914042	6587337	6334076	253262
浙江	5066793	1202089	5758958	5635712	123246
安徽	1638724	339958	1500829	1445860	54970
福建	2081621	673299	2120452	2047886	72566
江西	1408547	319638	1282293	1230546	51747
山东	3669091	774237	2625467	2484085	141383
河南	2633821	619520	2436450	2314088	122362
湖北	3598552	867892	3174788	3063210	111578
湖南	1914504	363213	2074974	2004351	70624
广东	2772701	686445	2246449	2158536	87914
广西	488295	148049	793802	767613	26189
海南	108567	56741	84802	82878	1924
重庆	2550619	492152	1613738	1540394	73344
四川	2134970	492554	2248142	2147639	100504
贵州	326091	77895	526760	515916	10843
云南	1094418	202860	866844	827676	39168
西藏	43530	6032	26666	25247	1419
陕西	1191933	204948	1454008	1399052	54957
甘肃	580301	111623	575559	543273	32287
青海	130415	19798	118180	115802	2377
宁夏	191350	62777	192333	184843	7491
新疆	464161	131325	663635	648347	15288

4-15 各地区总承包建筑业企业应收工程款及企业亏损情况

地　区	应收工程款（万元）	企业个数（个）	#亏损企业个数	亏损企业的比重(%)
全国总计	**276706696**	**48323**	**5328**	**11.0**
北　京	17601478	896	177	19.8
天　津	11445805	476	53	11.1
河　北	10332548	1669	186	11.1
山　西	10158551	1135	192	16.9
内蒙古	4552420	703	108	15.4
辽　宁	12405007	2480	383	15.4
吉　林	6255047	1244	167	13.4
黑龙江	4396061	1193	220	18.4
上　海	10862795	1358	216	15.9
江　苏	35253474	5101	134	2.6
浙　江	16730680	3892	375	9.6
安　徽	8041531	1813	174	9.6
福　建	4826131	1976	241	12.2
江　西	3781246	1379	98	7.1
山　东	22091669	3841	367	9.6
河　南	10005084	2531	160	6.3
湖　北	15344279	1991	143	7.2
湖　南	6704273	1510	101	6.7
广　东	12342701	2514	360	14.3
广　西	2542213	793	137	17.3
海　南	353121	113	20	17.7
重　庆	9529871	1559	156	10.0
四　川	10861726	2353	249	10.6
贵　州	3557215	533	121	22.7
云　南	5223236	1535	179	11.7
西　藏	251954	154	15	9.7
陕　西	9727071	1357	191	14.1
甘　肃	3951937	870	105	12.1
青　海	969636	275	71	25.8
宁　夏	2030421	355	64	18.0
新　疆	4577519	724	165	22.8

4-16 各地区总承包建筑业企业主要经济效益指标

地　区	产值利润率 (%)	产值利税率 (%)	资本利润率 (%)	资本利税率 (%)	人均利润 (元/人)	人均利税 (元/人)	资产负债率 (%)
全国总计	**3.5**	**6.6**	**24.5**	**46.5**	**11186**	**21195**	**68.8**
北　京	5.8	8.8	22.3	33.7	30932	46824	73.3
天　津	3.0	5.9	20.3	39.7	12373	24174	80.4
河　北	2.8	5.9	12.4	25.9	10985	22911	66.6
山　西	3.0	6.2	18.1	37.5	9071	18753	76.8
内蒙古	5.2	9.0	25.3	43.3	14763	25295	66.2
辽　宁	3.0	6.0	24.7	49.1	9914	19684	69.4
吉　林	4.2	7.7	23.3	42.4	13579	24702	65.7
黑龙江	2.2	5.2	11.1	26.3	5603	13239	71.4
上　海	3.7	7.0	19.2	36.6	15152	28933	77.9
江　苏	3.8	6.8	40.8	72.4	11535	20459	61.5
浙　江	2.4	5.2	27.0	57.6	7346	15695	59.6
安　徽	3.3	6.3	23.2	44.4	10506	20128	69.0
福　建	3.4	6.9	22.2	44.8	8137	16425	57.6
江　西	3.7	7.0	24.3	46.4	11028	21067	55.6
山　东	4.3	7.5	26.0	44.7	12046	20666	71.0
河　南	3.7	7.1	25.8	49.6	11651	22428	66.5
湖　北	3.8	7.2	37.2	70.0	19459	36627	71.2
湖　南	3.4	7.0	28.1	58.6	9694	20201	60.1
广　东	4.3	7.8	20.8	37.6	16311	29526	70.6
广　西	1.9	5.1	16.3	42.7	5721	15022	68.3
海　南	4.1	7.3	22.5	40.1	15619	27819	60.6
重　庆	5.0	8.1	39.6	64.7	14997	24486	70.9
四　川	2.9	5.9	19.3	39.7	7688	15784	70.6
贵　州	2.1	5.4	16.1	42.2	6839	17886	69.3
云　南	4.0	7.1	19.9	35.7	11235	20134	67.1
西　藏	6.3	10.2	9.8	15.8	15975	25761	47.5
陕　西	2.8	6.3	15.3	33.9	9165	20344	71.6
甘　肃	3.4	6.7	20.8	41.5	9592	19105	66.6
青　海	3.2	6.2	13.3	25.3	10242	19523	68.4
宁　夏	3.3	6.6	19.7	39.5	8653	17351	72.8
新　疆	2.2	5.2	18.0	43.8	6130	14894	77.0

4-17 各地区按资质等级划分的总承包建筑业企业单位数

单位：个

地区	合计	特级	一级	二级	三级及以下
全国总计	**48323**	**287**	**5252**	**17099**	**25685**
北京	896	34	256	260	346
天津	476	8	117	143	208
河北	1669	7	183	700	779
山西	1135	5	90	332	708
内蒙古	703	1	69	225	408
辽宁	2480	26	214	642	1598
吉林	1244	2	68	344	830
黑龙江	1193	3	117	476	597
上海	1358	13	154	489	702
江苏	5101	34	581	1794	2692
浙江	3892	39	683	1155	2015
安徽	1813	3	162	695	953
福建	1976	3	176	527	1270
江西	1379	1	129	526	723
山东	3841	16	333	1454	2038
河南	2531	17	258	955	1301
湖北	1991	11	245	806	929
湖南	1510	11	188	514	797
广东	2514	16	325	635	1538
广西	793	3	53	242	495
海南	113		21	49	43
重庆	1559	2	176	629	752
四川	2353	11	197	1141	1004
贵州	533	2	44	152	335
云南	1535	3	74	512	946
西藏	154	1	3	92	58
陕西	1357	5	192	780	380
甘肃	870	6	58	310	496
青海	275	1	12	121	141
宁夏	355	1	13	113	228
新疆	724	2	61	286	375

4-18 各地区按资质等级划分的总承包建筑业企业从业人员

单位：人

地　区	合计	特级	一级	二级	三级及以下
全国总计	**40797192**	**4348176**	**16414304**	**12315037**	**7719675**
北　京	337484	81316	196136	31149	28883
天　津	242971	15170	124274	69562	33965
河　北	1049749	66271	310925	467544	205009
山　西	513683	36216	188945	160319	128203
内蒙古	312025	4419	107640	118020	81946
辽　宁	1364950	77119	374133	440303	473395
吉　林	385349	17068	68100	135392	164789
黑龙江	310632	39198	89757	93219	88458
上　海	613196	57643	270815	205468	79270
江　苏	7118426	1393171	2722085	1817416	1185754
浙　江	6738767	1302723	3444237	1305886	685921
安　徽	1548301	56784	661071	532356	298090
福　建	2296365	64466	1200682	612210	419007
江　西	1265667	45614	586843	378754	254456
山　东	2444012	199054	852090	832506	560362
河　南	2098532	196165	641923	752022	508422
湖　北	1775182	221784	680917	613348	259133
湖　南	1282599	71574	384114	470946	355965
广　东	1584442	88282	756713	400862	338585
广　西	751658	124868	345103	173642	108045
海　南	69800		37471	20267	12062
重　庆	1556072	2110	674546	546556	332860
四　川	2074216	54471	606732	984008	429005
贵　州	426934	38167	232911	82881	72975
云　南	721637	21217	173722	304118	222580
西　藏	24385	112	350	18838	5085
陕　西	840109	16678	393734	329671	100026
甘　肃	544410	33914	150632	200307	159557
青　海	97611	17431	6560	55263	18357
宁　夏	95271	2456	20084	38799	33932
新　疆	312757	2715	111059	123405	75578

4-19 各地区按资质等级划分的总承包建筑业总产值

单位：万元

地　区	合计	特级	一级	二级	三级及以下
全国总计	**1588865998**	**292212348**	**737290952**	**347473551**	**211889148**
北　京	69697254	29969935	34746502	3180548	1800270
天　津	35678942	9311728	18627636	5204465	2535113
河　北	52772745	9993208	24535310	12934837	5309390
山　西	27779784	4132077	15990254	4503448	3154005
内蒙古	13159873	571383	5391434	4220187	2976869
辽　宁	63941402	5876487	20429950	18479622	19155343
吉　林	22550802	668052	6799114	7133824	7949813
黑龙江	18328298	1910777	7803100	4416221	4198201
上　海	45884006	15980262	18890880	8112833	2900032
江　苏	222177324	57784238	92346609	45099657	26946820
浙　江	209342302	51700870	108888716	32201664	16551053
安　徽	49811459	3587110	26670243	12740183	6813923
福　建	61067962	2101896	33895193	14946704	10124168
江　西	38281513	656359	21274806	10307088	6043259
山　东	84479815	10239442	41834952	20541742	11863679
河　南	71157223	18405743	25650255	15894320	11206905
湖　北	94229751	26817177	41751925	18580597	7080052
湖　南	56631593	12188607	23985598	11904768	8552620
广　东	64163530	6322524	38165264	10246217	9429526
广　西	25193235	3632815	13009156	5112756	3438508
海　南	2648500		1459749	782582	406169
重　庆	51489764	740260	24992536	15874920	9882048
四　川	73790247	9837175	26595459	25196393	12161221
贵　州	15696528	1093647	10288874	2215672	2098336
云　南	27662834	2624373	9018404	9588960	6431097
西　藏	690064	1213	12378	554093	122379
陕　西	41848747	2629240	26314406	9921334	2983766
甘　肃	17258990	1711522	7547855	4468525	3531088
青　海	4036851	1210098	625710	1756124	444920
宁　夏	5826041	73714	1709517	2631133	1411676
新　疆	21588621	440417	8039166	8722137	4386901

4-20 各地区按资质等级划分的总承包建筑业企业签订合同额

单位：万元

地 区	合计	特级	一级	二级	三级及以下
全国总计	**2989862088**	**709984202**	**1472835522**	**525321361**	**281721002**
北 京	196041055	102556051	83446975	6439166	3598863
天 津	81963770	26858700	42605874	9156086	3343111
河 北	88471974	17430410	47311436	17230668	6499461
山 西	55429301	11474001	34173285	5874747	3907267
内蒙古	21114749	1487502	8534204	7134116	3958928
辽 宁	104376752	13517029	39343712	26584780	24931231
吉 林	36749673	1575500	12550917	11619611	11003644
黑龙江	28889785	3128269	11974891	9084774	4701851
上 海	144134838	74774081	50322665	14731375	4306716
江 苏	341483959	95221279	151270933	61917437	33074310
浙 江	358045836	98407511	183541192	50894637	25202496
安 徽	91062143	9303834	53352114	19396925	9009270
福 建	115464973	4726233	73304670	23380253	14053818
江 西	68705913	1882285	43134462	15393203	8295962
山 东	134598569	17322257	73358352	28926118	14991842
河 南	124845558	37357453	52628262	21747774	13112069
湖 北	174253483	52251428	87173989	25360245	9467820
湖 南	123754464	45029875	48355880	19337685	11031025
广 东	159960590	26147165	97567733	20308182	15937511
广 西	50203542	9282440	27576492	8138510	5206100
海 南	5497969		3305564	1683878	508527
重 庆	86411653	2294735	48520183	23964431	11632305
四 川	143265973	28290423	61525204	37970639	15479707
贵 州	40952796	2102811	30863400	4408210	3578375
云 南	48606656	8409300	18475000	13966950	7755407
西 藏	1055307	1213	42645	861997	149452
陕 西	83536847	11460492	55074756	13398184	3603415
甘 肃	29101186	3861195	14008895	6706950	4524146
青 海	9035464	2817751	1835853	3733132	648729
宁 夏	9005540	208445	2796292	3742893	2257910
新 疆	33841769	804535	14859693	12227805	5949736

4-21 各地区按资质等级划分的总承包建筑业企业竣工产值

单位：万元

地区	合计	特级	一级	二级	三级及以下
全国总计	**908299618**	**146937406**	**388768853**	**227298154**	**145295206**
北京	34723371	14602959	16728465	2374920	1017027
天津	18564725	6557904	8330323	2030177	1646322
河北	25890503	3612158	10688883	8231248	3358214
山西	11895300	1214482	5964375	2762961	1953482
内蒙古	8499867	277269	2956999	2970190	2295409
辽宁	34522216	1986968	9114458	10832436	12588354
吉林	15449188	378681	3664480	5294608	6111420
黑龙江	9382675	892866	2794920	2634726	3060164
上海	24435880	8297410	9789404	4550139	1798928
江苏	170775682	41404264	70005161	37408373	21957884
浙江	128575698	30376248	66284460	21041469	10873521
安徽	25037924	1183775	11463083	7655594	4735473
福建	34795833	1310271	19015996	8455077	6014489
江西	21866516	364559	9355529	7565660	4580768
山东	44692401	4868093	19779652	12552416	7492240
河南	39361056	7692944	12631394	10799989	8236729
湖北	45110280	7360847	19338069	13145142	5266221
湖南	34605265	6886162	12935907	8423102	6360095
广东	31034125	1159301	18157277	6165700	5551847
广西	12803886	1407054	5995083	3199379	2202371
海南	1666542		849549	543535	273459
重庆	25964258	328734	10533387	8659243	6442894
四川	38571327	1963678	13240556	15594068	7773024
贵州	5966369	288091	3340650	1211037	1126591
云南	15713291	243408	5037576	5869213	4563093
西藏	466552	1213	3914	361937	99488
陕西	19102872	393120	12002419	5378165	1329168
甘肃	8952033	1021913	2880458	2816077	2233585
青海	1788712	667340	218457	620998	281917
宁夏	4034882	54934	1141854	1897016	941078
新疆	14050393	140758	4526118	6253563	3129954

4-22 各地区按资质等级划分的总承包建筑业企业房屋施工面积

单位：万平方米

地　区	合计	特级	一级	二级	三级及以下
全国总计	**1232029.6**	**267878.6**	**552418.2**	**266923.1**	**144809.8**
北　京	56357.2	28037.2	26465.0	1476.0	379.0
天　津	14047.4	3623.6	8657.8	1303.2	462.9
河　北	36757.3	6372.4	15486.8	10991.3	3906.8
山　西	13805.5	790.6	8780.3	2563.4	1671.2
内蒙古	8034.2	331.2	3014.9	2569.6	2118.4
辽　宁	47352.5	4758.4	9912.8	19919.4	12761.9
吉　林	12886.0	462.5	2915.4	3926.0	5582.0
黑龙江	7003.2	703.5	2271.3	2034.5	1994.0
上　海	34733.6	16962.4	12349.1	4361.1	1061.1
江　苏	212262.3	64830.3	83518.7	40695.3	23218.0
浙　江	197170.5	61147.7	98811.4	25524.5	11687.0
安　徽	39064.8	520.0	22465.6	10736.4	5342.9
福　建	56821.8	2848.0	35277.1	12421.1	6275.5
江　西	27318.9	1077.0	13739.2	7692.5	4810.1
山　东	69753.7	9989.4	30047.4	19501.4	10215.5
河　南	47418.4	10422.9	17873.8	11370.8	7750.9
湖　北	61482.6	17422.2	24808.1	13630.4	5622.0
湖　南	47277.7	14211.8	15686.3	10545.6	6834.1
广　东	52364.0	8698.1	28839.5	8471.2	6355.2
广　西	21102.2	4331.3	10320.3	4074.1	2376.5
海　南	2011.4		1333.7	418.9	258.8
重　庆	32024.5	919.3	17759.4	8562.7	4783.1
四　川	52382.8	5209.2	20398.2	19543.2	7232.3
贵　州	13863.0	568.4	10295.9	1534.0	1464.7
云　南	15472.4	950.0	6196.2	4958.9	3367.4
西　藏	222.6	0.2	1.4	185.4	35.5
陕　西	22525.6	953.5	13764.2	6338.0	1470.1
甘　肃	11386.1	1065.5	5165.0	3200.8	1954.8
青　海	1043.1	93.2	262.6	527.3	160.1
宁　夏	4342.9	102.9	1063.4	2130.6	1046.1
新　疆	13741.4	476.1	4937.7	5715.6	2612.0

4-23 各地区按资质等级划分的总承包建筑业企业房屋竣工面积

单位：万平方米

地 区	合计	特级	一级	二级	三级及以下
全国总计	**415145.5**	**61436.5**	**161099.9**	**115422.5**	**77186.7**
北 京	9262.6	4255.0	4550.0	353.7	103.8
天 津	3152.4	520.0	1727.9	549.8	354.8
河 北	12371.9	1264.4	3902.4	5045.6	2159.5
山 西	3876.8	156.3	1763.9	1101.7	854.9
内蒙古	3637.7	94.8	1034.5	1276.0	1232.5
辽 宁	16134.4	904.1	3305.6	5521.8	6402.9
吉 林	6994.4	197.7	1127.6	2503.0	3166.1
黑龙江	3878.9	142.4	943.2	1241.8	1551.5
上 海	7506.0	2840.7	2795.0	1402.9	467.4
江 苏	76495.1	19128.3	29358.7	17161.5	10846.5
浙 江	63789.8	15507.0	32457.1	10518.7	5307.0
安 徽	15030.2	364.1	6361.2	5098.8	3206.1
福 建	15102.4	768.0	8145.4	3757.6	2431.3
江 西	12510.2	183.0	4139.9	4805.4	3381.9
山 东	23566.0	2256.9	8477.6	7704.1	5127.4
河 南	19315.9	3329.0	5458.4	5702.7	4825.9
湖 北	24448.6	3723.5	9445.3	7930.1	3349.6
湖 南	16494.3	2620.4	4960.2	4820.8	4092.9
广 东	13681.6	524.0	6728.6	3418.4	3010.5
广 西	6716.6	679.0	2710.1	1906.4	1421.2
海 南	774.3		311.6	314.6	148.1
重 庆	12659.5	164.1	5394.4	4162.0	2939.0
四 川	18926.7	892.9	5814.4	7988.9	4230.6
贵 州	2794.4	81.9	1435.2	565.2	712.1
云 南	7127.5	72.0	2305.8	2721.9	2027.8
西 藏	155.1	0.2	1.4	127.7	25.8
陕 西	6767.5	196.0	3274.4	2636.3	660.7
甘 肃	4124.5	397.2	1277.3	1312.5	1137.5
青 海	467.2	84.8	74.8	198.2	109.3
宁 夏	1483.6	7.2	290.6	773.0	412.8
新 疆	5899.6	81.6	1527.4	2801.3	1489.3

4-24 各地区按资质等级划分的总承包建筑业企业实收资本

单位：万元

地　区	合计	特级	一级	二级	三级及以下
全国总计	**227226130**	**29357197**	**80926879**	**68460161**	**48481893**
北　京	18123508	10547917	5752012	1045207	778373
天　津	5336044	1936434	2114819	840512	444279
河　北	11997332	354100	3594494	4431396	3617342
山　西	4622893	570978	1603228	1312211	1136475
内蒙古	2727574	68329	917171	1014567	727506
辽　宁	7829030	614217	2627083	2242457	2345273
吉　林	4083056	60000	1066190	1284858	1672007
黑龙江	3639858	277114	1130821	1427865	804058
上　海	8799422	1900223	3577020	2261271	1060908
江　苏	20854250	1456133	6982474	7126649	5288994
浙　江	18796579	1661328	8580035	5014575	3540641
安　徽	7077343	1041748	2016282	2401541	1617771
福　建	9376459	121818	3548696	2867193	2838753
江　西	5802712	104350	2254849	2189135	1254379
山　东	14088091	849916	5037069	4228681	3972426
河　南	10220683	1453353	3062356	3493795	2211179
湖　北	9678994	1123992	3584257	3202218	1768528
湖　南	6806951	897837	2442663	2175949	1290503
广　东	13335175	1263501	6291204	3074351	2706119
广　西	3000116	134527	1061793	1064057	739740
海　南	482453		248539	168748	65166
重　庆	6437890	200300	2589004	2379866	1268721
四　川	11036773	1174443	2851772	4270809	2739749
贵　州	2020665	140382	942333	540128	397823
云　南	5493300	158622	1796896	1929761	1608021
西　藏	444169	2400	12502	343982	85285
陕　西	7797466	824270	3503240	2886547	583409
甘　肃	2785755	195600	631513	1165840	792801
青　海	983777	94300	117478	547273	224725
宁　夏	970792	28218	133657	497971	310945
新　疆	2577022	100849	855428	1030749	589996

4-25 各地区按资质等级划分的总承包建筑业企业资产

单位：万元

地区	合计	特级	一级	二级	三级及以下
全国总计	**1302206292**	**307562233**	**574762071**	**267216682**	**152665306**
北京	147411825	91026204	47812319	5015071	3558231
天津	43567325	13845188	21131650	5910373	2680114
河北	37577083	3368397	21320789	8471140	4416758
山西	33609860	9858880	15902093	4467796	3381091
内蒙古	16661160	692533	6568597	5951357	3448674
辽宁	47832308	5194921	19659029	11347452	11630906
吉林	17922938	522072	6570150	6027566	4803150
黑龙江	15630642	2400166	6054495	4948519	2227463
上海	70489533	20875981	32519423	12115100	4979030
江苏	128829755	21851614	52642209	32812562	21523371
浙江	93084563	19906353	45236120	17444459	10497631
安徽	38272882	7431939	17641793	8278872	4920278
福建	32630290	803263	17472140	8763714	5591174
江西	21333143	981772	10634820	6405359	3311192
山东	82673427	12021493	39595470	19887171	11169293
河南	51016493	14381796	19652159	10902908	6079630
湖北	69591872	26194976	26598899	11969457	4828540
湖南	31579249	8591390	12276120	7036002	3675738
广东	78919755	11412447	45762992	12782745	8961571
广西	14580321	1819060	6349034	4055844	2356382
海南	1900466		1114922	526211	259333
重庆	41060106	2712268	21371881	11620035	5355922
四川	63095117	16767734	21228616	17332682	7766086
贵州	16773120	1237684	11343777	2490170	1701490
云南	27317509	2250397	10707063	9175190	5184860
西藏	1166695	2400	37406	956611	170278
陕西	37369649	7833939	20375074	7430764	1729872
甘肃	13613942	1316440	6433332	3522445	2341726
青海	4533504	1400668	635716	1854624	642496
宁夏	5748935	142128	1616604	2541291	1448911
新疆	16412829	718131	8497384	5173196	2024118

4–26 各地区按资质等级划分的总承包建筑业企业所有者权益

单位：万元

地 区	合计	特级	一级	二级	三级及以下
全国总计	**406565551**	**75476941**	**152256716**	**109813105**	**69018790**
北 京	39329505	27609649	9234110	1447080	1038666
天 津	8527678	2738611	3319597	1696886	772585
河 北	12539976	1028260	5560330	4067628	1883758
山 西	7811656	1732772	2543272	1942009	1593602
内蒙古	5635977	90154	2022413	2019770	1503640
辽 宁	14637231	1498537	4822474	4068516	4247705
吉 林	6145527	87003	1874978	2215947	1967599
黑龙江	4469153	293803	1387652	1786744	1000954
上 海	15570280	4299727	6016159	3577660	1676734
江 苏	49598469	7164966	18245062	14223758	9964683
浙 江	37615358	6447967	18006110	8188074	4973207
安 徽	11874899	1021923	4601806	3892964	2358207
福 建	13841656	312566	5859554	4091490	3578047
江 西	9472321	162257	3763619	3597799	1948646
山 东	23993085	2169145	9394102	7491326	4938513
河 南	17115945	2745164	5370150	5500296	3500335
湖 北	20074492	4792706	7091426	5592052	2598308
湖 南	12596685	2030682	4662424	3734484	2169095
广 东	23198556	2826685	12133003	4666918	3571950
广 西	4615057	445443	1509137	1622721	1037756
海 南	748430		364524	286760	97146
重 庆	11937539	366891	5076763	4361781	2132105
四 川	18559010	2930201	5092969	6803808	3732032
贵 州	5150524	219318	3440366	846149	644692
云 南	8984637	516325	2561370	3375261	2531682
西 藏	612363	2400	26728	458597	124639
陕 西	10599169	1205283	4830477	3732142	831267
甘 肃	4543456	273882	1435770	1656696	1177108
青 海	1430833	298590	177797	698475	255971
宁 夏	1562525	35363	291773	793212	442178
新 疆	3773557	130670	1540802	1376103	725982

4-27 各地区按资质等级划分的总承包建筑业企业负债

单位：万元

地区	合计	特级	一级	二级	三级及以下
全国总计	**895637858**	**232085292**	**422505355**	**157403578**	**83643634**
北京	108082320	63416556	38578209	3567991	2519565
天津	35039646	11106577	17812053	4213487	1907529
天津	25037107	2340136	15760459	4403512	2533000
山西	25798204	8126108	13358821	2525787	1787489
内蒙古	11025183	602379	4546184	3931587	1945034
辽宁	33195077	3696384	14836555	7278936	7383202
吉林	11777411	435069	4695172	3811619	2835551
黑龙江	11161489	2106363	4666843	3161774	1226509
上海	54919253	16576254	26503263	8537440	3302296
江苏	79231286	14686648	34397147	18588804	11558687
浙江	55469205	13458386	27230010	9256385	5524424
安徽	26397983	6410016	13039987	4385909	2562070
福建	18788633	490696	11612586	4672224	2013127
江西	11860822	819515	6871201	2807560	1362546
山东	58680342	9852349	30201368	12395845	6230780
河南	33900547	11636632	14282009	5402611	2579295
湖北	49517380	21402270	19507473	6377406	2230231
湖南	18982564	6560707	7613696	3301518	1506642
广东	55721200	8585762	33629989	8115828	5389621
广西	9962380	1373617	4839897	2433123	1315743
海南	1152035		750397	239451	162187
重庆	29122567	2345377	16295118	7258254	3223818
四川	44536108	13837532	16135647	10528874	4034054
贵州	11622596	1018366	7903411	1644021	1056798
云南	18332872	1734073	8145692	5799929	2653178
西藏	554332		10678	498014	45640
陕西	26770480	6628656	15544597	3698622	898605
甘肃	9070486	1042557	4997562	1865749	1164618
青海	3102671	1102078	457919	1156149	386525
宁夏	4186410	106766	1324831	1748079	1006734
新疆	12639272	587462	6956581	3797092	1298136

4-28 各地区按资质等级划分的总承包建筑业企业营业收入

单位：万元

地　区	合计	特级	一级	二级	三级及以下
全国总计	**1480765609**	**292336076**	**697469834**	**311676851**	**179282847**
北　京	89283027	40136685	42507625	3909543	2729174
天　津	35873608	10414877	18933381	4633033	1892316
河　北	47882496	8912271	23409128	10904200	4656897
山　西	28434638	4230738	16920827	4287411	2995663
内蒙古	13236131	650741	5509161	4433971	2642259
辽　宁	55956154	4342323	20342660	15876137	15395035
吉　林	20652289	688228	6762063	6516679	6685319
黑龙江	15109491	1850445	5800607	3854301	3604139
上　海	59020642	21433800	22920672	10501617	4164553
江　苏	180917606	45430940	74598285	37951633	22936748
浙　江	163918196	39366278	84930805	26301005	13320107
安　徽	43550440	4572294	22634540	10949192	5394414
福　建	54573252	1795160	31007277	13622787	8148028
江　西	34924188	709822	19686237	9495683	5032446
山　东	80753792	10169570	40747032	19091364	10745826
河　南	68753178	17741299	26770351	15029550	9211978
湖　北	90349836	27757936	40532823	15907276	6151801
湖　南	53386737	11545418	23202950	11566012	7072357
广　东	72742403	8713318	44637161	10468135	8923791
广　西	23080656	3485768	12505863	4179785	2909241
海　南	2540483		1454243	764227	322013
重　庆	46731525	1299115	23075711	14425473	7931226
四　川	67207164	12755652	24952151	21002846	8496515
贵　州	14775712	1259846	9875259	1994897	1645711
云　南	24073693	2717381	8950333	7614214	4791765
西　藏	706475	1213	37388	561128	106747
陕　西	43348010	6643723	25738261	8540629	2425398
甘　肃	16829982	1804111	7522747	4446579	3056544
青　海	4423979	1389120	662580	1861791	510488
宁　夏	6086460	88609	1810103	2722512	1465237
新　疆	21643365	429396	9031612	8263245	3919113

4-29 各地区按资质等级划分的总承包建筑业企业利税总额

单位：万元

地 区	合计	特级	一级	二级	三级及以下
全国总计	**105577875**	**19200969**	**42946321**	**26148080**	**17282505**
北 京	6113995	3637312	2080608	206908	189166
天 津	2117780	587577	916202	423222	190778
河 北	3105522	545847	1284188	822352	453135
山 西	1731800	433229	780995	290143	227433
内蒙古	1181905	23634	372469	461653	324149
辽 宁	3845485	284849	1170847	1249243	1140547
吉 林	1730293	27935	411563	632329	658467
黑龙江	957543	47209	244827	300358	365149
上 海	3218250	1066810	1372289	557901	221250
江 苏	15101171	3675084	5899982	3285786	2240320
浙 江	10825751	2430797	5452628	1906728	1035598
安 徽	3139553	282896	1455651	877243	523763
福 建	4202073	117653	2115859	1201588	766973
江 西	2690840	52167	1231677	878777	528219
山 东	6294558	608948	2722011	1780271	1183329
河 南	5070270	936746	1540683	1416721	1176120
湖 北	6773340	1702569	2787088	1582172	701511
湖 南	3989479	697061	1550395	1036719	705304
广 东	5019151	523621	2692114	909923	893492
广 西	1282096	137303	583813	315763	245218
海 南	193369		104820	56375	32174
重 庆	4164357	47480	1622031	1420051	1074796
四 川	4383113	638778	1326093	1636406	781835
贵 州	852851	48534	520654	155135	128529
云 南	1961262	162517	563811	720393	514540
西 藏	70196	910	3620	47997	17669
陕 西	2645941	314796	1267277	822736	241133
甘 肃	1155860	56468	340160	398019	361215
青 海	248594	76421	36332	103376	32466
宁 夏	383683	3920	95170	181161	103432
新 疆	1127795	31900	400467	470631	224798

4-30 各地区按资质等级划分的总承包建筑业企业利润总额

单位：万元

地区	合计	特级	一级	二级	三级及以下
全国总计	**55720653**	**10668914**	**20662103**	**14415677**	**9973960**
北京	4038921	2820795	1011064	99287	107776
天津	1083933	248022	422754	278472	134685
河北	1488895	245787	561312	419187	262609
山西	837696	325844	253220	140031	118601
内蒙古	689780	3504	167601	303026	215649
辽宁	1936854	163700	545196	643852	584106
吉林	951127	9384	209925	345850	385968
黑龙江	405270	7630	60834	149439	187367
上海	1685342	538577	772864	261977	111924
江苏	8513834	2024413	3310130	1838706	1340586
浙江	5066793	1084791	2485980	956137	539885
安徽	1638724	141778	716503	471109	309333
福建	2081621	59134	998877	616448	407162
江西	1408547	50262	580125	484295	293865
山东	3669091	338298	1465491	1097984	767318
河南	2633821	380935	694120	830262	728503
湖北	3598552	826778	1411212	950149	410413
湖南	1914504	377444	655066	516053	365942
广东	2772701	325766	1406029	527279	513628
广西	488295	25830	197801	145151	119513
海南	108567		55677	34261	18629
重庆	2550619	30443	925456	888659	706062
四川	2134970	296927	548472	849259	440313
贵州	326091	11551	189139	70110	55291
云南	1094418	98646	269410	420853	305509
西藏	43530	852	2362	27523	12794
陕西	1191933	134918	418050	493582	145384
甘肃	580301	21187	100933	234565	223617
青海	130415	55678	16298	45142	13297
宁夏	191350	1161	41117	93182	55891
新疆	464161	18880	169088	183851	92342

4-31 各地区按资质等级划分的总承包建筑业企业税金总额

单位：万元

地　区	合计	特级	一级	二级	三级及以下
全国总计	**49857222**	**8532055**	**22284218**	**11732403**	**7308545**
北　京	2075074	816517	1069544	107622	81391
天　津	1033847	339556	493448	144750	56094
河　北	1616627	300060	722876	403166	190525
山　西	894104	107385	527775	150112	108832
内蒙古	492125	20130	204867	158627	108500
辽　宁	1908632	121149	625651	605391	556440
吉　林	779166	18551	201638	286479	272499
黑龙江	552273	39579	183992	150919	177782
上　海	1532908	528233	599425	295925	109326
江　苏	6587337	1650670	2589852	1447080	899735
浙　江	5758958	1346006	2966648	950592	495712
安　徽	1500829	141118	739148	406133	214430
福　建	2120452	58518	1116982	585140	359812
江　西	1282293	1905	651553	394483	234353
山　东	2625467	270650	1256520	682287	416011
河　南	2436450	555811	846563	586459	447617
湖　北	3174788	875791	1375875	632023	291099
湖　南	2074974	319617	895330	520667	339361
广　东	2246449	197855	1286086	382644	379864
广　西	793802	111473	386012	170612	125705
海　南	84802		49142	22114	13546
重　庆	1613738	17037	696575	531392	368734
四　川	2248142	341852	777622	787148	341522
贵　州	526760	36982	331514	85025	73238
云　南	866844	63871	294401	299540	209032
西　藏	26666	59	1258	20474	4875
陕　西	1454008	179878	849227	329154	95748
甘　肃	575559	35281	239227	163454	137598
青　海	118180	20743	20034	58234	19169
宁　夏	192333	2759	54054	87980	47541
新　疆	663635	13020	231379	286781	132455

4-32 各地区按资质等级划分的总承包建筑业企业主营业务收入

单位：万元

地区	合计	特级	一级	二级	三级及以下
全国总计	**1467377700**	**290406684**	**691960974**	**308277933**	**176732109**
北京	88789753	39884189	42334322	3869620	2701622
天津	35694365	10355988	18861150	4593311	1883916
河北	47507781	8893470	23283124	10848405	4482782
山西	27876339	4201833	16572909	4189575	2912023
内蒙古	12980535	647520	5441069	4375088	2516859
辽宁	55801756	4316321	20301711	15830137	15353587
吉林	20473659	667396	6728870	6460670	6616724
黑龙江	15049192	1847774	5779827	3840701	3580890
上海	58566697	21361962	22684079	10406352	4114304
江苏	179583197	44989745	74100412	37728981	22764060
浙江	163217268	39155012	84674204	26171993	13216061
安徽	43186210	4540562	22366550	10924631	5354468
福建	54448144	1795160	30926605	13592696	8133682
江西	34137150	702822	19400245	9338805	4695278
山东	79541917	10011335	40020721	18910378	10599483
河南	67690804	17639189	26461957	14593209	8996449
湖北	89302823	27623769	40075171	15634957	5968925
湖南	52856983	11520358	22915370	11389072	7032182
广东	72409036	8654957	44450979	10419357	8883744
广西	22754818	3481636	12445324	3940964	2886895
海南	2432335		1451968	658436	321932
重庆	46256016	1274163	22940277	14277368	7764208
四川	66348421	12578334	24788636	20681918	8299534
贵州	14639878	1258426	9839462	1976480	1565511
云南	23806351	2709163	8832224	7517275	4747689
西藏	696670	1213	36148	553612	105697
陕西	43050197	6626788	25555526	8484350	2383533
甘肃	16535991	1798611	7341273	4384160	3011948
青海	4310652	1364954	658406	1779956	507337
宁夏	6061978	88609	1804240	2711579	1457550
新疆	21370782	415430	8888221	8193895	3873237

4-33 各地区按资质等级划分的总承包建筑业企业管理费用

单位：万元

地 区	合计	特级	一级	二级	三级及以下
全国总计	**40691351**	**6771916**	**16675640**	**10161676**	**7082120**
北 京	2618738	957541	1286233	188706	186259
天 津	1156254	403872	549102	130846	72434
河 北	1212759	73449	705348	294231	139731
山 西	1133507	189905	619831	178479	145293
内蒙古	451562	16344	162114	145438	127666
辽 宁	1807101	88656	608418	545171	564856
吉 林	589815	14037	147864	186988	240926
黑龙江	548259	52443	199045	171878	124894
上 海	1772395	627166	599586	341909	203734
江 苏	4698802	851564	1691143	1216506	939589
浙 江	2766332	342913	1300878	661452	461090
安 徽	1234110	197087	515752	315085	206188
福 建	1234261	25037	476458	398960	333806
江 西	821169	8708	386405	253700	172356
山 东	2363358	248488	1072006	616009	426855
河 南	2202074	579217	707421	560080	355355
湖 北	2853686	952003	1012816	613758	275109
湖 南	1594460	342290	543853	423475	284842
广 东	2091407	183020	1135596	394245	378546
广 西	582953	61892	252697	150948	117416
海 南	51880		23089	20288	8503
重 庆	1258497	24401	468109	474060	291927
四 川	1888954	230188	626138	690756	341872
贵 州	360182	9572	199639	83923	67048
云 南	777890	46027	261703	280997	189163
西 藏	41970	14	2482	31780	7694
陕 西	1251299	156155	669335	332443	93366
甘 肃	523842	29972	181629	165550	146691
青 海	149546	42893	17413	55468	33772
宁 夏	143203	1379	35251	59799	46774
新 疆	511087	15683	218289	178747	98368

4-34 各地区按资质等级划分的总承包建筑业企业财务费用

单位：万元

地 区	合计	特级	一级	二级	三级及以下
全国总计	**11063506**	**2460366**	**5206804**	**2248541**	**1147795**
北 京	652083	464059	180125	-1294	9193
天 津	377129	147273	195125	33242	1488
河 北	296165	14889	188822	59353	33100
山 西	203107	41633	120339	29630	11505
内蒙古	187149	17065	60535	74712	34837
辽 宁	337226	32471	123521	122082	59152
吉 林	137201	3814	69523	33556	30308
黑龙江	67086	4309	37377	8784	16616
上 海	259354	116657	87827	30889	23982
江 苏	1461858	328750	646137	322041	164930
浙 江	1121172	261697	606887	186011	66577
安 徽	321565	5273	208563	72592	35137
福 建	202393	7729	119873	53339	21452
江 西	195421	15198	107647	45831	26744
山 东	666504	91877	349993	146060	78574
河 南	508920	130990	207018	94399	76514
湖 北	707715	265180	279948	118143	44444
湖 南	286563	76217	111170	55441	43736
广 东	724342	150874	411178	103461	58829
广 西	174615	42782	73312	41249	17272
海 南	3094		1822	911	361
重 庆	469846	29810	237910	129784	72342
四 川	666079	129534	246721	205209	84615
贵 州	144384	28314	93119	12262	10689
云 南	328294	33899	136613	104978	52804
西 藏	4352	2	-15	4098	267
陕 西	232543	1745	150956	62136	17707
甘 肃	139933	2891	71781	37840	27421
青 海	35834	16640	6922	11521	752
宁 夏	41209	166	6736	22948	11358
新 疆	110372	-1371	69318	27335	15090

4–35 各地区按资质等级划分的总承包建筑业企业应收工程款

单位：万元

地区	合计	特级	一级	二级	三级及以下
全国总计	**276706696**	**50453327**	**133423844**	**58438086**	**34391439**
北京	17601478	8243459	8135132	645920	576968
天津	11445805	2544304	6572508	1925839	403155
河北	10332548	1321384	6356826	1776595	877744
山西	10158551	1533653	6476781	1212208	935910
内蒙古	4552420	233740	2305457	1278961	734261
辽宁	12405007	1541342	4843843	2900969	3118854
吉林	6255047	234414	2219291	1554555	2246787
黑龙江	4396061	1024821	1804576	1055347	511318
上海	10862795	3428031	4932379	1517887	984498
江苏	35253474	5291280	14929103	9584788	5448303
浙江	16730680	4264784	7568730	2913434	1983732
安徽	8041531	1464449	3828658	1750746	997677
福建	4826131	149235	2366077	1322020	988799
江西	3781246	380410	1948830	949480	502526
山东	22091669	3381107	11041675	4897669	2771218
河南	10005084	2748097	4499638	1733029	1024320
湖北	15344279	4936038	6528418	2882455	997368
湖南	6704273	1251574	2876845	1638069	937785
广东	12342701	984222	7981738	1812988	1563754
广西	2542213	381505	1237319	524031	399358
海南	353121		170782	143583	38757
重庆	9529871	470580	4763747	3004153	1291391
四川	10861726	1972469	4290114	3254609	1344534
贵州	3557215	174211	2314188	616557	452260
云南	5223236	324287	2280698	1558220	1060031
西藏	251954	1213	15049	192891	42802
陕西	9727071	1363029	6303748	1719563	340731
甘肃	3951937	414085	1864583	990899	682371
青海	969636	252797	168650	406576	141614
宁夏	2030421	14235	549845	1053803	412538
新疆	4577519	128574	2248618	1620246	580080

4-36 各地区专业承包建筑业企业签订合同情况

单位：万元

地区	签订合同额	上年结转合同额	本年新签合同额
全国总计	**244999019**	**72210423**	**172788596**
北京	16258139	5741237	10516902
天津	7798652	2861215	4937437
河北	4153494	878741	3274753
山西	4525907	1417776	3108130
内蒙古	1145275	310243	835032
辽宁	17748471	4198947	13549524
吉林	3865860	1467746	2398114
黑龙江	3567698	628631	2939068
上海	13181433	4632203	8549231
江苏	27345223	6437828	20907395
浙江	24418247	7000741	17417506
安徽	6515935	1435733	5080202
福建	8309902	2557239	5752663
江西	4852474	1640407	3212067
山东	10103841	1562183	8541658
河南	10129370	1973398	8155972
湖北	10645123	4329145	6315979
湖南	5390710	1361718	4028992
广东	31426764	10023941	21402823
广西	1711786	585533	1126253
海南	236378	60264	176114
重庆	6461528	2060036	4401493
四川	10836720	4755074	6081646
贵州	1007486	285866	721620
云南	4143482	1170529	2972953
西藏	30552	10483	20069
陕西	4757800	1286058	3471743
甘肃	1077721	290131	787590
青海	333946	67860	266086
宁夏	645038	225998	419040
新疆	2374064	953521	1420543

4－37　各地区专业承包建筑业企业承包工程完成情况

单位：万元

地　区	直接从建设单位承揽工程完成的产值	自行完成施工产值	分包出去工程的产值	从建设单位以外承揽工程完成的产值
全国总计	**166762366**	**163133484**	**3628882**	**15136430**
北　京	9785038	9272905	512134	3127798
天　津	5779484	5164108	615376	391812
河　北	3414318	3407790	6528	76925
山　西	3183658	3146085	37574	109050
内蒙古	848655	848345	310	21125
辽　宁	14397058	14345079	51979	224768
吉　林	2601824	2588756	13067	70431
黑龙江	3170078	3169144	934	10045
上　海	7697135	7492483	204652	1622922
江　苏	20448722	20377963	70760	3374031
浙　江	15823526	15522070	301456	1817493
安　徽	4969598	4888532	81066	129269
福　建	5380292	5269781	110511	554374
江　西	2935744	2903417	32327	41406
山　东	8535881	8398434	137447	258086
河　南	7479200	7360632	118568	601036
湖　北	6332934	6208994	123940	157145
湖　南	3505153	3476220	28933	101876
广　东	18918566	18066812	851753	1334679
广　西	797254	792350	4904	103472
海　南	114678	114678		111
重　庆	3963514	3889943	73572	142362
四　川	6679272	6578626	100646	297696
贵　州	684462	678143	6319	27771
云　南	2803711	2780407	23305	103509
西　藏	22662	22162	500	236
陕　西	3468393	3375575	92818	352777
甘　肃	859434	838521	20913	47727
青　海	288688	286026	2662	6191
宁　夏	424075	423604	471	1989
新　疆	1449360	1445902	3458	28317

4-38 各地区专业承包建筑业总产值和竣工产值

单位：万元

地区	建筑业总产值	#装饰装修产值	#在外省完成的产值	按构成分组			竣工产值
				建筑工程产值	安装工程产值	其他产值	
全国总计	**178268164**	**57365112**	**49189699**	**119503967**	**45885577**	**12878619**	**99248113**
北京	12400702	5474104	6011342	11129343	1032323	239037	5856871
天津	5555920	735409	290200	2499533	2356055	700333	2434801
河北	3484715	652028	664593	1671489	1201077	612148	2128767
山西	3255134	452647	659230	1966718	926267	362149	1674669
内蒙古	869470	35427	44424	361738	291537	216195	440546
辽宁	14569846	4337785	1497585	8346695	5127490	1095661	8298625
吉林	2659188	307309	114188	1485813	1010212	163163	2010810
黑龙江	3179189	739526	532610	2148016	859392	171781	990997
上海	9115405	3837609	3008679	6574525	2257591	283289	4050815
江苏	23751993	10844981	7625446	19354080	4180433	217481	18396389
浙江	17339562	5890614	5643256	12167633	4445764	726165	10367705
安徽	5017801	997724	1326330	2380634	1526194	1110973	3124978
福建	5824156	1667325	2129492	4169422	1543723	111011	3342249
江西	2944823	1300489	1086790	1943345	382695	618783	1452085
山东	8654770	2465388	1090533	5272103	2553185	829481	4897108
河南	7961668	1427611	1187295	4796155	2328526	836987	4790864
湖北	6366139	1730085	1605257	4060959	1335825	969355	3641424
湖南	3578096	712606	1299034	1659484	1307973	610640	2333985
广东	19401492	10666446	9172561	14180299	4417384	803809	8915989
广西	895822	137428	21101	407573	298846	189403	523241
海南	114789	33450	13662	27312	71586	15891	60318
重庆	4032305	994818	898592	2187112	1447762	397431	1595053
四川	6876322	844875	2015408	4634908	1697394	544021	3004102
贵州	705914	134140	31066	399418	200509	105986	185884
云南	2883915	338674	140485	1742905	953041	187969	1484181
西藏	22398	4792		10653	11695	50	16130
陕西	3728352	304439	916727	2215545	1013816	498991	1385562
甘肃	886249	127562	63564	580834	207893	97521	388560
青海	292217	10934	42962	112440	115203	64574	135804
宁夏	425594	74304	25078	305522	91928	28144	335691
新疆	1474219	84586	32210	711764	692256	70198	983909

4-39 各地区专业承包建筑业企业房屋建筑面积

地区	房屋建筑施工面积（万平方米）	#本年新开工	#实行投标承包面积	#本年新开工	房屋建筑竣工面积（万平方米）	房屋建筑面积竣工率（%）
全国总计	**17796.7**	**10235.9**	**8706.9**	**4998.9**	**8211.8**	**46.1**
北京	120.0	47.6	73.1	38.9	12.4	10.3
天津	111.4	53.5	37.3	18.9	79.6	71.5
河北	355.5	256.9	181.1	129.8	210.8	59.3
山西	123.0	78.3	19.4	16.0	63.3	51.4
内蒙古	19.2	11.5	15.0	11.3	11.2	58.4
辽宁	508.5	418.6	210.2	157.7	380.0	74.7
吉林	1107.0	771.1	563.0	292.6	340.6	30.8
黑龙江	31.3	31.0	14.7	14.7	5.7	18.2
上海	261.1	127.3	103.4	27.3	74.8	28.6
江苏	776.5	328.4	514.1	191.0	300.0	38.6
浙江	4680.8	2883.0	2697.0	1689.2	2693.3	57.5
安徽	423.6	319.2	269.3	206.6	309.2	73.0
福建	563.9	309.3	242.2	73.9	290.3	51.5
江西	413.1	219.4	216.3	152.5	214.5	51.9
山东	1329.6	815.5	681.9	441.0	654.8	49.2
河南	1407.0	930.4	484.4	308.1	502.4	35.7
湖北	745.3	466.7	443.5	349.6	418.7	56.2
湖南	155.5	78.4	59.4	38.5	88.7	57.1
广东	1079.2	317.0	197.4	109.6	203.9	18.9
广西	65.9	23.7	13.6	13.0	16.4	24.9
海南	4.6	2.0	1.0	0.5	4.5	97.8
重庆	862.4	420.8	114.0	69.0	156.1	18.1
四川	979.8	610.8	326.4	214.0	617.5	63.0
贵州	26.6	25.5	3.5	3.2	6.4	23.9
云南	352.0	202.3	177.7	104.0	119.1	33.8
西藏	2.6	1.6	1.5	1.4	2.4	90.5
陕西	505.6	236.7	398.0	165.4	150.3	29.7
甘肃	145.0	92.3	47.5	32.5	47.5	32.7
青海	29.7	25.8	1.6	0.1	12.2	41.0
宁夏	12.3	5.0	9.6	2.9	9.6	78.3
新疆	598.8	126.2	589.8	125.7	215.8	36.0

4-40 各地区按主要用途分的专业承包建筑业企业房屋建筑竣工面积

单位：万平方米

地 区	总计	住宅房屋	商业及服务用房屋	商厦房屋(批发和零售用房)	宾馆用房屋(住宿用房)	餐饮用房屋(餐饮用房)
全国总计	**8211.8**	**2558.3**	**449.4**	**187.7**	**43.4**	**43.3**
北 京	12.4	3.1				
天 津	79.6	41.1	13.4	8.2	5.0	0.2
河 北	210.8	139.9	1.5		0.1	
山 西	63.3	11.0	0.2		0.2	
内蒙古	11.2	7.3				
辽 宁	380.0	161.8	14.9	0.3	0.3	3.3
吉 林	340.6	167.8	86.3	6.5	8.2	22.8
黑龙江	5.7	5.6				
上 海	74.8	1.5	5.3	1.5	0.3	1.6
江 苏	300.0	165.8	16.7	1.3	3.3	0.1
浙 江	2693.3	80.6	46.6	41.0		2.4
安 徽	309.2	119.9	7.0	5.2		
福 建	290.3	47.1	7.8	2.3	0.2	0.3
江 西	214.5	106.1	17.1	8.9	0.4	
山 东	654.8	180.3	13.2	7.4		0.1
河 南	502.4	83.8	30.6	11.0	5.8	3.5
湖 北	418.7	244.2	23.9	4.3	4.7	5.1
湖 南	88.7	54.6	8.4	0.6	1.2	
广 东	203.9	81.0	6.2	2.8	1.2	0.6
广 西	16.4	10.1				
海 南	4.5		4.5		4.5	
重 庆	156.1	73.5	19.2	2.4		0.2
四 川	617.5	357.5	93.4	71.7	0.5	0.5
贵 州	6.4	0.5	0.3		0.3	
云 南	119.1	61.3	5.7	4.1		1.1
西 藏	2.4	1.6				
陕 西	150.3	134.8	8.9	0.6	0.1	
甘 肃	47.5	18.7	5.5	1.6	2.5	0.5
青 海	12.2	6.8	0.5			
宁 夏	9.6	7.8				
新 疆	215.8	182.8	12.5	6.0	4.6	1.1

4-40　续表 1　　　　单位：万平方米

地　区	商务会展用房屋	其他商业及服务用房屋(居民服务业用房)	办公用房　屋	科研、教育和医疗用房屋	科学研究用房屋	教育用房　屋
全国总计	**19.4**	**155.6**	**226.8**	**97.5**	**11.2**	**68.0**
北　京			0.7	1.6	0.2	
天　津		0.1	11.5			
河　北		1.4	6.9	2.2		2.2
山　西			2.9	0.3		0.3
内蒙古				3.9	3.9	
辽　宁	0.3	10.6	4.4			
吉　林	8.1	40.8	28.5	1.8		1.8
黑龙江						
上　海		1.9	4.9	0.1		
江　苏	0.3	11.7	3.6	3.5		3.2
浙　江		3.2	13.8	3.9		0.9
安　徽	0.3	1.5	21.1	8.0		7.3
福　建	1.0	4.1	0.6	1.6		1.4
江　西	0.3	7.3	10.7	3.6	1.1	0.6
山　东		5.6	14.8	2.3	0.1	1.3
河　南	6.1	4.3	13.1	2.5	1.3	1.2
湖　北	0.5	9.3	23.0	27.6		25.2
湖　南		6.6	2.5	4.4		4.1
广　东	0.7	0.8	3.6	2.9	0.7	1.6
广　西			1.7			
海　南						
重　庆		16.6	2.1	1.0	0.2	0.5
四　川	1.6	19.2	37.6	7.8	2.3	4.9
贵　州			0.2	0.3		0.2
云　南		0.5	3.6	9.5	0.2	5.4
西　藏				0.8		0.8
陕　西		8.2	1.3	1.6	0.1	0.6
甘　肃	0.1	0.8	9.6	3.5		3.4
青　海	0.1	0.4	2.0	0.5		0.5
宁　夏						
新　疆		0.8	2.1	2.0	1.1	0.5

4-40 续表 2

单位：万平方米

地 区	医疗用房屋(卫生医疗用房)	文化、体育和娱乐用房屋	厂房及建筑物	#厂房	仓 库	其他未列明的房屋建筑物
全国总计	**18.3**	**247.5**	**4071.4**	**2690.4**	**142.2**	**418.6**
北 京	1.4	0.6	2.8	1.8		3.5
天 津		1.6	10.5	8.1	0.8	0.7
河 北		1.0	49.3	31.3	1.8	8.1
山 西			41.5	27.7		7.2
内蒙古						
辽 宁		1.4	181.2	116.4		16.2
吉 林		9.8	40.5	34.0	1.0	4.8
黑龙江						
上 海	0.0		60.2	13.7	2.5	0.3
江 苏	0.3	0.4	95.2	79.6	6.3	8.5
浙 江	3.0	185.9	2120.0	1557.7	40.2	202.4
安 徽	0.6	0.9	128.7	44.1	15.4	8.2
福 建	0.2	2.1	225.5	120.2	2.0	3.6
江 西	1.9	5.9	67.5	49.1	0.6	3.1
山 东	0.9	5.9	404.8	277.2	23.1	10.4
河 南	0.1	10.1	316.7	183.4	33.0	12.4
湖 北	2.4	4.5	44.1	17.2	0.7	50.7
湖 南	0.3	0.3	16.6	4.5	0.7	1.2
广 东	0.6	1.9	70.4	32.7	0.5	37.4
广 西			3.6	2.0	0.5	0.6
海 南						
重 庆	0.4	4.0	36.4	25.1		19.9
四 川	0.6	2.9	103.8	37.8	10.8	3.6
贵 州	0.2		0.9	0.8		4.1
云 南	3.9	4.8	29.8	12.4	0.8	3.5
西 藏						
陕 西	1.0		0.4	0.3		3.3
甘 肃	0.1	1.7	5.0	0.3	1.6	1.9
青 海			0.6			1.8
宁 夏			1.8	0.5		
新 疆	0.5	1.7	13.6	12.5		1.0

4-41 各地区按主要用途分的专业承包建筑业企业房屋建筑竣工价值

单位：万元

地 区	总计	住宅房屋	商业及服务用房屋	商厦房屋(批发和零售用房)	宾馆用房屋(住宿用房)	餐饮用房屋(餐饮用房)
全国总计	**7847225**	**3049901**	**446539**	**145337**	**39485**	**59889**
北 京	34656	7274	144	74		
天 津	48322	22267	3586	2069	1118	336
河 北	233371	170789	2211		230	
山 西	55018	9238	47		45	2
内蒙古	18165	10955				
辽 宁	397022	195133	35953	327	599	13569
吉 林	285290	154583	56023	3467	6318	23100
黑龙江	6941	6894				
上 海	80536	1587	7777	1705	950	1967
江 苏	377630	220149	31521	1088	1539	151
浙 江	2106564	96225	40336	33746		4486
安 徽	238592	93171	7310	5509		81
福 建	247607	46518	10788	4033	542	700
江 西	179856	94592	12081	8680	569	45
山 东	497615	164667	24583	7291	45	155
河 南	432035	88682	26698	8202	4584	2794
湖 北	614296	316220	27684	5023	2947	7581
湖 南	106471	66206	11020	2231	1520	
广 东	101081	32157	5200	2925	1457	195
广 西	24848	15349				
海 南	6900		6900		6900	
重 庆	141367	84336	12013	1300		441
四 川	786841	526949	72496	36879	351	359
贵 州	5578	407	180		180	
云 南	153743	83431	11228	8632		1905
西 藏	4450	3010				
陕 西	232713	211944	15258	151	81	
甘 肃	72186	30173	1805	350	679	515
青 海	15865	7462	776			
宁 夏	7842	6436				
新 疆	333826	283099	22923	11655	8832	1506

4-41 续表 1

单位：万元

地　区	商务会展用房屋	其他商业及服务用房屋(居民服务业用房)	办公用房　屋	科研、教育和医疗用房屋	科学研究用房屋	教育用房　屋
全国总计	**19078**	**182750**	**276519**	**160571**	**16400**	**119975**
北　京	70		480	3257	369	
天　津		63	5536			
河　北		1981	10111	1860		1860
山　西			2522	590		590
内蒙古				7210	7210	
辽　宁	348	21109	5779			
吉　林	6400	16739	23667	3054		3054
黑龙江			10	5	1	2
上　海		3155	9629	72		32
江　苏	433	28311	12791	6052		5599
浙　江		2104	16983	5959		597
安　徽	318	1402	25892	9121		8146
福　建	853	4660	515	1812		1662
江　西	557	2230	12305	4833	1431	606
山　东	25	17066	5659	2175	98	1348
河　南	8584	2535	12066	2295	1087	1145
湖　北	55	12080	39155	60872		57520
湖　南		7269	3018	8615		8165
广　东	227	397	1274	3337	694	2180
广　西			3195			
海　南						
重　庆		10271	2653	2091	322	1021
四　川	1062	33844	54002	11358	3056	7576
贵　州			269	372		161
云　南		691	6695	11742	214	9073
西　藏				1440		1440
陕　西		15026	1620	1985	2	824
甘　肃	71	190	15909	5305		5095
青　海	76	700	2423	1016		1016
宁　夏						
新　疆		930	2360	4144	1916	1265

4-41 续表 2

单位：万元

地区						
	医疗用房屋(卫生医疗用房)	文化、体育和娱乐用房屋	厂房及建筑物	#厂房	仓库	其他未列明的房屋建筑物
全国总计	**24196**	**342718**	**2894788**	**1895357**	**96445**	**579746**
北京	2888	2721	2225	1735		18556
天津		2783	12289	10168	560	1300
河北		790	30920	17487	1272	15418
山西			31478	12951		11144
内蒙古						
辽宁		2579	132111	70510		25467
吉林		6407	36823	24540	1342	3392
黑龙江	2	1	2		3	26
上海	40		58737	9628	2412	323
江苏	453	272	89617	67455	5128	12100
浙江	5362	263051	1409797	1069719	21046	253167
安徽	975	1473	78617	19616	5745	17263
福建	150	2118	179889	85528	3687	2281
江西	2796	3246	46837	31915	696	5266
山东	730	14613	248947	169113	11307	25664
河南	63	9311	257713	172138	25424	9846
湖北	3352	10307	42860	20452	294	116905
湖南	450	467	15104	3238	976	1065
广东	462	1035	34969	18592	125	22983
广西			5478	2407	416	410
海南						
重庆	748	7871	23833	18058	10	8560
四川	726	4198	99545	38171	11497	6797
贵州	211		1459	1256		2890
云南	2455	2067	27271	13417	1191	10119
西藏						
陕西	1160		703	482		1203
甘肃	210	2866	8777	430	3316	4035
青海			1083			3105
宁夏			1406	759		
新疆	963	4543	16300	15593		459

4-42 各地区专业承包建筑业企业主要生产效益指标

地 区	建筑业企业个数（个）	从事建筑业活动的平均人数（人）	按总产值计算的劳动生产率（元/人）	人均竣工产值（元/人）	人均施工面积（平方米/人）	人均竣工面积（平方米/人）
全国总计	**32818**	**5822200**	**306187**	**170465**	**30.6**	**14.1**
北 京	2147	302962	409315	193320	4.0	0.4
天 津	1153	137425	404287	177173	8.1	5.8
河 北	726	107248	324921	198490	33.1	19.7
山 西	1222	141811	229540	118092	8.7	4.5
内蒙古	160	42805	203124	102919	4.5	2.6
辽 宁	3548	466875	312072	177748	10.9	8.1
吉 林	951	106593	249471	188644	103.9	32.0
黑龙江	632	133353	238404	74314	2.3	0.4
上 海	1530	207234	439860	195471	12.6	3.6
江 苏	3924	901617	263438	204038	8.6	3.3
浙 江	2165	524778	330417	197564	89.2	51.3
安 徽	934	188751	265842	165561	22.4	16.4
福 建	1133	237790	244929	140555	23.7	12.2
江 西	333	76862	383131	188921	53.7	27.9
山 东	1917	279063	310137	175484	47.6	23.5
河 南	2231	313201	254203	152965	44.9	16.0
湖 北	1226	214425	296894	169823	34.8	19.5
湖 南	520	140551	254576	166060	11.1	6.3
广 东	1873	528527	367086	168695	20.4	3.9
广 西	286	31590	283578	165635	20.9	5.2
海 南	36	3090	371485	195205	14.9	14.6
重 庆	867	129488	311404	123182	66.6	12.1
四 川	1062	266535	257989	112709	36.8	23.2
贵 州	175	21790	323962	85307	12.2	2.9
云 南	769	103482	278688	143424	34.0	11.5
西 藏	18	1267	176781	127308	20.7	18.7
陕 西	299	86061	433222	160998	58.8	17.5
甘 肃	411	38624	229455	100601	37.5	12.3
青 海	116	13469	216955	100827	22.1	9.0
宁 夏	169	16987	250541	197617	7.2	5.7
新 疆	285	57946	254413	169798	103.3	37.2

4-43　各地区专业承包建筑业企业资产构成

单位：万元

地　区	资产合计	#流动资产合计	#存货	#非流动资产合计	#固定资产合计
全国总计	**181521580**	**144374544**	**27840937**	**37147037**	**19460079**
北　京	15400640	12749169	2158096	2651471	1423462
天　津	9152874	6131767	1184625	3021107	1464376
河　北	3983989	3027196	754579	956793	508032
山　西	4330075	3547261	599107	782814	574448
内蒙古	1301922	857084	166232	444838	150138
辽　宁	15483151	12020324	1717977	3462828	1518576
吉　林	2947762	2336241	326633	611521	354246
黑龙江	2325240	1837948	413986	487292	232837
上　海	8936405	7811594	1680305	1124811	665779
江　苏	21951012	17610600	3136374	4340412	2141685
浙　江	16015475	12648995	2826335	3366480	1778388
安　徽	4392263	3432361	638858	959902	529020
福　建	5484927	4422390	898020	1062538	625106
江　西	2273637	1732802	501476	540836	306299
山　东	8529104	6674759	1420281	1854345	1304690
河　南	6614257	4778053	872389	1836204	1110795
湖　北	5983456	4860420	1073469	1123037	862097
湖　南	2808495	2167553	394148	640943	404740
广　东	19923862	17012255	3343972	2911608	1094034
广　西	1114414	909635	159078	204779	81187
海　南	243976	187537	51852	56440	13482
重　庆	4603395	3876783	784581	726612	416751
四　川	6794508	5137415	1262821	1657093	602209
贵　州	1243436	860042	93493	383394	81896
云　南	3266336	2566759	371153	699577	431752
西　藏	42770	33471	2559	9299	5953
陕　西	2754225	2305709	604075	448516	292504
甘　肃	1278398	1010906	164034	267491	185237
青　海	292213	224775	25536	67438	46579
宁　夏	614421	457907	81969	156514	81008
新　疆	1434942	1144836	132923	290106	172773

4-44 各地区专业承包建筑业企业固定资产情况

单位：万元

地区	固定资产合计	固定资产原价	固定资产折旧	#本年折旧	在建工程
全国总计	**19460079**	**26704720**	**11001059**	**1731750**	**2136495**
北京	1423462	1871473	775192	102326	234876
天津	1464376	2175247	816781	131136	51202
河北	508032	670494	295592	52376	70663
山西	574448	830760	345827	58530	60794
内蒙古	150138	230934	92641	9128	6521
辽宁	1518576	2153772	979331	145212	100377
吉林	354246	462953	194268	27916	23022
黑龙江	232837	336211	140504	17253	18208
上海	665779	1105130	512331	80932	60640
江苏	2141685	2982512	1230560	201150	197279
浙江	1778388	2542501	1065753	159384	236229
安徽	529020	679356	247934	42611	38658
福建	625106	858443	333914	59416	75188
江西	306299	357530	133252	19404	58122
山东	1304690	1783089	691166	120358	90612
河南	1110795	1266924	391930	69279	131135
湖北	862097	1037670	405194	53851	167355
湖南	404740	456843	175828	35607	39529
广东	1094034	1611446	723803	112552	133016
广西	81187	142864	72536	11884	3709
海南	13482	19932	9998	1669	1929
重庆	416751	583569	228790	38219	36523
四川	602209	848522	403040	59001	114942
贵州	81896	86256	37455	6469	26845
云南	431752	592658	254310	47020	44170
西藏	5953	5730	2037	213	1277
陕西	292504	314204	148183	19335	62952
甘肃	185237	244402	102272	15279	27538
青海	46579	68086	28210	6511	1064
宁夏	81008	127819	56381	8661	7529
新疆	172773	257394	106047	19068	14594

4-45 各地区专业承包建筑业企业负债及所有者权益

单位：万元

地区	负债合计	#流动负债	#应付账款	所有者权益	#实收资本
全国总计	**108953942**	**99636007**	**33336372**	**72567847**	**45208537**
北京	10703084	10259655	3479352	4697556	3435358
天津	5237686	4674508	1855475	3915187	1984627
河北	2181106	2009212	799409	1802886	984992
山西	2657280	2524425	1052252	1672794	1266007
内蒙古	678725	660376	217828	623197	207507
辽宁	8515893	6561943	1902399	6967259	2948340
吉林	1570125	1452902	556686	1377637	900412
黑龙江	1337170	1266790	358582	988070	1104172
上海	5669240	5449219	1932563	3267165	1875650
江苏	12451253	11499165	4688068	9499759	4827149
浙江	9957708	9421174	2826827	6057767	3202952
安徽	2541072	2273792	692230	1851191	1123279
福建	2975996	2747975	684343	2508932	1774520
江西	1320288	1251236	373982	953349	500514
山东	4900303	4431095	1555249	3628801	2123209
河南	2783800	2529566	861380	3830456	4556975
湖北	3789588	3331070	913659	2193868	2396216
湖南	1620001	1372939	514348	1188495	713527
广东	12735137	11775298	3674145	7188725	3476805
广西	672745	564238	135585	441877	303753
海南	146944	145665	16787	97032	71268
重庆	3240922	2968015	883136	1362473	819259
四川	4264856	3904076	1168183	2529652	1839097
贵州	927568	832208	227081	315868	251456
云南	2013568	1851521	445573	1252768	818020
西藏	22221	21839	6806	20549	18972
陕西	1867499	1809862	632148	886727	639343
甘肃	724181	652651	249213	554217	393707
青海	152759	137521	71451	139454	120615
宁夏	314634	302625	100624	299787	201734
新疆	980592	953445	461009	454350	329104

4-46 各地区专业承包建筑业企业实收资本

单位：万元

地　区	合计	国家资本	集体资本	法人资本	个人资本	港澳台资本	外商资本
全国总计	**45208537**	**2993523**	**2921603**	**15209672**	**23314749**	**492998**	**275992**
北　京	3435358	522109	58506	978179	1775631	58231	42701
天　津	1984627	55548	46833	635290	1222815	5328	18811
河　北	984992	68541	67348	283472	561916	3315	400
山　西	1266007	81005	57887	479405	643019	4241	450
内蒙古	207507	24196	23573	42122	117617		
辽　宁	2948340	229347	172913	851404	1442940	234120	17617
吉　林	900412	55419	38071	275480	530587	815	40
黑龙江	1104172	47819	42586	691098	320197	1083	1389
上　海	1875650	178613	56980	604577	950462	48210	36809
江　苏	4827149	179599	125991	1531327	2872352	30134	87746
浙　江	3202952	71938	156781	971403	1982401	13771	6660
安　徽	1123279	95815	83973	381200	560720	563	1008
福　建	1774520	65002	91004	482892	1114435	13705	7484
江　西	500514	92229	53259	163427	190084	1515	
山　东	2123209	121595	191053	718073	1079758	3604	9127
河　南	4556975	74120	89483	2147016	2242591	1060	2705
湖　北	2396216	126184	1079766	513969	670222	5750	325
湖　南	713527	99451	65872	209549	337416	786	452
广　东	3476805	326943	111324	1417902	1521857	61001	37778
广　西	303753	41685	6485	92768	161728	670	417
海　南	71268	83	3458	26305	41422		
重　庆	819259	55159	57553	277580	427445	210	1312
四　川	1839097	148565	77458	401373	1209032	2055	614
贵　州	251456	12008	16598	131588	91263		
云　南	818020	59363	29019	310517	415272	2157	1691
西　藏	18972	612	4002	8659	5698		
陕　西	639343	41109	27420	285636	284565	614	
甘　肃	393707	39181	30118	133425	190620		363
青　海	120615	6805	18346	36164	59301		
宁　夏	201734	29955	180	17263	154336		
新　疆	329104	43525	37765	110611	137049	60	94

4-47 各地区专业承包建筑业企业收入情况

单位：万元

地　区	主营业务收入	#主营业务成本	#主营业务税金及附加	其他业务收入	#其他业务成本	#其他业务利润
全国总计	**172779267**	**144991903**	**5246139**	**3207586**	**3870547**	**397105**
北　京	15089692	13205645	429430	158822	114472	50316
天　津	6373097	5247831	146906	90389	109947	17062
河　北	3128954	2615453	96206	32015	86594	6317
山　西	3227648	2743264	80095	73283	73695	8290
内蒙古	715547	595320	23232	36766	21697	2873
辽　宁	12565099	10221248	362851	150604	315168	14831
吉　林	2767760	2205142	92223	31829	63867	7040
黑龙江	2223665	1870949	71956	29637	21968	2455
上　海	10255365	8744637	286472	168764	303216	23307
江　苏	22924821	19284638	761310	428865	361553	56933
浙　江	15299957	12839799	425040	173260	399623	35256
安　徽	4516815	3709099	144242	54702	68516	6200
福　建	5760673	4814285	187889	33708	20801	9188
江　西	3016618	2548926	110720	43733	47827	5170
山　东	8211579	6737226	241185	355483	356346	14163
河　南	6654213	5279916	218421	115805	113804	16314
湖　北	6646337	5601809	220207	130479	152289	10018
湖　南	3471140	2928882	125353	30128	29000	3093
广　东	19306622	16264051	600979	224171	248224	45927
广　西	916975	788755	29017	25338	21386	3653
海　南	144948	122096	4718	1314	669	329
重　庆	4124590	3480362	117680	391927	392968	8317
四　川	6043425	5166652	189195	235017	321864	17479
贵　州	607093	502131	17350	10303	7275	1933
云　南	2572253	2128062	75864	76291	88970	17614
西　藏	27198	20454	1038	1115	1063	52
陕　西	2963874	2590768	90007	17271	22662	1920
甘　肃	951709	781218	33354	29926	34054	2952
青　海	322713	282112	10071	16843	13555	385
宁　夏	421883	350966	13106	18007	15868	2921
新　疆	1527005	1320210	40022	21792	41608	4799

4-48 各地区专业承包建筑业企业费用情况

单位：万元

地区	管理费用	#税金	销售费用	财务费用	#利息收入	#利息支出
全国总计	**10182724**	**367867**	**1917612**	**1282909**	**193144**	**1442469**
北京	879031	11588	267483	58911	24688	78074
天津	408200	11061	54929	37913	11445	43513
河北	178425	5884	21096	24401	2498	26113
山西	244400	7463	40346	18079	1939	17091
内蒙古	59191	1469	890	6345	328	6470
辽宁	973832	43570	110694	100187	-9611	69296
吉林	219132	11666	21876	12509	1059	8685
黑龙江	165840	5912	15182	7842	3113	8959
上海	654244	10251	95296	43755	10371	46711
江苏	1178958	44107	234318	167320	15726	140600
浙江	762564	32337	117245	191645	69083	455222
安徽	268665	12230	66391	28623	3338	22295
福建	355353	16512	80846	30503	5255	27626
江西	137643	8694	23844	13051	2129	9284
山东	471938	25213	93099	64857	7413	60501
河南	428724	33478	95904	51451	3240	33177
湖北	363770	16585	79467	64309	4549	44128
湖南	210850	8021	35253	11694	928	10582
广东	1002637	22669	260161	177896	13546	160250
广西	72944	1406	10255	6079	165	4969
海南	10474	448	321	981	-33	900
重庆	255959	9735	44970	35138	9460	34437
四川	320088	9087	58855	48872	1376	48975
贵州	44322	1195	2548	14025	5481	17693
云南	164118	5267	44593	36705	2451	32438
西藏	2754	60	182	35	-1	16
陕西	147310	4180	19747	7473	1934	13394
甘肃	62637	2814	11239	8148	350	6784
青海	20730	448	3190	814	96	549
宁夏	31860	914	1798	7084	260	6727
新疆	86132	3607	5596	6265	567	7012

4-49　各地区专业承包建筑业企业利润及税金情况

单位：万元

地　区	利润总额	#应交所得税	税金总额	主营业务税金及附加	管理费用中的税金
全国总计	**8350646**	**1879357**	**5614006**	**5246139**	**367867**
北　京	320720	75004	441018	429430	11588
天　津	501652	99705	157967	146906	11061
河　北	142408	39859	102090	96206	5884
山　西	101469	20826	87558	80095	7463
内蒙古	42733	8383	24701	23232	1469
辽　宁	609907	152903	406421	362851	43570
吉　林	152449	35940	103889	92223	11666
黑龙江	103607	25782	77868	71956	5912
上　海	315554	86362	296723	286472	10251
江　苏	1290605	276254	805417	761310	44107
浙　江	695766	162624	457378	425040	32337
安　徽	295207	50407	156472	144242	12230
福　建	259530	68288	204401	187889	16512
江　西	155984	32764	119414	110720	8694
山　东	579550	122962	266397	241185	25213
河　南	576296	113581	251899	218421	33478
湖　北	311657	76033	236792	220207	16585
湖　南	167330	32451	133374	125353	8021
广　东	952785	227804	623648	600979	22669
广　西	18065	6983	30423	29017	1406
海　南	6418	3093	5166	4718	448
重　庆	191331	39219	127415	117680	9735
四　川	176726	42409	198282	189195	9087
贵　州	26242	5836	18545	17350	1195
云　南	115182	24215	81131	75864	5267
西　藏	2381	195	1098	1038	60
陕　西	101323	19303	94186	90007	4180
甘　肃	57392	11438	36168	33354	2814
青　海	8735	2285	10518	10071	448
宁　夏	20036	4845	14020	13106	914
新　疆	51608	11605	43629	40022	3607

4-50 各地区专业承包建筑业企业应收工程款及企业亏损情况

地 区	应收工程款（万元）	企业个数（个）	#亏损企业个数	亏损企业的比重(%)
全国总计	**43831797**	**32818**	**5535**	**16.9**
北 京	2932093	2147	459	21.4
天 津	2003644	1153	240	20.8
河 北	797580	726	100	13.8
山 西	1136695	1222	265	21.7
内蒙古	246247	160	26	16.3
辽 宁	3054176	3548	585	16.5
吉 林	866530	951	183	19.2
黑龙江	461950	632	170	26.9
上 海	2089744	1530	352	23.0
江 苏	7283397	3924	269	6.9
浙 江	3944924	2165	319	14.7
安 徽	1073344	934	124	13.3
福 建	1180515	1133	167	14.7
江 西	455550	333	47	14.1
山 东	2287866	1917	245	12.8
河 南	1284067	2231	243	10.9
湖 北	1265323	1226	179	14.6
湖 南	672447	520	84	16.2
广 东	5453146	1873	378	20.2
广 西	176112	286	75	26.2
海 南	31859	36	12	33.3
重 庆	987959	867	175	20.2
四 川	1527608	1062	203	19.1
贵 州	277841	175	41	23.4
云 南	642206	769	222	28.9
西 藏	7559	18	5	27.8
陕 西	648063	299	65	21.7
甘 肃	309260	411	125	30.4
青 海	79663	116	48	41.4
宁 夏	169343	169	50	29.6
新 疆	485090	285	79	27.7

4-51 各地区专业承包建筑业企业主要经济效益指标

地　　区	产值利润率(%)	产值利税率(%)	资本利润率(%)	资本利税率(%)	人均利润(元/人)	人均利税(元/人)	资产负债率(%)
全国总计	**4.7**	**7.8**	**18.5**	**30.9**	**14343**	**23985**	**60.0**
北　京	2.6	6.1	9.3	22.2	10586	25143	69.5
天　津	9.0	11.9	25.3	33.2	36504	47998	57.2
河　北	4.1	7.0	14.5	24.8	13278	22797	54.7
山　西	3.1	5.8	8.0	14.9	7155	13329	61.4
内蒙古	4.9	7.8	20.6	32.5	9983	15754	52.1
辽　宁	4.2	7.0	20.7	34.5	13064	21769	55.0
吉　林	5.7	9.6	16.9	28.5	14302	24048	53.3
黑龙江	3.3	5.7	9.4	16.4	7769	13609	57.5
上　海	3.5	6.7	16.8	32.6	15227	29545	63.4
江　苏	5.4	8.8	26.7	43.4	14314	23247	56.7
浙　江	4.0	6.7	21.7	36.0	13258	21974	62.2
安　徽	5.9	9.0	26.3	40.2	15640	23930	57.9
福　建	4.5	8.0	14.6	26.1	10914	19510	54.3
江　西	5.3	9.4	31.2	55.0	20294	35830	58.1
山　东	6.7	9.8	27.3	39.8	20768	30314	57.5
河　南	7.2	10.4	12.6	18.2	18400	26443	42.1
湖　北	4.9	8.6	13.0	22.9	14535	25578	63.3
湖　南	4.7	8.4	23.5	42.1	11905	21395	57.7
广　东	4.9	8.1	27.4	45.3	18027	29827	63.9
广　西	2.0	5.4	5.9	16.0	5719	15349	60.4
海　南	5.6	10.1	9.0	16.3	20770	37488	60.2
重　庆	4.7	7.9	23.4	38.9	14776	24616	70.4
四　川	2.6	5.5	9.6	20.4	6631	14070	62.8
贵　州	3.7	6.3	10.4	17.8	12043	20554	74.6
云　南	4.0	6.8	14.1	24.0	11131	18971	61.6
西　藏	10.6	15.5	12.6	18.3	18795	27462	52.0
陕　西	2.7	5.2	15.8	30.6	11773	22717	67.8
甘　肃	6.5	10.6	14.6	23.8	14859	24223	56.6
青　海	3.0	6.6	7.2	16.0	6485	14294	52.3
宁　夏	4.7	8.0	9.9	16.9	11795	20048	51.2
新　疆	3.5	6.5	15.7	28.9	8906	16436	68.3

4–52 各地区按资质等级划分的专业承包建筑业企业单位数

单位：个

地　区	合计	一级	二级	三级及以下
全国总计	**32818**	**3711**	**9238**	**19869**
北　京	2147	370	551	1226
天　津	1153	110	263	780
河　北	726	87	221	418
山　西	1222	57	356	809
内蒙古	160	14	56	90
辽　宁	3548	224	610	2714
吉　林	951	69	203	679
黑龙江	632	77	242	313
上　海	1530	221	382	927
江　苏	3924	438	958	2528
浙　江	2165	332	533	1300
安　徽	934	86	285	563
福　建	1133	139	486	508
江　西	333	41	118	174
山　东	1917	156	599	1162
河　南	2231	216	794	1221
湖　北	1226	161	475	590
湖　南	520	56	107	357
广　东	1873	339	457	1077
广　西	286	31	77	178
海　南	36	12	13	11
重　庆	867	124	281	462
四　川	1062	97	371	594
贵　州	175	12	62	101
云　南	769	68	268	433
西　藏	18	1	10	7
陕　西	299	100	100	99
甘　肃	411	35	178	198
青　海	116	3	40	73
宁　夏	169	10	62	97
新　疆	285	25	80	180

4-53 各地区按资质等级划分的专业承包建筑业企业从业人员

单位：人

地区	合计	一级	二级	三级及以下
全国总计	**4572529**	**1747798**	**1259122**	**1565609**
北京	163287	77979	36819	48489
天津	90612	21552	21545	47515
河北	91355	28960	27929	34466
山西	104714	15737	41269	47708
内蒙古	22194	3990	9968	8236
辽宁	340560	68511	85966	186083
吉林	75720	11759	21138	42823
黑龙江	52287	8168	18447	25672
上海	152074	60298	38370	53406
江苏	753904	350253	167459	236192
浙江	495209	278735	106732	109742
安徽	165224	61583	62872	40769
福建	208735	80533	64005	64197
江西	60895	19790	22737	18368
山东	238249	53741	85522	98986
河南	301087	101319	101433	98335
湖北	155073	52569	52901	49603
湖南	100335	15851	32686	51798
广东	413845	258131	60592	95122
广西	26404	5909	8179	12316
海南	3142	2139	581	422
重庆	112908	39116	33243	40549
四川	196447	60780	70943	64724
贵州	19173	3659	7909	7605
云南	71708	18484	23896	29328
西藏	928	8	600	320
陕西	54302	23495	20797	10010
甘肃	42283	13471	12451	16361
青海	12441	1730	5086	5625
宁夏	14806	2779	6908	5119
新疆	32628	6769	10139	15720

4-54 各地区按资质等级划分的专业承包建筑业总产值

单位：万元

地区	合计	一级	二级	三级及以下
全国总计	**178268164**	**90695561**	**40377107**	**47195496**
北京	12400702	8534135	1858054	2008513
天津	5555920	2669649	1085227	1801044
河北	3484715	1383627	981313	1119775
山西	3255134	859774	1186528	1208832
内蒙古	869470	179775	386614	303081
辽宁	14569846	4119587	3565960	6884299
吉林	2659188	575355	711928	1371904
黑龙江	3179189	706865	1035734	1436591
上海	9115405	5479684	1589555	2046166
江苏	23751993	13165010	4947209	5639774
浙江	17339562	11175027	2834996	3329539
安徽	5017801	2249348	1472666	1295786
福建	5824156	2635663	1585342	1603151
江西	2944823	1733602	761261	449961
山东	8654770	3329800	2567299	2757671
河南	7961668	3162134	2341601	2457933
湖北	6366139	3467221	1658803	1240115
湖南	3578096	1224287	1025987	1327823
广东	19401492	14553669	1981352	2866471
广西	895822	260469	342355	292998
海南	114789	67243	34382	13165
重庆	4032304	1666765	1204378	1161161
四川	6876322	3058032	2001963	1816328
贵州	705914	337377	188228	180309
云南	2883915	1044496	806234	1033186
西藏	22398	1	17270	5127
陕西	3728352	2239336	1045996	443020
甘肃	886249	301900	262412	321937
青海	292217	65770	89678	136768
宁夏	425594	107300	189823	128470
新疆	1474219	342661	616960	514598

4-55 各地区按资质等级划分的专业承包建筑业企业签订合同额

单位：万元

地区	合计	一级	二级	三级及以下
全国总计	**244999019**	**135634149**	**51384764**	**57980106**
北京	16258139	11659066	2319168	2279905
天津	7798652	4247935	1421598	2129119
河北	4153494	1874716	1114164	1164615
山西	4525907	1785477	1400294	1340136
内蒙古	1145275	356701	458768	329807
辽宁	17748471	5960260	4060371	7727840
吉林	3865860	667242	800621	2397997
黑龙江	3567698	860932	1179585	1527181
上海	13181433	8337187	1954325	2889922
江苏	27345223	16200418	5321069	5823736
浙江	24418247	15972009	3716352	4729887
安徽	6515935	2999043	1890922	1625971
福建	8309902	3701829	2132982	2475091
江西	4852474	3249861	1081641	520972
山东	10103841	4130516	2984683	2988642
河南	10129370	4833028	2756711	2539631
湖北	10645123	6598298	2114467	1932358
湖南	5390710	2196649	1504089	1689972
广东	31426764	23722702	3012169	4691893
广西	1711786	636273	579623	495890
海南	236378	162072	49697	24610
重庆	6461528	3442705	1506099	1512725
四川	10836720	5847681	3133393	1855646
贵州	1007486	424217	273950	309320
云南	4143482	1615360	1361381	1166741
西藏	30552	225	24422	5905
陕西	4757800	3029719	1289297	438784
甘肃	1077721	326116	330476	421130
青海	333946	75609	103376	154960
宁夏	645038	186082	283763	175193
新疆	2374064	534224	1225311	614529

4-56 各地区按资质等级划分的专业承包建筑业企业竣工产值

单位：万元

地区	合计	一级	二级	三级及以下
全国总计	**99248113**	**46814574**	**24681640**	**27751899**
北京	5856871	3775229	921038	1160604
天津	2434801	1066737	478446	889618
河北	2128767	805446	698901	624420
山西	1674669	269584	608629	796456
内蒙古	440546	132624	150339	157583
辽宁	8298625	2017995	2405748	3874882
吉林	2010810	422778	550039	1037994
黑龙江	990997	126325	329126	535546
上海	4050815	2280016	717179	1053620
江苏	18396389	9997462	4098096	4300831
浙江	10367705	6521312	1753387	2093007
安徽	3124978	1375424	1019909	729645
福建	3342249	1490056	881404	970790
江西	1452085	622227	505666	324192
山东	4897108	1672179	1477721	1747209
河南	4790864	2007136	1480681	1303047
湖北	3641424	1640927	1240717	759780
湖南	2333985	629410	768175	936400
广东	8915989	6478261	1136398	1301330
广西	523241	162590	185480	175171
海南	60318	34819	21705	3795
重庆	1595053	493162	552791	549100
四川	3004102	746406	1119727	1137969
贵州	185884	47741	79502	58641
云南	1484181	554254	395455	534472
西藏	16130	1	13194	2936
陕西	1385562	1035041	248023	102498
甘肃	388560	143380	106497	138683
青海	135804	42577	44398	48828
宁夏	335691	98148	135084	102460
新疆	983909	125328	558185	300395

4-57 各地区按资质等级划分的专业承包建筑业企业房屋施工面积

单位：万平方米

地　区	合计	一级	二级	三级及以下
全国总计	**17796.7**	**6708.8**	**5650.6**	**5437.3**
北　京	120.0	77.4	8.5	34.0
天　津	111.4	9.2	19.1	83.1
河　北	355.5	60.3	179.5	115.7
山　西	123.0	10.1	35.0	78.0
内蒙古	19.2		18.0	1.3
辽　宁	508.5	101.8	134.1	272.6
吉　林	1107.0	47.6	283.7	775.7
黑龙江	31.3		15.5	15.8
上　海	261.1	105.3	35.4	120.4
江　苏	776.5	294.4	95.0	387.1
浙　江	4680.8	3445.0	726.9	508.8
安　徽	423.6	69.8	255.6	98.2
福　建	563.9	453.2	68.0	42.7
江　西	413.1	2.3	276.4	134.4
山　东	1329.6	398.5	462.3	468.9
河　南	1407.0	587.6	517.4	302.0
湖　北	745.3	176.5	287.3	281.5
湖　南	155.5	3.3	56.8	95.3
广　东	1079.2	133.4	123.0	822.8
广　西	65.9	24.1	37.4	4.5
海　南	4.6	4.6		
重　庆	862.4	90.2	567.5	204.6
四　川	979.8	233.1	418.7	328.0
贵　州	26.6	3.2		23.4
云　南	352.0	137.6	123.2	91.2
西　藏	2.6		2.2	0.5
陕　西	505.6	183.6	273.3	48.8
甘　肃	145.0	46.3	58.4	40.3
青　海	29.7		27.3	2.4
宁　夏	12.3			12.3
新　疆	598.8	10.5	545.2	43.1

4–58 各地区按资质等级划分的专业承包建筑业企业房屋竣工面积

单位：万平方米

地　区	合计	一级	二级	三级及以下
全国总计	**8211.8**	**3177.8**	**2708.2**	**2325.8**
北　京	12.4	7.5	1.1	3.8
天　津	79.6		21.7	57.9
河　北	210.8	25.0	96.0	89.8
山　西	63.3	3.9	20.9	38.5
内蒙古	11.2		11.0	0.3
辽　宁	380.0	87.3	104.6	188.1
吉　林	340.6	25.8	75.1	239.7
黑龙江	5.7		4.0	1.7
上　海	74.8	54.3	8.7	11.8
江　苏	300.0	98.9	81.8	119.2
浙　江	2693.3	1897.4	525.8	270.1
安　徽	309.2	51.2	192.8	65.2
福　建	290.3	216.1	58.9	15.3
江　西	214.5		124.4	90.1
山　东	654.8	185.5	243.6	225.6
河　南	502.4	152.7	213.8	136.0
湖　北	418.7	103.0	119.0	196.7
湖　南	88.7	3.0	39.0	46.7
广　东	203.9	21.3	54.5	128.0
广　西	16.4	10.4	3.1	2.9
海　南	4.5	4.5		
重　庆	156.1	24.3	77.9	53.9
四　川	617.5	104.8	312.5	200.3
贵　州	6.4	0.7		5.6
云　南	119.1	32.5	36.7	50.0
西　藏	2.4		2.4	
陕　西	150.3	40.7	96.2	13.4
甘　肃	47.5	18.9	5.0	23.5
青　海	12.2		11.4	0.8
宁　夏	9.6			9.6
新　疆	215.8	7.9	166.2	41.7

4-59 各地区按资质等级划分的专业承包建筑业企业实收资本

单位：万元

地区	合计	一级	二级	三级及以下
全国总计	**45208537**	**13400493**	**15032042**	**16776003**
北京	3435358	1708776	742521	984060
天津	1984627	803023	400997	780606
河北	984992	279191	342257	363544
山西	1266007	133844	444309	687854
内蒙古	207507	44739	68696	94072
辽宁	2948340	722346	686781	1539213
吉林	900412	119929	272814	507669
黑龙江	1104172	137564	255202	711406
上海	1875650	701021	452066	722563
江苏	4827149	1573214	1293980	1959955
浙江	3202952	1428350	741747	1032855
安徽	1123279	360926	368481	393872
福建	1774520	443326	628462	702732
江西	500514	155878	201147	143488
山东	2123209	435226	775917	912066
河南	4556975	795427	2820511	941036
湖北	2396216	446904	1495389	453923
湖南	713527	140996	220194	352337
广东	3476805	1503958	820801	1152046
广西	303753	76624	116728	110402
海南	71268	30699	25969	14600
重庆	819259	266717	289678	262864
四川	1839097	317477	624125	897495
贵州	251456	111608	66946	72902
云南	818020	196161	262314	359544
西藏	18972	50	12151	6771
陕西	639343	300286	226107	112950
甘肃	393707	74696	154445	164567
青海	120615	6377	46748	67490
宁夏	201734	34183	75993	91559
新疆	329104	50976	98565	179563

4-60 各地区按资质等级划分的专业承包建筑业企业资产

单位：万元

地　区	合计	一级	二级	三级及以下
全国总计	**181521580**	**78982481**	**45136803**	**57402297**
北　京	15400640	9636811	2735829	3028001
天　津	9152874	4495623	1526797	3130454
河　北	3983989	1514226	1426330	1043434
山　西	4330075	838789	1531442	1959844
内蒙古	1301922	451311	365106	485506
辽　宁	15483151	3825227	3333015	8324910
吉　林	2947762	537488	1055718	1354556
黑龙江	2325240	355019	1182042	788180
上　海	8936405	4500504	1764242	2671659
江　苏	21951012	10504914	4983770	6462328
浙　江	16015475	9569418	2766105	3679952
安　徽	4392263	1524797	1441102	1426364
福　建	5484927	1674748	1894625	1915554
江　西	2273637	955933	784704	533001
山　东	8529104	2531952	2819785	3177367
河　南	6614257	2259207	2231311	2123738
湖　北	5983456	2623346	1836571	1523539
湖　南	2808495	841448	831205	1135842
广　东	19923862	11763970	2771077	5388815
广　西	1114414	265541	373165	475709
海　南	243976	113425	56514	74038
重　庆	4603395	1913973	1504913	1184510
四　川	6794508	2505689	2223298	2065521
贵　州	1243436	549823	249387	444227
云　南	3266336	960609	1185918	1119809
西　藏	42770	194	23038	19538
陕　西	2754225	1505570	865681	382975
甘　肃	1278398	362253	440460	475685
青　海	292213	37819	96232	158162
宁　夏	614421	116559	272348	225514
新　疆	1434942	246299	565074	623569

4-61 各地区按资质等级划分的专业承包建筑业企业所有者权益

单位：万元

地 区	合计	一级	二级	三级及以下
全国总计	**72567847**	**27458630**	**18856162**	**26253055**
北 京	4697556	2582464	911299	1203793
天 津	3915187	2156794	610611	1147782
河 北	1802886	518222	727466	557197
山 西	1672794	193402	598377	881016
内蒙古	623197	312791	145198	165209
辽 宁	6967259	1423327	1295945	4247987
吉 林	1377637	257993	439065	680579
黑龙江	988070	186971	338031	463069
上 海	3267165	1269853	744217	1253096
江 苏	9499759	3830015	2397289	3272455
浙 江	6057767	3467639	1153033	1437096
安 徽	1851191	575256	674831	601105
福 建	2508932	773058	849018	886856
江 西	953349	337222	320442	295684
山 东	3628801	907525	1293246	1428029
河 南	3830456	1277835	1300752	1251869
湖 北	2193868	874922	718423	600523
湖 南	1188495	196621	360904	630970
广 东	7188725	4027302	1121167	2040256
广 西	441877	102037	146141	193699
海 南	97032	46013	36421	14599
重 庆	1362473	502221	488356	371896
四 川	2529652	509616	840798	1179239
贵 州	315868	131849	86183	97836
云 南	1252768	371568	344801	536399
西 藏	20549	73	13175	7301
陕 西	886727	383729	364021	138977
甘 肃	554217	118040	207508	228669
青 海	139454	11019	49880	78555
宁 夏	299787	38525	140264	120998
新 疆	454350	74731	139302	240318

4-62 各地区按资质等级划分的专业承包建筑业企业负债

单位：万元

地　区	合计	一级	二级	三级及以下
全国总计	**108953942**	**51523851**	**26280641**	**31149451**
北　京	10703084	7054347	1824530	1824208
天　津	5237686	2338828	916186	1982672
河　北	2181106	996004	698864	486238
山　西	2657280	645387	933064	1078829
内蒙古	678725	138520	219908	320298
辽　宁	8515893	2401899	2037070	4076923
吉　林	1570125	279495	616653	673977
黑龙江	1337170	168048	844011	325111
上　海	5669240	3230652	1020025	1418563
江　苏	12451253	6674900	2586480	3189873
浙　江	9957708	6101779	1613073	2242856
安　徽	2541072	949542	766271	825259
福　建	2975996	901690	1045608	1028698
江　西	1320288	618710	464262	237316
山　东	4900303	1624427	1526539	1749338
河　南	2783800	981372	930559	871869
湖　北	3789588	1748425	1118148	923015
湖　南	1620001	644827	470301	504872
广　东	12735137	7736669	1649910	3348559
广　西	672745	163504	227024	282217
海　南	146944	67412	20093	59439
重　庆	3240922	1411752	1016557	812613
四　川	4264856	1996074	1382500	886282
贵　州	927568	417974	163204	346391
云　南	2013568	589041	841117	583410
西　藏	22221	121	9864	12237
陕　西	1867499	1121841	501660	243998
甘　肃	724181	244213	232953	247016
青　海	152759	26800	46351	79607
宁　夏	314634	78034	132084	104516
新　疆	980592	171568	425773	383251

4-63 各地区按资质等级划分的专业承包建筑业企业营业收入

单位：万元

地 区	合计	一级	二级	三级及以下
全国总计	**175986852**	**88883049**	**40607741**	**46496063**
北 京	15248513	10283209	2459026	2506279
天 津	6463486	3242736	1300425	1920325
河 北	3160969	1394580	795618	970771
山 西	3300931	881086	1173589	1246257
内蒙古	752312	193531	271812	286970
辽 宁	12715703	3760100	3258305	5697297
吉 林	2799589	596167	777999	1425423
黑龙江	2253302	475360	1027603	750340
上 海	10424128	6127359	1882580	2414189
江 苏	23353686	12583953	4846619	5923114
浙 江	15473217	9540300	2566141	3366776
安 徽	4571517	1782640	1489158	1299719
福 建	5794380	2637720	1653909	1502751
江 西	3060352	1773808	878642	407902
山 东	8567062	3247531	2520210	2799321
河 南	6770018	2754073	2004524	2011422
湖 北	6776816	3577261	1713582	1485973
湖 南	3501268	1141286	1082737	1277246
广 东	19530793	13743600	2268475	3518718
广 西	942313	305003	323358	313952
海 南	146262	84079	37547	24636
重 庆	4516517	1962864	1418722	1134930
四 川	6278442	2814874	1929045	1534523
贵 州	617396	236803	154263	226331
云 南	2648544	982244	774635	891665
西 藏	28313	1	18462	9851
陕 西	2981145	1862557	826344	292244
甘 肃	981635	333150	286064	362421
青 海	339557	67645	125197	146715
宁 夏	439890	108529	197819	133542
新 疆	1548798	389002	545333	614463

4-64 各地区按资质等级划分的专业承包建筑业企业利税总额

单位：万元

地区	合计	一级	二级	三级及以下
全国总计	**13964653**	**6555099**	**3211086**	**4198468**
北京	761738	521301	115589	124848
天津	659619	435666	63326	160628
河北	244498	89915	66606	87977
山西	189027	47026	60519	81482
内蒙古	67433	18270	20019	29145
辽宁	1016329	246862	271895	497572
吉林	256338	58539	60901	136898
黑龙江	181475	25930	84881	70665
上海	612277	331050	109771	171456
江苏	2096022	1124962	422147	548912
浙江	1153143	692772	188320	272051
安徽	451679	159616	167037	125025
福建	463931	210200	132144	121587
江西	275398	149600	84755	41042
山东	845947	243920	266408	335618
河南	828195	327866	211415	288914
湖北	548449	266275	147085	135089
湖南	300703	68475	107034	125194
广东	1576433	989654	207112	379668
广西	48489	14024	15460	19004
海南	11584	4955	5040	1589
重庆	318746	132871	89924	95952
四川	375008	141293	96755	136960
贵州	44787	18734	8954	17100
云南	196312	76833	42453	77027
西藏	3479	-21	3012	488
陕西	195509	93663	84650	17197
甘肃	93560	27251	29097	37211
青海	19253	5492	6506	7254
宁夏	34056	8874	15428	9755
新疆	95238	23233	26845	45160

4-65 各地区按资质等级划分的专业承包建筑业企业利润总额

单位：万元

地 区	合计	一级	二级	三级及以下
全国总计	**8350646**	**3849537**	**1894341**	**2606769**
北 京	320720	235891	39571	45258
天 津	501652	361819	33810	106023
河 北	142408	47609	42801	51997
山 西	101469	27835	30230	43405
内蒙古	42733	11704	12672	18357
辽 宁	609907	143404	165718	300785
吉 林	152449	41277	34189	76984
黑龙江	103607	9788	48985	44834
上 海	315554	157685	56616	101252
江 苏	1290605	696944	255767	337893
浙 江	695766	418355	111296	166115
安 徽	295207	100227	112266	82714
福 建	259530	117205	75174	67152
江 西	155984	79826	50781	25377
山 东	579550	160292	179693	239565
河 南	576296	235139	144719	196438
湖 北	311657	146155	85317	80185
湖 南	167330	27792	69293	70245
广 东	952785	556506	121590	274689
广 西	18065	4275	5149	8641
海 南	6418	2198	3470	750
重 庆	191331	76056	57572	57703
四 川	176726	57985	31863	86878
贵 州	26242	10816	4290	11136
云 南	115182	48274	19253	47654
西 藏	2381	-22	2299	104
陕 西	101323	39569	54796	6957
甘 肃	57392	14996	19637	22759
青 海	8735	3149	2714	2872
宁 夏	20036	4761	9637	5639
新 疆	51608	12025	13174	26409

4-66 各地区按资质等级划分的专业承包建筑业企业税金总额

单位：万元

地区	合计	一级	二级	三级及以下
全国总计	**5614006**	**2705563**	**1316745**	**1591699**
北京	441018	285410	76018	79590
天津	157967	73847	29515	54605
河北	102090	42306	23805	35980
山西	87558	19191	30289	38077
内蒙古	24701	6566	7347	10788
辽宁	406421	103458	106177	196787
吉林	103889	17262	26712	59914
黑龙江	77868	16141	35896	25831
上海	296723	173365	53155	70204
江苏	805417	428018	166380	211019
浙江	457378	274417	77024	105936
安徽	156472	59389	54772	42311
福建	204401	92996	56970	54435
江西	119414	69774	33974	15666
山东	266397	83629	86715	96053
河南	251899	92727	66696	92476
湖北	236792	120120	61768	54905
湖南	133374	40684	37740	54949
广东	623648	433148	85522	104979
广西	30423	9749	10311	10362
海南	5166	2757	1570	839
重庆	127415	56815	32352	38249
四川	198282	83308	64892	50082
贵州	18545	7918	4664	5963
云南	81131	28558	23200	29373
西藏	1098	1	713	385
陕西	94186	54094	29853	10240
甘肃	36168	12256	9460	14452
青海	10518	2343	3793	4383
宁夏	14020	4113	5791	4116
新疆	43629	11208	13671	18751

4-67 各地区按资质等级划分的专业承包建筑业企业主营业务收入

单位：万元

地 区	合计	一级	二级	三级及以下
全国总计	**172779267**	**87818013**	**39607960**	**45353294**
北 京	15089692	10198705	2433883	2457103
天 津	6373097	3221500	1280012	1871585
河 北	3128954	1386461	783883	958610
山 西	3227648	878097	1155234	1194317
内蒙古	715547	192932	252190	270425
辽 宁	12565099	3753955	3217498	5593646
吉 林	2767760	593550	763702	1410508
黑龙江	2223665	472654	1006508	744504
上 海	10255365	6011039	1868386	2375940
江 苏	22924821	12439423	4772831	5712567
浙 江	15299957	9481551	2537008	3281399
安 徽	4516815	1766435	1470541	1279840
福 建	5760673	2631849	1640626	1488198
江 西	3016618	1753166	864246	399206
山 东	8211579	2987607	2475268	2748705
河 南	6654213	2733393	1944715	1976105
湖 北	6646337	3501616	1698580	1446141
湖 南	3471140	1129904	1076194	1265042
广 东	19306622	13639895	2202210	3464517
广 西	916975	303363	307049	306564
海 南	144948	83921	37527	23500
重 庆	4124590	1935705	1071638	1117246
四 川	6043425	2786841	1881511	1375073
贵 州	607093	235708	153598	217788
云 南	2572253	972392	742903	856958
西 藏	27198	1	17347	9851
陕 西	2963874	1850212	824311	289350
甘 肃	951709	316059	280318	355332
青 海	322713	65818	122031	134864
宁 夏	421883	108434	187911	125538
新 疆	1527005	385827	538303	602875

4-68 各地区按资质等级划分的专业承包建筑业企业管理费用

单位：万元

地区	合计	一级	二级	三级及以下
全国总计	**10182724**	**3780575**	**2748398**	**3653751**
北京	879031	423506	201292	254233
天津	408200	172193	78658	157350
河北	178425	68995	47277	62153
山西	244400	52971	88317	103112
内蒙古	59191	6921	28855	23415
辽宁	973832	307732	214633	451467
吉林	219132	43885	62992	112255
黑龙江	165840	27222	63837	74781
上海	654244	256969	161257	236018
江苏	1178958	461740	288656	428562
浙江	762564	341386	156013	265166
安徽	268665	91092	93872	83702
福建	355353	104051	128771	122531
江西	137643	63464	47280	26899
山东	471938	124624	152110	195205
河南	428724	135781	147730	145214
湖北	363770	157884	108506	97380
湖南	210850	53296	70878	86676
广东	1002637	512237	176118	314282
广西	72944	16604	26432	29909
海南	10474	6014	2507	1953
重庆	255959	93299	75296	87364
四川	320088	92546	136771	90771
贵州	44322	7456	15015	21852
云南	164118	37373	53232	73514
西藏	2754	22	1997	735
陕西	147310	74432	48821	24057
甘肃	62637	22033	20242	20363
青海	20730	2894	5916	11920
宁夏	31860	5443	15239	11179
新疆	86132	16515	29882	39735

4-69 各地区按资质等级划分的专业承包建筑业企业财务费用

单位：万元

地区	合计	一级	二级	三级及以下
全国总计	**1282909**	**667445**	**312455**	**303010**
北京	58911	46244	7591	5076
天津	37913	18555	7630	11728
河北	24401	6069	9853	8479
山西	18079	4491	6095	7493
内蒙古	6345	3497	466	2382
辽宁	100187	40115	30717	29355
吉林	12509	1302	5879	5329
黑龙江	7842	2231	2602	3009
上海	43755	26992	10673	6089
江苏	167320	83060	41595	42665
浙江	191645	122348	32673	36625
安徽	28623	10296	9198	9129
福建	30503	12134	8257	10111
江西	13051	4955	6119	1977
山东	64857	21487	20268	23102
河南	51451	15303	19222	16926
湖北	64309	38607	12398	13304
湖南	11694	5407	1856	4431
广东	177896	133074	22599	22224
广西	6079	1454	1943	2683
海南	981	923	43	15
重庆	35138	20959	10035	4143
四川	48872	20653	17475	10744
贵州	14025	11173	832	2020
云南	36705	9447	16312	10946
西藏	35		16	19
陕西	7473	2848	2645	1981
甘肃	8148	2063	2370	3714
青海	814	123	369	322
宁夏	7084	930	2873	3281
新疆	6265	704	1851	3710

4-70 各地区按资质等级划分的专业承包建筑业企业应收工程款

单位：万元

地　区	合计	一级	二级	三级及以下
全国总计	**43831797**	**22135689**	**10113521**	**11582587**
北　京	2932093	1895542	558804	477748
天　津	2003644	999683	399657	604305
河　北	797580	319423	214163	263995
山　西	1136695	243711	403735	489250
内蒙古	246247	66721	98385	81141
辽　宁	3054176	1084379	690183	1279614
吉　林	866530	222773	273373	370383
黑龙江	461950	112354	229491	120105
上　海	2089744	1181634	407350	500760
江　苏	7283397	4096563	1378021	1808813
浙　江	3944924	2674823	583416	686684
安　徽	1073344	367842	357927	347575
福　建	1180515	437542	371727	371246
江　西	455550	204715	144627	106208
山　东	2287866	786340	677572	823954
河　南	1284067	368159	488558	427350
湖　北	1265323	641903	372573	250847
湖　南	672447	213971	217719	240757
广　东	5453146	4016152	583126	853868
广　西	176112	50416	58591	67105
海　南	31859	17395	10816	3648
重　庆	987959	437936	309143	240880
四　川	1527608	625930	472381	429297
贵　州	277841	144024	56829	76988
云　南	642206	252923	179354	209929
西　藏	7559		3321	4238
陕　西	648063	470084	98999	78980
甘　肃	309260	87886	114155	107219
青　海	79663	6091	23424	50148
宁　夏	169343	25229	101121	42992
新　疆	485090	83546	234982	166562

4–71 各地区劳务分包建筑业企业生产经营情况

地 区	建筑业总产值	营业收入	主营业务税金及附加	利润总额
全国总计	**23343238**	**23322491**	**784450**	**376825**
北 京	638056	637158	17421	6401
天 津	1401000	1455985	47684	17351
河 北	246345	241989	8627	4990
山 西	155939	158139	2451	1125
内蒙古	46469	41818	1474	4243
辽 宁	129596	132742	4347	4052
吉 林	55441	55055	1955	174
黑龙江	34781	37255	1235	1555
上 海	1616883	1631659	39893	7107
江 苏	2572428	2519473	85569	76220
浙 江	5025558	5077478	173652	21686
安 徽	1071605	1026003	41961	35639
福 建	3664464	3686522	127628	17414
江 西	18166	13971	894	840
山 东	329145	332871	12423	13343
河 南	1050797	947654	34648	56318
湖 北	556889	496214	18893	16566
湖 南	733801	695353	29558	26762
广 东	837848	848054	28136	12184
广 西	576403	670752	21871	2419
海 南				
重 庆	1290323	1284406	40055	16003
四 川	816138	791607	27740	18408
贵 州	27361	27768	1066	363
云 南	49318	51042	1039	3996
西 藏	2870	2807	127	630
陕 西	86638	86590	3336	7630
甘 肃	27477	27290	1469	-77
青 海	12556	15454	428	190
宁 夏	10629	11924	147	234
新 疆	258315	317457	8726	3062

4-72 各地区劳务分包建筑业企业个数和人员情况

地区	企业个数（个）	从事主营业务活动的从业人员平均人数（人）	从业人员期末人数（人）	#工程技术人员	#现场施工工人
全国总计	**7050**	**2995014**	**3276148**	**172995**	**2528243**
北京	137	62631	52810	3035	43730
天津	406	127661	166889	4815	141210
河北	154	34988	37051	4070	30500
山西	110	20391	17294	1707	18258
内蒙古	62	3101	3584	696	1606
辽宁	236	39528	20614	1027	5610
吉林	47	5937	6366	162	3852
黑龙江	74	3861	3020	289	1335
上海	329	160236	136253	8059	119487
江苏	1058	334924	411203	22889	333979
浙江	474	624473	659562	36561	507719
安徽	324	144329	145003	9589	103434
福建	469	646764	707446	12270	616071
江西	24	2969	4007	406	1429
山东	228	19031	29367	2073	14708
河南	1065	131229	169741	13614	92655
湖北	352	82895	96275	9118	59022
湖南	386	81464	91183	12609	58507
广东	185	85432	101890	9400	96471
广西	57	60943	56294	1898	62352
海南					
重庆	265	144674	180244	5858	82233
四川	362	111244	138188	9801	77099
贵州	26	31071	1162	650	34345
云南	51	6303	2939	388	4345
西藏	5	360	210	15	
陕西	25	7887	9679	738	6077
甘肃	25	3354	1904	102	909
青海	22	2053	1097	167	941
宁夏	20	1701	411	35	179
新疆	72	13580	24462	954	10180

五、各行业建筑业企业

5-1 各行业建筑业企业签订合同情况

单位：万元

行业	签订合同额		
		上年结转合同额	本年新签合同额
总 计	**3234861107**	**1388587459**	**1846273648**
房屋建筑业	2044924465	859208054	1185716411
土木工程建筑业	914027200	445123582	468903617
铁路、道路、隧道和桥梁工程建筑	601949853	309193988	292755865
水利和内河港口工程建筑	148687172	72940973	75746200
海洋工程建筑	271611	144818	126793
工矿工程建筑	78676307	34154258	44522048
架线和管道工程建筑	48466967	15357932	33109035
其他土木工程建筑	35975290	13331614	22643677
建筑安装业	151293281	49491150	101802131
建筑装饰和其他建筑业	124616161	34764673	89851488

5-2 各行业建筑业企业承包工程完成情况

单位：万元

行业	直接从建设单位承揽工程完成的产值			从建设单位以外承揽工程完成的产值
		自行完成施工产值	分包出去工程的产值	
总 计	**1750457057**	**1701813854**	**48643204**	**65322058**
房屋建筑业	1133769392	1110890653	22878739	27912005
土木工程建筑业	437435318	418427151	19008168	22928589
铁路、道路、隧道和桥梁工程建筑	282454636	273652795	8801841	14206168
水利和内河港口工程建筑	62716251	57166703	5549548	3311598
海洋工程建筑	221079	153952	67127	15214
工矿工程建筑	38423849	35867409	2556439	2494399
架线和管道工程建筑	32160211	30369664	1790548	1713075
其他土木工程建筑	21459292	21216627	242665	1188135
建筑安装业	94255374	89184993	5070381	8580316
建筑装饰和其他建筑业	84996973	83311058	1685916	5901148

5-3 各行业建筑业总产值和竣工产值

单位：万元

行业	建筑业总产值	#装饰装修产值	#在外省完成的产值
总计	**1767134162**	**103731154**	**572671948**
房屋建筑业	1138800908	42904484	340348034
土木工程建筑业	441355739	3094958	179580076
铁路、道路、隧道和桥梁工程建筑	287858963	1641960	126493789
水利和内河港口工程建筑	60478300	269445	23039546
海洋工程建筑	169166	110	2802
工矿工程建筑	38361809	484162	18494698
架线和管道工程建筑	32082738	225459	6963530
其他土木工程建筑	22404763	473823	4585711
建筑安装业	97765309	2425368	26858221
建筑装饰和其他建筑业	89212206	55306345	25885616

5-3 续表

单位：万元

行业	按构成分组			竣工产值
	建筑工程产值	安装工程产值	其他产值	
总计	**1571425056**	**142598014**	**53111091**	**1007547731**
房屋建筑业	1067524975	44796284	26479649	708824290
土木工程建筑业	391872685	35796296	13686759	193488080
铁路、道路、隧道和桥梁工程建筑	275707394	4624046	7527523	121501545
水利和内河港口工程建筑	57386776	1631036	1460489	21724352
海洋工程建筑	125561	14653	28953	76985
工矿工程建筑	25013133	11318014	2030663	17970581
架线和管道工程建筑	13597968	17193209	1291561	18372413
其他土木工程建筑	20041854	1015338	1347571	13842205
建筑安装业	39817784	52981365	4966160	53952196
建筑装饰和其他建筑业	72209612	9024070	7978524	51283165

5-4 各行业建筑业企业房屋建筑面积

行业	房屋建筑施工面积(万平方米)	#本年新开工	#实行投标承包面积	#本年新开工	房屋建筑竣工面积(万平方米)	房屋建筑面积竣工率(%)
总计	**1249826**	**528861**	**1005686**	**425152**	**423357**	**33.9**
房屋建筑业	1170583	497109	957005	403690	399948	34.2
土木工程建筑业	49626	21257	34692	15251	15309	30.8
铁路、道路、隧道和桥梁工程建筑	25381	11204	18459	8445	7991	31.5
水利和内河港口工程建筑	4211	1912	3661	1695	1160	27.6
海洋工程建筑						
工矿工程建筑	8539	2879	7623	2491	1986	23.3
架线和管道工程建筑	1025	564	720	424	428	41.8
其他土木工程建筑	10470	4698	4230	2195	3744	35.8
建筑安装业	16419	8253	11630	5349	6522	39.7
建筑装饰和其他建筑业	13198	2241	2359	863	1578	12

5-5 按主要用途分的各行业建筑业企业房屋建筑竣工面积

单位：万平方米

行业	合计	住宅房屋	商业及服务用房屋	商厦房屋(批发和零售用房)	宾馆用房屋(住宿用房)	餐饮用房屋(餐饮用房)
总计	**423357**	**286472**	**27643**	**12266**	**3353**	**1418**
房屋建筑业	399948	273415	26063	11648	3180	1296
土木工程建筑业	15309	8687	1017	390	112	44
铁路、道路、隧道和桥梁工程建筑	7991	4436	580	237	45	29
水利和内河港口工程建筑	1160	724	111	45	32	2
海洋工程建筑						
工矿工程建筑	1986	782	79	19	13	3
架线和管道工程建筑	428	183	6	1		
其他土木工程建筑	3744	2563	241	87	22	10
建筑安装业	6522	3623	398	193	33	53
建筑装饰和其他建筑业	1578	746	164	35	28	26

5-5 续表 1 单位：万平方米

行　　业	商务会展用房屋	其他商业及服务用房屋(居民服务业用房)	办公用房　屋	科研、教育和医疗用房屋	科学研究用房屋	教育用房　屋
总　　计	**1663**	**8943**	**23035**	**16407**	**1799**	**10854**
房屋建筑业	1591	8349	21636	15645	1751	10267
土木工程建筑业	36	435	1003	555	34	436
铁路、道路、隧道和桥梁工程建筑	19	250	684	317	32	241
水利和内河港口工程建筑	3	30	83	60		49
海洋工程建筑						
工矿工程建筑		44	85	61	1	49
架线和管道工程建筑	2	1	22	10		6
其他土木工程建筑	12	110	129	107	1	91
建筑安装业	19	100	298	184	13	131
建筑装饰和其他建筑业	16	59	98	23	2	19

5-5 续表 2 单位：万平方米

行　　业	医疗用房屋(卫生医疗用房)	文化、体育和娱乐用房屋	厂房及建筑物	#厂房	仓　库	其他未列明的房屋建筑物
总　　计	**3754**	**3882**	**54507**	**35830**	**2865**	**8546**
房屋建筑业	3627	3542	49365	33004	2592	7690
土木工程建筑业	85	223	3099	1677	144	581
铁路、道路、隧道和桥梁工程建筑	43	109	1450	765	90	326
水利和内河港口工程建筑	10	4	138	55	2	38
海洋工程建筑						
工矿工程建筑	11	13	867	532	42	57
架线和管道工程建筑	4	1	183	117	7	17
其他土木工程建筑	16	96	460	207	4	144
建筑安装业	40	93	1604	948	102	220
建筑装饰和其他建筑业	2	24	440	201	27	55

5-6 按主要用途分的各行业建筑业企业房屋建筑竣工价值

单位：万元

行业	合计	住宅房屋	商业及服务用房屋	商厦房屋（批发和零售用房）	宾馆用房屋（住宿用房）	餐饮用房屋（餐饮用房）
总计	**636169265**	**425567878**	**46595289**	**20356890**	**6235431**	**2140570**
房屋建筑业	602927922	407337382	44392248	19440049	5981189	1974593
土木工程建筑业	22816067	12461858	1466317	610510	186831	65822
铁路、道路、隧道和桥梁工程建筑	11908299	6331187	938182	415670	83226	42065
水利和内河港口工程建筑	1708506	1030850	201957	90921	57947	2381
海洋工程建筑						
工矿工程建筑	3413455	1251796	139691	43599	18939	4652
架线和管道工程建筑	652386	243461	11886	3380	875	624
其他土木工程建筑	5133421	3604564	174602	56940	25844	16100
建筑安装业	8595690	4941484	515371	265089	38707	52027
建筑装饰和其他建筑业	1829586	827154	221352	41242	28704	48129

5-6 续表 1

单位：万元

行业	商务会展用房屋	其他商业及服务用房屋(居民服务业用房)	办公用房屋	科研、教育和医疗用房屋	科学研究用房屋	教育用房屋
总计	**3251226**	**14611172**	**39026174**	**28284404**	**3233873**	**17798056**
房屋建筑业	3151921	13844496	36848274	27078489	3166176	16860696
土木工程建筑业	51162	551992	1598487	885080	46886	708057
铁路、道路、隧道和桥梁工程建筑	30263	366959	1013405	505054	41831	396001
水利和内河港口工程建筑	4613	46095	109687	96384	291	75151
海洋工程建筑						
工矿工程建筑		72501	217666	125746	4197	105049
架线和管道工程建筑	4555	2452	29604	10147		7080
其他土木工程建筑	11732	63986	228125	147749	568	124775
建筑安装业	27759	131789	453904	283762	18600	198135
建筑装饰和其他建筑业	20383	82895	125509	37073	2211	31168

5-6 续表 2

行　　业	医疗用房屋(卫生医疗用房)	文化、体育和娱乐用房屋	厂房及建筑物	#厂房	仓　库	其他未列明的房屋建筑物
总　　计	**7252475**	**7427485**	**70861838**	**47680481**	**3716185**	**14690012**
房屋建筑业	7051617	6877652	63868314	43559828	3366771	13158793
土木工程建筑业	130137	373705	4682052	2888385	199946	1148620
铁路、道路、隧道和桥梁工程建筑	67221	182501	2048519	1200459	139165	750285
水利和内河港口工程建筑	20942	5738	216077	90082	2475	45338
海洋工程建筑						
工矿工程建筑	16500	29891	1556117	1142135	46356	46193
架线和管道工程建筑	3067	1981	301560	220760	6767	46980
其他土木工程建筑	22407	153594	559780	234948	5183	259823
建筑安装业	67028	153552	1784812	1025447	123001	339804
建筑装饰和其他建筑业	3693	22575	526660	206822	26468	42796

5-7　各行业建筑业企业主要生产效益指标

行　　业	建筑业企业个数(个)	从事建筑业活动的平均人数(人)	按总产值计算的劳动生产率(元/人)	人均竣工产　值(元/人)	人均施工面　积(平方米/人)	人均竣工面　积(平方米/人)
总　　计	**81141**	**55634518**	**317633**	**181101**	**224.6**	**76.1**
房屋建筑业	34851	38899250	292757	182221	300.9	102.8
土木工程建筑业	17021	10923127	404056	177136	45.4	14
铁路、道路、隧道和桥梁工程建筑	8656	6862620	419459	177048	37	11.6
水利和内河港口工程建筑	2206	1411224	428552	153940	29.8	8.2
海洋工程建筑	14	3397	497987	226626	1.2	
工矿工程建筑	1073	1035016	370640	173626	82.5	19.2
架线和管道工程建筑	2571	868873	369245	211451	11.8	4.9
其他土木工程建筑	2501	741997	301952	186553	141.1	50.5
建筑安装业	12639	2912427	335683	185248	56.4	22.4
建筑装饰和其他建筑业	16630	2899714	307659	176856	45.5	5.4

5-8 各行业建筑业企业资产构成

单位：万元

行业	资产合计	#流动资产合计	#存货	#非流动资产合计	#固定资产合计
总计	**1483727873**	**1173745564**	**258010582**	**309982308**	**136219440**
房屋建筑业	745663490	603053629	135786006	142609861	63357498
土木工程建筑业	550178751	419122006	92074607	131056745	53858606
铁路、道路、隧道和桥梁工程建筑	350481167	271354298	57835681	79126870	28204487
水利和内河港口工程建筑	87732942	59023470	13177562	28709472	13937315
海洋工程建筑	606677	447037	69464	159640	49368
工矿工程建筑	48106760	36706616	7761767	11400144	5477172
架线和管道工程建筑	40733814	33424445	8972226	7309368	3965093
其他土木工程建筑	22517392	18166140	4257908	4351252	2225172
建筑安装业	104097630	83554125	18438995	20543506	10941300
建筑装饰和其他建筑业	83788001	68015804	11710974	15772197	8062036

5-9 各行业建筑业企业固定资产情况

单位：万元

行业	固定资产合计	固定资产原价	固定资产折旧	#本年折旧	在建工程
总计	**136219440**	**179403052**	**73098921**	**11654696**	**15171314**
房屋建筑业	63357498	76257316	27310920	4610485	8126800
土木工程建筑业	53858606	78405129	36100579	5507282	4870933
铁路、道路、隧道和桥梁工程建筑	28204487	44506720	21314430	3304690	2491774
水利和内河港口工程建筑	13937315	16127534	6791410	1017510	1512855
海洋工程建筑	49368	85701	47125	4625	6289
工矿工程建筑	5477172	8245136	3655235	589797	315691
架线和管道工程建筑	3965093	6482915	3139820	401208	291788
其他土木工程建筑	2225172	2957123	1152559	189452	252536
建筑安装业	10941300	14241306	5723738	863811	1347161
建筑装饰和其他建筑业	8062036	10499302	3963685	673118	826419

5-10 各行业建筑业企业负债及所有者权益

单位：万元

行　　业	负债合计	#流动负债	#应付账款	所有者权益	#实收资本
总　　计	**1004591800**	**905256627**	**301822227**	**479133399**	**272434667**
房屋建筑业	494076533	448658000	136445645	251584075	138875001
土木工程建筑业	393222072	348136447	128887158	156956681	86633376
铁路、道路、隧道和桥梁工程建筑	252023393	223633535	85179320	98457774	53525117
水利和内河港口工程建筑	61975732	50745589	16198216	25757209	14483530
海洋工程建筑	468585	393299	161740	138092	92648
工矿工程建筑	35932417	33270841	14514767	12174343	6845923
架线和管道工程建筑	29156661	27248213	9170496	11577155	6672156
其他土木工程建筑	13665284	12844971	3662619	8852108	5014002
建筑安装业	67826960	63293377	21087952	36270877	25260997
建筑装饰和其他建筑业	49466235	45168803	15401472	34321766	21665293

5-11 各行业建筑业企业实收资本

单位：万元

行　　业	合计	国家资本	集体资本	法人资本	个人资本	港澳台资本	外商资本
总　　计	**272434667**	**42946380**	**13270735**	**88876762**	**125814812**	**837733**	**688246**
房屋建筑业	138875001	15094869	7350851	41881872	74041302	198151	307956
土木工程建筑业	86633376	24082452	2869489	32053999	27484632	64429	78375
铁路、道路、隧道和桥梁工程建筑	53525117	14657470	1170295	19257348	18370541	38782	30681
水利和内河港口工程建筑	14483530	4691184	318364	6463945	2998377	1307	10355
海洋工程建筑	92648	500		63751	28397		
工矿工程建筑	6845923	2653482	143618	2739086	1282481	10255	17001
架线和管道工程建筑	6672156	1514996	1121413	2132395	1885141	8893	9319
其他土木工程建筑	5014002	564820	115798	1397474	2919696	5193	11020
建筑安装业	25260997	2621280	1516206	8026012	12787215	189103	121180
建筑装饰和其他建筑业	21665293	1147778	1534189	6914879	11501663	386050	180735

5-12 各行业建筑业企业收入情况

行业	主营业务收入	#主营业务成本	#主营业务税金及附加	其他业务收入	#其他业务成本	#其他业务利润
总计	**1640156967**	**1446045383**	**53254824**	**16595494**	**25988577**	**1919198**
房屋建筑业	990615341	878608736	34002695	8175238	15273635	903121
土木工程建筑业	461451246	407769781	13689916	5309687	6563268	579636
铁路、道路、隧道和桥梁工程建筑	293823673	261168867	9144638	2253810	3229364	285987
水利和内河港口工程建筑	66167901	58201686	1830871	735778	920914	79568
海洋工程建筑	246265	195542	7774	3841	3650	33
工矿工程建筑	43944500	39141198	1059286	878965	986823	71034
架线和管道工程建筑	34972021	29944989	909625	745645	699719	109916
其他土木工程建筑	22296886	19117500	737723	691648	722799	33097
建筑安装业	101218335	86550574	2837800	2059318	2508642	285276
建筑装饰和其他建筑业	86872046	73116292	2724412	1051253	1643032	151165

5-13 各行业建筑业企业费用情况

单位：万元

行业	管理费用	#税金	销售费用	财务费用	#利息收入	#利息支出
总计	**50874075**	**2216404**	**6470900**	**12346415**	**3307087**	**13079048**
房屋建筑业	22873400	1313925	3313099	6977968	1431149	6682289
土木工程建筑业	17681770	549322	1375229	4234481	1657638	5252112
铁路、道路、隧道和桥梁工程建筑	9803370	287737	702784	2794228	1106623	3238098
水利和内河港口工程建筑	2522555	75147	184915	782841	279105	993808
海洋工程建筑	10025	114	360	9152	308	971
工矿工程建筑	1864238	58398	109748	330006	139669	402378
架线和管道工程建筑	2543806	82569	203368	128576	115635	436973
其他土木工程建筑	937776	45357	174053	189679	16297	179884
建筑安装业	5960171	194723	797459	507701	152505	579450
建筑装饰和其他建筑业	4358734	158435	985113	626264	65796	565197

5-14 各行业建筑业企业利润及税金情况

单位：万元

行业	利润总额	#应交所得税	税金总额	主营业务税金及附加	管理费用中的税金
总计	**64071299**	**14390461**	**55471228**	**53254824**	**2216404**
房屋建筑业	38073003	8982994	35316620	34002695	1313925
土木工程建筑业	17363997	3468488	14239238	13689916	549322
铁路、道路、隧道和桥梁工程建筑	10378625	1989957	9432375	9144638	287737
水利和内河港口工程建筑	3120046	595826	1906018	1830871	75147
海洋工程建筑	25172	6278	7887	7774	114
工矿工程建筑	1397710	315982	1117684	1059286	58398
架线和管道工程建筑	1341301	323391	992194	909625	82569
其他土木工程建筑	1101142	237055	783080	737723	45357
建筑安装业	4332098	954661	3032523	2837800	194723
建筑装饰和其他建筑业	4302201	984318	2882847	2724412	158435

5-15 各行业总承包和专业承包企业应收工程款及企业亏损情况

行业	应收工程款（万元）	企业个数（个）	#亏损企业个数	亏损企业的比重(%)
总计	**320538493**	**81141**	**10863**	**13.4**
房屋建筑业	166818694	34851	3772	10.8
土木工程建筑业	108741119	17021	2139	12.6
铁路、道路、隧道和桥梁工程建筑	68986250	8656	1003	11.6
水利和内河港口工程建筑	14301214	2206	241	10.9
海洋工程建筑	126691	14		
工矿工程建筑	13265781	1073	171	15.9
架线和管道工程建筑	7370732	2571	341	13.3
其他土木工程建筑	4690451	2501	383	15.3
建筑安装业	22359761	12639	2099	16.6
建筑装饰和其他建筑业	22618919	16630	2853	17.2

5-16 各行业总承包和专业承包企业主要经济效益指标

行业	产值利润率(%)	产值利税率(%)	资本利润率(%)	资本利税率(%)	人均利润(元/人)	人均利税(元/人)	资产负债率(%)
总计	**3.6**	**6.8**	**23.5**	**43.9**	**11516**	**21487**	**67.7**
房屋建筑业	3.3	6.4	27.4	52.8	9788	18867	66.3
土木工程建筑业	3.9	7.2	20.0	36.5	15897	28932	71.5
铁路、道路、隧道和桥梁工程建筑	3.6	6.9	19.4	37.0	15123	28868	71.9
水利和内河港口工程建筑	5.2	8.3	21.5	34.7	22109	35615	70.6
海洋工程建筑	14.9	19.5	27.2	35.7	74102	97319	77.2
工矿工程建筑	3.6	6.6	20.4	36.7	13504	24303	74.7
架线和管道工程建筑	4.2	7.3	20.1	35.0	15437	26857	71.6
其他土木工程建筑	4.9	8.4	22.0	37.6	14840	25394	60.7
建筑安装业	4.4	7.5	17.1	29.2	14875	25287	65.2
建筑装饰和其他建筑业	4.8	8.1	19.9	33.2	14837	24778	59.0